创建强势品牌——
社会化媒体视角下的
品牌创新与管理

郑仕勇 袁胜军 ◎ 著

企业管理出版社
ENTERPRISE MANAGEMENT PUBLISHING HOUSE

图书在版编目（CIP）数据

创建强势品牌：社会化媒体视角下的品牌创新与管理 / 郑仕勇，袁胜军著 . —北京：企业管理出版社，2023.12

ISBN 978-7-5164-2986-0

Ⅰ.①创… Ⅱ.①郑… ②袁… Ⅲ.①品牌 - 企业管理 Ⅳ.① F273.2

中国国家版本馆 CIP 数据核字（2023）第 216280 号

书　　　名：	创建强势品牌：社会化媒体视角下的品牌创新与管理
书　　　号：	ISBN 978-7-5164-2986-0
作　　　者：	郑仕勇　袁胜军
策　　　划：	杨慧芳
责任编辑：	杨慧芳
出版发行：	企业管理出版社
经　　　销：	新华书店
地　　　址：	北京市海淀区紫竹院南路 17 号　邮编：100048
网　　　址：	http://www.emph.cn　　电子信箱：314819720@qq.com
电　　　话：	编辑部（010）68420309　　发行部（010）68701816
印　　　刷：	北京亿友创新科技发展有限公司
版　　　次：	2023 年 12 月第 1 版
印　　　次：	2023 年 12 月第 1 次印刷
开　　　本：	710mm×1000mm　　1/16
印　　　张：	15.25 印张
字　　　数：	235 千字
定　　　价：	78.00 元

版权所有　翻印必究·印装有误　负责调换

前　言

随着智能手机、物联网等技术的发展，互联网已进入"移动互联"时代。社会化媒体一跃成为消费者获取品牌信息的重要渠道。在传统媒体（如电视、报纸、广播等）中，消费者只能单向、垂直、被动地接收品牌信息，而在社会化媒体（如微博、微信等）中，消费者可以多向、水平、主动地参与信息的传播。基于社会化媒体的特征，应该采用什么样（what）的品牌传播策略呢？这些品牌传播策略的作用机制如何（how）？在什么样的场景（which/where）下可以提升品牌传播效果呢？以上3个问题长期以来困扰着营销人员。

依托线下人际关系在虚拟社交网络中的延伸，品牌信息可以通过口碑等形式实现线上的广泛传播。基于线下人际关系的背书，社交网络中的品牌口碑感知风险降低了，对消费者的说服效应更强，更容易使消费者形成积极的品牌态度和行为。此外，相比传统媒体中品牌广告的制作周期长、投放周期固定、成本高等缺点，社会化媒体中传播的品牌信息制作周期、投放周期大幅缩短，且能够根据客户群体甚至个体的需求进行定制，使企业的营销策略更灵活，其营销决策变化能够及时地反映在社会化媒体品牌传播的实施和推广中。

为了更好地利用社会化媒体进行品牌传播，促进消费者产生积极的品牌态度，品牌传播和社交网络领域的学者将用户需求理论作为解释消费者网络行为的内在机制，为社会化媒体中品牌传播与消费者网络行为意愿关系的研究开辟了新的思路。鉴于用户网络参与行为对信息扩散的作用已被证实，越来越多的营销人员尝试将行为学的相关研究结论应用到营销领域，例如关注消费者的线上行为对品牌传播的影响。学界对相关主题的研究也不断深入，涉及社会化媒体用户网络购物行为影响因素的研究等方面。本书分别从稀缺促销、名人代言、信息呈现方式、品牌传播内容等维度入手，介绍了品牌传播的价值和形成机制并提出了品牌传播策略，为企业的营销实践提供参考。

本书的编写和整理工作由桂林电子科技大学郑仕勇教授、袁胜军教授，以及刘华、李筱、刘康、丁梦玲4位研究生共同完成。本书在编写过程中得到了武汉大学中国营销工程与创新研究中心（MEI）黄敏学教授，以及姚舜禹、胡秀、文琪、唐典华4位老师无私的指导和支持。我们在此一并向为本书出版付出辛勤劳动的朋友们表示衷心的感谢！

若读者对本书有任何意见或者建议，请发送电子邮件至 shiyongzheng123@whu.edu.cn，对此我们表示由衷的感谢！

郑仕勇

2022年5月于桂林

目 录

第一篇　稀缺促销（限时 VS 限量）对品牌传播的影响

第 1 章　引　言 ……………………………………………………… 002
1.1　问题提出 …………………………………………………… 002
1.2　研究意义 …………………………………………………… 004
1.3　研究思路 …………………………………………………… 006

第 2 章　文献回顾 …………………………………………………… 009
2.1　限量促销和限时促销 ……………………………………… 009
2.2　利他动机 …………………………………………………… 012
2.3　产品类型 …………………………………………………… 014
2.4　关系强度 …………………………………………………… 016

第 3 章　研究假设 …………………………………………………… 019
3.1　不同促销类型信息对分享行为的影响 …………………… 019
3.2　感知稀缺性和利他动机的中介作用 ……………………… 020
3.3　产品类型对感知稀缺性的调节效应 ……………………… 022
3.4　关系强度对分享意愿的调节效应 ………………………… 024

第 4 章　实证部分 …………………………………………………… 025
4.1　预研究 ……………………………………………………… 025
4.2　实验一 ……………………………………………………… 030
4.3　实验二 ……………………………………………………… 033

第 5 章　结　论 ... 041

5.1　研究结果 ... 041
5.2　理论贡献 ... 042
5.3　管理意义 ... 043
5.4　研究局限和未来研究方向 ... 045

第二篇　名人代言对品牌传播效果的影响

第 6 章　引　言 ... 048

6.1　研究背景 ... 048
6.2　研究意义 ... 050
6.3　研究思路 ... 052
6.4　内容安排 ... 054
6.5　本章小结 ... 054

第 7 章　文献回顾 ... 055

7.1　关键概念界定 ... 055
7.2　名人代言 ... 056
7.3　实用性产品和享乐性产品 ... 058
7.4　社会影响 ... 059
7.5　本章小结 ... 061

第 8 章　研究假设 ... 062

8.1　理论模型 ... 062
8.2　研究假设 ... 063
8.3　本章小结 ... 067

第 9 章　实证研究一 ... 068

9.1　数据背景与数据基本概况 ... 068
9.2　数据分析 ... 070
9.3　结果讨论 ... 074

  9.4 本章小结 ………………………………………………………………… 074
第 10 章 实证研究二 …………………………………………………………… 076
  10.1 研究设计、数据收集与数据前测 …………………………………… 076
  10.2 数据分析 ………………………………………………………………… 082
  10.3 结果讨论 ………………………………………………………………… 095
  10.4 本章小结 ………………………………………………………………… 095
第 11 章 结　论 ………………………………………………………………… 096
  11.1 研究贡献 ………………………………………………………………… 096
  11.2 研究局限性与未来研究展望 …………………………………………… 098
  11.3 本章小结 ………………………………………………………………… 098

第三篇 广告信息呈现方式与产品属性的匹配

第 12 章 引　言 ………………………………………………………………… 100
  12.1 问题提出 ………………………………………………………………… 100
  12.2 研究意义 ………………………………………………………………… 102
  12.3 研究思路 ………………………………………………………………… 104
第 13 章 文献回顾 ……………………………………………………………… 106
  13.1 广告信息呈现方式 ……………………………………………………… 106
  13.2 产品属性 ………………………………………………………………… 109
  13.3 可接近性 - 可诊断性理论 ……………………………………………… 112
  13.4 信息流畅性 ……………………………………………………………… 114
第 14 章 研究假设 ……………………………………………………………… 118
  14.1 信息呈现方式和产品属性的匹配效应 ………………………………… 118
  14.2 信息流畅性的中介机制 ………………………………………………… 121
第 15 章 实证部分 ……………………………………………………………… 124
  15.1 预研究 …………………………………………………………………… 124
  15.2 实验一 …………………………………………………………………… 128

15.3 实验二 134

第16章 结 论 139

16.1 结果讨论 139

16.2 理论贡献 140

16.3 管理意义 141

16.4 研究局限与未来研究方向 142

第四篇 品牌传播内容与关系范式的匹配

第17章 引 言 146

17.1 问题提出 146

17.2 研究意义 148

17.3 研究思路 151

第18章 文献回顾 154

18.1 负能量与悲观理论 154

18.2 品牌传播与品牌态度 158

18.3 关系范式 160

第19章 研究假设 162

19.1 情绪的双变量模型 162

19.2 悲观与沮丧情绪 163

19.3 悲观与舒缓情绪 165

19.4 关系范式对悲观传播效果的调节作用 166

第20章 实证部分 168

20.1 预研究 168

20.2 实验一 172

20.3 实验二 175

第21章 结 论 181

21.1 理论贡献 181

21.2　营销意义 182
　21.3　研究局限性与未来展望 183
参考文献 185
附录 1 209
附录 2 221
附录 3 231

第一篇

稀缺促销（限时 VS 限量）对品牌传播的影响

第 1 章　引　言

1.1　问题提出

　　稀缺促销是目前企业广泛使用的一种促销策略，即通过给消费者设定购买限制来突出产品的稀缺性，以增强消费者对产品的购买欲望（金立印，2008）。事实上，稀缺促销除了促进消费者直接购买之外，也是企业宣传自我、吸引消费者注意力、提高自身知名度的有效途径。尤其是在社会化媒体盛行的今天，消费者对媒体的主导性逐渐强化，这导致传统的企业主导型广告的沟通效果下降。消费者回避华而不实的广告信息，在这种情况下，稀缺促销信息逐渐成为企业吸引消费者、聚集人气的重要沟通手段。稀缺促销信息不仅可以促进消费者的购买行为，更重要的是通过消费者的分享吸引更多消费者，兼有沟通效果。

　　目前，稀缺促销在线上和线下都得到了广泛的运用。以往的研究着重探究稀缺促销对购买行为的影响，但是在社会化媒体情境下，信息传播非常迅速，促销信息能否引发消费者的分享甚至病毒式传播对促销效果来说至关重要。很多企业希望借助稀缺促销来引发消费者对促销信息的广泛传播，稀缺促销信息能否以及如何引发消费者分享，成为亟待探究的问题。在这个信息爆炸的时代，越有价值的信息越有可能成为资本。淘宝双十一、京东 618 等越来越多的限量促销或限时促销活动逐渐演变为大规模的购物狂欢节；小米、华为等企业常在其官方微博账号上发布新品限时或限量促销信息，此类博文通常有上万次转发量。可见，社会化媒体情境下的用户分享行为具有重要的营销价值。但是，用户进行信息分享也需要耗费时间和精力（Kumar et al., 2016；Wang et al., 2012）。现有关于稀缺促销信息的研究中，虽然如何激发消费者的购买行为仍是研究主流（Oruc, 2015），但是稀缺促销信息的沟通效果也逐渐受到学者的关注。比如，一些学者开始关注消费者对促销品牌的评价信息（Davis et al., 1992；Raghubir and Coffman, 1999），李东进和刘建新（2016）也指出探讨消费者面对稀缺促销的心理加工机制是研究稀缺促销信息的重要方向之一。结合社会化媒体中信息传播的独特性以及稀缺促销信息切实可见的价值诉求，本书重点研究稀缺促销信息——尤其是限量促销与限时促销信息对消费者分享行为的影响。

Cialdini（1985）将促销购买限制分为数量限制和时间限制两种。本书沿用这一研究思路，着重从限量促销信息和限时促销信息展开。本书主要探讨了限量促销信息和限时促销信息对消费者分享行为的不同影响，即信息的社会化价值。信息的社会化价值与产品的社会化价值不同。产品的社会化价值是产品展示，而信息只有通过分享，即信息资本化才能体现其社会化价值。因此，人们在信息分享的过程中会首先考虑信息对分享对象的价值，分享者也可能存在提升社会形象或者社会认同等价值诉求，但是后者是通过信息对分享对象有价值这一前提实现的。根据这一逻辑，我们提出利他动机是信息分享的主要解释机制。从信息分享的利他视角来看，消费者分享有价值的信息可以给他人以帮助，实现信息的资本化。而且，信息的价值感越强，信息对他人的作用就越大，消费者越愿意分享。限量促销比限时促销更能激发起消费者的稀缺感知（Aggarwal, 2011；金立印，2005），这导致限量促销信息相对于限时促销信息价值感更强，也就更能激发消费者的利他动机，更具有分享价值，这是本书研究的主效应。已有研究表明，稀缺促销信息受到产品类型的显著影响（Aggarwal et al., 2011；金立印，2005）。针对享乐性产品（以下简称享乐品），消费者对稀缺促销信息，尤其对限量促销信息更敏感，这导致限量促销信息的分享价值在享乐品上进一步放大，这体现了产品类型对限量促销信息与限时促销信息分享的调节作用。此外，社交关系强度对消费者的分享行为也具有调节作用，一方面消费者更愿意在强关系而非弱关系中进行稀缺促销信息分享，另一方面消费者更愿意在强关系中分享限量促销信息而非限时促销信息。

1.2 研究意义

1.2.1 理论意义

在社会化媒体的背景下，企业的稀缺促销行为除了要直接促进消费者购买之外，更要考虑如何利用消费者进行促销信息的二次传播，进而影响其他消费者（Berger，2014）。在此背景下，本文主要探究企业常用的两类稀缺促销信息（限量促销信息和限时促销信息）对消费者信息分享行为的影响。本文有助于从以下几个方面丰富既有文献。

第一，以往关于限量促销和限时促销的行为结果的研究主要集中于稀缺效应的探讨（Lynn，1991；Gierl and Huettl，2010；Wu et al.，2012）以及在此影响下的消费者购买行为的变化（Oruc，2015），而随着社会化媒体的进一步使用，企业也希望借助稀缺促销信息来引发消费者的广泛传播甚至病毒式传播，但目前少有研究将限量促销信息和限时促销信息的影响拓展至对消费者的口碑传播的影响。在此基础上，本文将稀缺促销信息的研究视角从既有的购买行为延伸到分享行为，研究结果表明企业的稀缺促销信息不仅有直接的刺激购买效果，而且具有间接的二次传播效果，这对社会化媒体背景下稀缺促销信息的研究提供了新视角。

第二，以往研究指出，消费者对享乐品和实用性产品（以下简称实用品）的稀缺性的敏感程度不同，产品类型是研究限量促销和限时促销下购买行为的边界条件（Aggarwal et al.，2011；金立印，2005）。享乐品相对于实用品更强调产品的独特性（Miller et al.，1993；Jang et al.，2015）。限量促销信息比限时促销信息更明确对数量的限制，更吻合消费者对产品独特性的需求。享乐品相对于实用品更偏向于情感决策，而限量促销信息更能激发消费者产生更强的紧迫感和焦虑感（Aggarwal et al.，2011）。限量促销信息相对于限时促销信息能给消费者造成更强的稀缺感，且享乐品的信息相对于实用品的信息带有更强的情感属性。消费者一般认为享乐品的限量促销信息更有用，由此也会认为分享对象对该类信息的感知价值更高，进而产生更强的分享意愿。因此产品类型对消费者的分享行为具有调节作用，这是对产品类型调节作用的重要拓展。

第三，从社会资本理论的视角探究消费者进行信息分享的动机。既有文献虽然探究了消费者作为信息创造者提供信息（主要是口碑信息）的动机（Berger, 2014），但是鲜有文献探究消费者作为信息传播者传播信息的动机。社会资本理论指出，消费者分享信息的过程实际就是一个主动建立社会关系和形成社会资本的过程。虽然分享者的最终目标是形成自己的社会资本，但是实现的前提必须是分享对象认为其所分享的信息有价值。本文根据社会资本理论提出消费者传播信息是为了形成自己的社会资本和维护群体资源，进而提出了感知稀缺性和利他动机对稀缺促销信息分享具有链式中介作用，丰富了口碑信息传播的理论研究。

第四，在社会资本的框架下研究影响稀缺促销信息传播的边界因素，即分享者与分享对象之间的关系。人们通过与他人分享稀缺信息来实现社会资本化。不同的关系强度会导致人们倾向于分享不同的信息内容。关系的引入不仅印证了利他动机对信息分享的驱动作用，而且将社会资本的研究框架从个体行为延伸到社会关系。这不仅可以对消费者的信息分享行为获得更深的洞察，而且拓展了社会资本理论的研究框架。

1.2.2 实践意义

限时促销信息和限量促销信息会对消费者的分享行为产生影响。具体来说，消费者更加关注限量促销信息。本文为企业在社会化媒体中开展稀缺促销活动提供了以下参考依据。

第一，研究结果表明，限量促销信息比限时促销信息更能激发消费者的感知稀缺性，从而增强其分享意愿。可见，稀缺促销信息不仅有刺激购买的效果，而且有沟通效果，尤其是限量促销信息更增强消费者的分享意愿。这提示企业应对稀缺促销这一营销策略建立更全面的评估标准，除了评估其刺激购买的效果外，也要评估其沟通效果，以此建立更完善的限时促销和限量促销评估机制。企业对于稀缺促销的关注由单纯的扩大销量，拓展至社会化媒体中消费者的口碑传播方面，有利于企业充分利用稀缺促销这一工具提升市场份额和品牌影响力。

第二，研究揭示限量促销信息比限时促销信息更能激发消费者的分享行为。

以往研究表明，限量促销和限时促销在不同情形下均能增强消费者的购买意愿。但是，对于分享行为而言，限量促销的效果相对而言更佳。可见，随着社会化媒体的广泛使用，企业发布限量促销信息或限时促销信息，重点关注的是引起消费者的口碑传播而非促进销量提升时，发布限量促销信息可带来更显著的效果。因此，建议旨在通过发布稀缺促销信息聚集人气的企业多使用限量促销的方式。

第三，限时促销信息与限量促销信息产生的消费者分享效果因产品类型的不同而不同。一般情况下，享乐品的限量促销信息可以激发更强的分享行为，而实用品的限量促销信息和限时促销信息对分享行为的影响无差异。这提示企业要结合自身的产品类型设计稀缺促销信息，将产品类型与稀缺促销信息类型合理匹配，针对享乐品可多发布限量促销信息，针对实用品则限时促销信息或限量促销信息均可发布。

第四，研究结果表明，消费者更愿意在强关系而非弱关系中对限时促销信息或限量促销信息进行分享。因此，企业在引导消费者的分享行为时，除了依据不同产品类型设计不同的促销类型，也应对消费者的社会关系有所关注。例如为了进一步提升稀缺促销信息的沟通效果，可考虑在熟人圈等类似强关系圈中进行限时促销信息或限量促销信息传播，鼓励分享者向亲友分享这类有价值的信息。

1.3　研究思路

本文主要通过一个预研究和两个实验，来探究限量促销信息和限时促销信息对消费者分享行为的影响。

预研究旨在通过分析微博上有关限量促销和限时促销博文的转发行为这一真实二手数据，来验证限量促销信息和限时促销信息对消费者分享行为的作用效果。预研究选取了拥有大量粉丝和发表较多有关"限量促销"和"限时促销"博文的博主——@英国购物达人作为数据源，选择含有"限量""限时"的博文及其转发、评论、点赞数据为抓取对象。首先通过数据抓取工具（八爪鱼采集器）随机抓取了@英国购物达人在2016年12月—2017年4月这5个月内发表的博文及其转发、评论和点赞数据；然后以"限量""限时"作为关键词提取相关博文，删除重复和类似的博文，得到164条限时促销和限量促销的博文（含有转发、评论、点赞数据）；最后对博文进行文本分析、编码、控制变量分析和方差分析，结果显示不同促销类型会对消费者的转发行为产生影响，限量促销信息的转发量显著高于限时促销信息。进一步研究表明，当产品类型为享乐品时，限量促销信息的转发量显著高于限时促销信息；而当产品类型为实用品时，限量促销信息和限时促销信息的转发量无显著差异。

实验一首先通过实验前测验证实验材料——手表的享乐/实用属性，将被试随机分为两组（实用品组/享乐品组）进行问卷测试，分别测量他们对这块手表的实用性/享乐性感知。正式实验则为情景模拟实验，从产品类型与促销类型交互的视角，探究不同产品类型在不同促销类型下被试的分享行为，同时也考虑了非限时限量促销的情形，作为控制组。实验一采用3×2组间对比设计，包括6组：促销类型（限时/限量/控制）×产品类型（享乐/实用）。组间对比操作则为模拟情景。实验模拟消费者看到手表的限量促销信息、限时促销信息和控制组信息，手表分别被设定为享乐品和实用品，随后被试被要求回答对促销信息的分享意愿，以及限量促销（限时促销）感知、享乐品（实用品）感知。通过SPSS 22.0进行数据分析，结果表明限时促销和限量促销会对消费者的分享行为产生影响。消费者对限量促销信息的分享意愿显著高于限时促销信息。当促销产品为享乐品时，消费者对限量促销信息的分享意愿显著高于限时促销信息；当促销产品为实用品时，消费者对不同类型的稀缺促销信息的分享意愿无显著差异。

实验二旨在探究限量促销或限时促销导致消费者产生分享行为的内在机制，以及进一步验证实验结果的稳健性。实验二选取运动鞋为实验材料，与实验一类似，首先进行了实验前测，分别测量被试对这双运动鞋的享乐性/实用性感知。正式实验为2×2组间对比设计，包括4组：促销类型（限时/限量）×产品类型（享乐/实用）。实验模拟消费者看到运动鞋的限量促销信息和限时促销信息，运动鞋分别被设定为享乐品和实用品，随后被试被要求回答对促销信息的分享意愿，以及分享对象、感知稀缺性和利他动机。通过SPSS 22.0进行方差分析和回归检验，结果表明消费者对限量促销信息的分享意愿显著高于限时促销信息。感知稀缺性和利他动机起链式中介作用，产品类型在其中起调节作用。享乐品会扩大消费者在限量促销与限时促销下的分享意愿的差异，实用品下消费者在限量促销与限时促销下的分享意愿无显著差异。享乐品下感知稀缺性和利他动机的链式中介作用显著，实用品下链式中介作用不存在。从分享对象来看，不论是限量促销信息还是限时促销信息，消费者都愿意在强关系而非弱关系中进行分享；消费者更愿意在强关系中分享限量促销信息；消费者对限量促销信息与限时促销信息在弱关系中的分享意愿无显著差异。

第 2 章 文献回顾

2.1 限量促销和限时促销

稀缺促销是商家广泛使用的一种营销策略，通常在产品购买的时间、数量或购买者身份等方面设置限制，以提高产品的感知稀缺性（perceived scarcity）（Brock，1968）。Wu 等（2012）从消费者的视角将感知稀缺性定义为：由于数量限制或时间限制而导致的对有限供给产品的稀缺感知，会导致稀缺效应。Lynn（1992）提出"单纯经济理论"（naive economic theory）以解释稀缺效应。该理论认为人们在判断产品价值上存在一种普遍的认知，即稀缺性高通常意味着该产品相比其他同类产品而言价格更高，而价格高则意味着该产品质量好、档次高，这促使消费者对该产品产生较强的购买欲望。也有学者提出感知稀缺性会增强人们对产品的购买欲望（Jung and Kellaris，2004；Cialdini，1993）。Gierl 和 Huettl（2010）研究发现某些消费者将稀缺信号视为产品价值、产品质量和身份消费的"启发式线索"。不过也有学者认为，"物以稀为贵并不总是有效"，是否有效主要取决于稀缺类型和产品类型。研究结果显示供给性稀缺比需求性稀缺更能提高消费者感知价值性（Verhallen and Robben，1994；Van Herpen et al.，2005；Gierl and Huettl，2010；Ku et al.，2012）。

企业通过稀缺促销增强了消费者对产品或购买机会的稀缺感知（Sinha et al.，1999）。Cialdini（1985）把稀缺诉求划分为限定时间稀缺诉求（Limited-Time Scarcity Appeal，LTSA）和限定数量稀缺诉求（Limited-Quantity Scarcity Appeal，LQSA）两大类。限量促销和限时促销两种促销方式的相关研究表明，限量促销和限时促销在促销活动中起着类似的增加销量和销售利润的作用(Cialdini, 1993)。但是限量促销与限时促销在促进消费者购买的作用机制上具有一定差异：限量促销意味着消费者同其他消费者竞争有限数量的产品（Aggarwal et al., 2011）；而在限时促销中，消费者并不面临与他人的购买竞争，购买机会在限定的时间内一直存在。换言之，在限量促销的情况下，他人的竞争购买导致可售产品的减少，对特定消费者而言，这意味着购买该产品机会的丧失。所以，限量促销的稀缺性不仅来自供给，也来自需求。然而，在限时促销的情况下，稀缺性仅来自供给（Gierl et al., 2008）。可见，限量促销比限时促销更有效。限量促销可以刺激消费者购买商品的竞争心理，强化消费者对商品价值的感知，并促使消费者形成较强的购买动机和意图。一般购物情境下，限量促销比限时促销的效果更好，原因在于限量促销会导致更强的感知稀缺性（Aggarwal, 2011；金立印，2005）。消费者根据以往的消费经验，认为商家限量供应的商品要比没有限量的更实惠。同时，购买竞争造成了一种较为亢奋的消费情境，消费者抢购限量商品不仅能够满足他们对商品的占有动机，还能产生一种获胜的愉悦体验（Aggarwal et al., 2011）。竞争性购买带来的刺激体验，可能比商品本身的获取更为重要（李东进等，2015）。此外，限量促销实际上包含了时间和数量的双重限制，尤其是促销数量较少时，对消费者而言意味着更短暂的促销时间，而限时促销仅仅包含了时间限制。具体来看，限量促销和限时促销的区别表现在以下3个方面。

（1）认知上：感知稀缺性。众多研究表明，由产品稀缺诉求诱发的消费者稀缺性感知会对稀缺产品的价值评价产生积极影响（Inman et al., 1997）。实际上，感知稀缺性可能由有限供给或高需求这两种因素引发（Verhallen and Robben, 1994）。在限量促销中,产品或购买机会的稀缺性源于供给和需求两个方面,即"供给型限量"（supply-based scarcity）和"需求型限量"（demand-based scarcity）（Gierl et al., 2008）。卖方减少产品的供给、买方产品需求增加或者两者同时出现都可能提高产品或购买机会的稀缺性。在限时促销中，产品或购买机会的稀缺性仅仅来自供给，卖方通过限制购买时间提高产品或购买机会的稀缺性。与限时促销相比，限量促销的稀缺性来源范围更大，即限量促销会比限时促销激发更强的感知稀缺性。

（2）情感上：预期后悔。决策者在产生任何实际损失前就产生各种担忧的心理效应被称为预期后悔（Shiha and Schau, 2011）。已有研究将预期后悔分为两种：预期不行动后悔（消费者预期如果放弃行动所感受到的后悔）和预期行动后悔（消费者预期如果采取行动所感受到的后悔）（Sevdalis et al., 2006）。消费者在进行决策时，会对可能出现的决策进行心理模拟（mental simulation）并产生预期后悔。预期后悔会使人们想要把未来的后悔程度降到最低，因而人们倾向于接受后悔可能性最小的方案。研究显示不可更改的决策往往容易诱发预期后悔，在不确定性越高的情境下，预期后悔对决策行为的影响越大（Bell, 1982）。在稀缺情境下，一般意味着得到这个产品的不确定性比较高。一旦产品售罄或者限定时间已过，就难以再买到，或者难以以优惠的价格买到。限量促销和限时促销都存在购买过程的不确定性，且限量促销的不确定性更高。在限量促销活动中，担心错过购买的预期不行动后悔是消费者竞争激发的；而在限时促销活动中，担心错过购买的预期不行动后悔与消费者竞争无关，其取决于消费者在一定时间段内是否购买产品的决策。因此限量促销比限时促销更能激发消费者的预期后悔。

（3）行为上：购买意向。强烈的产品稀缺感知会激发消费者关于产品更高的价值评价（Bozzolo and Brock, 1992; Inman et al., 1997），从而导致更高的产品期望、更多的购买数量、更短的搜寻时间和更强烈的购买意愿（Lynn, 1992; Inman et al., 1997），当然也包括更强的支付意愿和购买意愿（Eisend, 2008; Swain et al., 2006）。研究表明，当存在购买限制时，消费者的支付意愿更强。与没有条件限制的促销相比，有条件限制的促销会具有更好的销售效果和沟通效果（金立印，2008）。在促销活动中，由于限量促销限制了供给总量或单个顾客购买量，产品可得的不确定性（Soni, 2013）、购买过程的感知竞争性（Aggarwal et al., 2011）、"精明购物者"之感的追求（Babakus and Cunningham, 1988）和成功购物的自我归因等原因都让消费者认为限量促销比限时促销更为有效。尤其是稀缺产品独特的身份建构和社会认同会增强限量促销稀缺诉求的功效。但研究同样表明，限时促销也会增强消费者的购买意愿，主要原因是限时促销含有产品总量不足和购买竞争的隐忧（Soni，2013）。

根据稀缺效应理论，限量促销或限时促销对消费者产生积极影响的关键在于唤起消费者对产品的稀缺感知（Sinha et al., 1999），从而提升其对产品的价值感知（Inman et al., 1997）。限量促销信息和限时促销信息因产品价值的提升而提升了自身价值，对消费者而言成为更有价值的信息。不论是产品还是稀缺促销信息，对消费者而言都是具有一定价值性的。实现产品的价值在于拥有或购买，而实现信息的价值在于分享。信息的价值感知增强了消费者对信息的分享意愿。因此，我们认为限量促销信息和限时促销信息都会对消费者的信息分享行为产生影响。

2.2 利他动机

面对限量促销或限时促销的产品，受稀缺效应影响，消费者会因利己动机而增强对产品的购买意愿，去获取产品。那么，消费者会出于何种动机而分享限量促销信息或限时促销信息呢？

已有研究发现，帮助别人是分享的重要动机（Dichter，1966；Engel et al., 1993；Hennig-Thurau et al., 2004）。以往有关动机理论（motivation theory）的研究将个体的行为动机分为内部动机（intrinsic motivation）和外部动机（extrinsic motivation）（Ryan and Deci，2000）。内部动机看重的是行为本身所能提供的价值（如兴趣、慈善等），在虚拟社区中典型的内部动机就是利他主义精神（altruism）（Lin，2007）。"利他"一词最早由孔德提出，其以"利他"一词专指一个人对他人的无私行为。Bar-Tal（1986）认为，由利他动机所带来的利他行为需具备以下特点：①必须是自愿的；②必须是对他人有利的；③必须是有意识且具有明确目的的；④所获利益必须是行为本身产生的；⑤不期望有任何精神和物质的奖赏。需要注意一点，利他行为确实不需要任何外部的奖赏，但实际上也不可排除来自利他行为者内部的自我奖赏。学者们对利他主义进行了分类。Wilson（1976）将利他主义分为有条件的利他主义（互惠利他主义）和无条件的利他主义（纯粹利他主义）两种。具体而言，有条件的利他主义者本质上可以看作是"自私的利他者"，这类利他主义者通常服务于远亲和不相干的个体，通过社会契约实现互惠互利，这是一种完全有意识的利他行为；无条件的利他主义者与之相反，其服务的对象主要为最近亲属，而这类利他主义行为很少发生在疏远的社会关系中，在此情形下的利他者不求任何回报，不受社会奖励影响，表现出无私的精神。Sober（1988）从遗传性角度出发，将利他主义分为了进化利他主义（evolutionary altruism）和本土利他主义（ernacular altruism）两种。进化利他主义具有遗传性，进化利他主义行为是个体在紧急情况下将被救助者看成"我们"的一部分的下意识行为；本土利他主义的发展形成过程则较为复杂，本土利他主义行为是由个体内在得益于别人的动机所激发的行为，也具有遗传性。

事实上，利他动机不仅包括消费者的社会化目的，而且包括其个体化目的。帮助他人所获得的愉悦感也能解释为什么个体愿意在社会化媒体上分享一些知识或观点（Cheung and Lee，2012）。Ardichvili 等（2003）的研究表明公司内部虚拟社区中的大部分受访者将他们拥有的知识看作公共福利而非私人物品，他们进行知识分享的主要动力来自对维持虚拟社区存在的兴趣和责任感。Wasko 和 Faraj（2005）研究发现将帮助他人视为乐趣的人更倾向于分享知识，这反过来印证了利他动机的存在和普遍性。可见，利他动机是虚拟社区成员进行知识分享的重要动机之一，表现为分享者无偿付出时间或努力、贡献知识或信息，以帮助他人。

利他动机根植于社会资本理论（Kwok and Gao，2004）。为什么知识分享行为中存在利他动机呢？社会资本理论给出了很好的解释。社会资本理论的核心观点是人们参与社区，是想获得内嵌于社会关系网络中的各种有形或无形的社会价值，即社会资本（Nahapiet and Ghoshal，1998）。用户参与网络社区也是出于类似的动机（Lin，1999）。因此社会资本理论可以用于解释网络社区中的用户分享行为（Mathwick et al.，2008）。王覃刚和冀红梅（2006）从经济学的角度出发，指出个体出于血缘、居住或工作等原因，进入一个或多个群体之后，就会产生除了实现简单的个体利益最大化以外的另一种行动，且这一行动具备逻辑理性，即寻求融入群体生活和被认同的需要。这种需要的满足同样被认为可以提升个人效用，个体行为在群体中获得的"信任状"是得以提升这种效用的基本要素，也就是社会资本。个体通过社会资本可以获取群体认同感、动用更多资源、节省成本。

研究表明，个体在满足生存方面需要时，必须借助他人的利他行为，而获取他人利他行为的对价是个体自身的利他行为，从而获得嵌入社会结构中的可以在有目的的行动中获取或动用的资源（Lin，1999）。社会资本的生产和再生产都需要通过不间断的社交活动来实现，这意味着时间和精力的投入、直接和间接的经济资本消耗（Bourdreu，1986）。可见，社会资本理论为个体的利他行为提供了动力源和功能性解释。

根据社会资本理论，消费者分享信息的过程实际就是一个主动建立社会关系和形成社会资本的过程。这一过程包括3个步骤：一是分享者将自己拥有的有价值的信息进行分享；二是分享对象认同该信息的价值；三是分享对象对该信息做出正反馈，可以优化分享者的社会关系或提升其社会地位等（即形成社会资本）。从资本化过程来看，虽然分享者的最终目标是形成自己的社会资本，但是实现的前提必须是分享对象认为其所分享的信息有价值。所以，从分享对象的视角审视所分享信息的价值的高低是分享者决定是否进行信息分享的关键。本文将这一动机界定为利他动机。

2.3 产品类型

已有研究表明，不同类型产品的稀缺诉求对消费者的稀缺感知产生不同的影响，进而产生不同的稀缺促销效果。例如，Aggarwal等（2011）和金立印（2005）指出，限量促销和限时促销的差异在象征型（VS. 功能型）品牌概念类型下更明显。因此，本文试图引入产品属性，探究不同产品类型如何影响消费者对限量促销信息和限时促销信息的分享行为。

已有研究根据消费者对产品属性的感知，将产品分为享乐品（hedonic products）和实用品（utilitarian products）（Hirschman and Holbrook，1982；Batra and Ahtola，1990；Dhar and Wertenbroch，2000）。Hirschman和Holbrook（1982）提出享乐品在保持一定实用性的基础上，与实用品的本质区别在于心理建构（mental constructs）、产品定位（product classes）、产品使用（product usage）和个人差异（individual differences）4个方面。Dhar和Wertenbroch（2000）也指出

产品可根据其相对享乐属性和实用属性被分为两类：享乐品是指以审美或快乐的情感和体验为主要消费特征的产品，实用品则是以工具性和功能性为主要消费特征的产品。一般认为，享乐品是指能够满足消费者内在情感需求的产品，它能够带来感性的体验，如个人幻想、感官性体验和生活乐趣等（Voss et al., 2003），同时也能带来更多在社会群体中的象征价值（Miller et al., 1993）；实用品是指能够满足消费者日常生活基本需求的产品，主要是实现某些特定任务或者涉及生活必需的产品（Okada, 2005）。但这并不意味着享乐品和实用品是相互对立的（Voss et al., 2003）。实际上，一种产品可能会同时具有享乐属性和实用属性（Crowley et al., 1992）。基于此，本研究对享乐品和实用品做出如下定义：享乐品是能让人在情感和感官体验上获得愉悦感受的产品，强调体验、乐趣、刺激和自我表现等；实用品是用于完成实际任务的工具性产品，强调实用、功能和绩效等，可以帮助人们实现目标、完成任务。

根据企业所满足的消费者需求的不同，品牌概念（brand concept）可以分为"功能型品牌概念"（functional brand concept）和"象征型品牌概念"（symbolic brand concept）（Park et al., 1991）。功能型品牌概念强调消费者通过购买和使用该品牌产品可以有效地解决实际问题；象征型品牌概念则强调消费者通过购买和拥有该品牌产品可以得到社会认可，体现出一定的社会地位，实现自我价值。Keller（1987）把构成品牌形象的品牌联想在利益层次上划分成了3类：功能性利益、体验性利益和象征性利益。从以上定义我们不难得出，享乐品的定义包括产品的象征性和体验性这两层含义。象征性强调产品所带来的社会价值，即体现消费者的社会地位、自我价值，帮助消费者获取社会认同等；体验性则强调产品所带来的快乐和愉悦的体验。因此，享乐品在一定程度上包含象征品和体验品。对于实用品和功能品而言，二者的定义区别较小。不管是实用品还是功能品，都强调产品能够满足消费者日常生活基本需求或实现特定任务，能够有效解决实际问题。

由此可见，享乐品和实用品的主要区别在于消费者购买的动机差异，以及在此基础上所导致的行为差异。Hirschman 和 Holbrook（1982）指出消费者对享乐品产生购买动机或者口碑推荐，主要目的是寻求幸福、幻想、愉悦和享受的体验。

享乐型消费对消费者而言是一种愉悦的体验或分享行为，而不只是为了完成某项具体任务。因此，消费者在选择或推荐享乐品的时候，决策行为会更加感性，决策时间会更短（Sherry，1990；Babin et al.，1994），更容易产生冲动购买（Okada，2005；Yim et al.，2014）。反之，消费者对实用品的决策行为则更加理性，主要看重产品功能多样性、决策有效性、任务合理性和目标导向性（Hirschman and Holbrook，1982；Schulze et al.，2014；Baltas et al.，2017）。因此，实用品的购买动机和口碑推荐均主要取决于产品能否满足消费者功能型或任务型的需求（Babin et al.，1994）。

研究发现，限量促销和限时促销的销售差异在不同产品类型下效果不同。金立印（2005）研究指出，产品的限量稀缺信息和限时稀缺信息对消费者购买意图的影响效果存在显著差异，这种影响效果的差异在购买象征性意义较强的品牌产品时更为显著。Aggarwal 等（2011）也提出象征型品牌会放大限量促销与限时促销的销售差异，而实用型品牌限量促销与限时促销的销售效果差异相对较小。对享乐品进行稀缺促销时，尤其是推出限量版时，消费者将能通过产品显示身份和独特性。由于实用品缺乏独特性、象征性等特征，即使生产厂家推出数量较少的限量版，消费者也会认为其价值不大，不值得付出额外努力去购买（Jang et al.，2015）。

2.4　关系强度

随着互联网及移动互联网技术的发展，人们交流的方式逐渐由传统线下交流转变为线下交流与线上交流相结合，且线上交流日益成为人们交流的重要组成部分。口碑传播是人际沟通的过程。Bristor（1990）将口碑传播网络看作是一群由参与口碑传播的人以及人际关系所构成的社交网络，其中结成的人际关系被称作社交关系。社交关系广义上是指两个人或者更多人之间的交往，狭义上是指两个人在社会网络中由于互动或沟通而产生的联系，其可以分为不同类型。Brown 和 Reingen（1987）把口碑信息发送者与接收者的熟悉程度称为关系强度。Frenzen 和 Davis（1990）把紧密（closeness）、亲密（intimacy）、支持（support）和联系（association）4个要素看作是社交关系固有的人际维度。以往研究表明，不同的关系强度会导致人们倾向于分享不同的信息内容。Brown和Reingen（1987）研究指出关系强度可以根据口碑信息发送者与接收者之间的紧密程度来划分，当关系强度较高时，人们更愿意毫无保留地表达自己的感受。Liang等（2011）和Stanko等（2007）测量社交关系强度时考虑关系质量、关系时长和接触频率等因素。关系时长指的是个体认识时间的长短，但是关系时长并不能完全解释关系强度，如果两个人在日常生活中没有深入的接触与交流，即使认识再长的时间也不会影响两个人的关系。因此，长时间的频繁接触可能会加强两个人之间的关系，使双方越来越了解对方的兴趣和习惯，能猜出对方的需求（Chang et al., 2011）。

在此，我们以 Granovetter（1973）的研究为参考，认为关系是人与人之间、组织与组织之间由于交流和接触而产生的一种纽带联系。关系强度则是指群体中人与人之间连接的程度，通常由时间长度、情感紧密性、亲密程度（相互信赖程度）和互惠服务共同决定。社交关系一般可分为强关系和弱关系。社交关系的强弱取决于社交关系密切度。基于此，有学者将互动频次高、感情较强、关系密切、互惠交换多的关系定义为强关系，代表一种通过长期合作建立起来的社会关系，如家人、朋友和熟悉的同事，彼此之间很熟悉并且具有很高的同质性，人们会很积极地维持相互之间的关系。相反，互动频次少、感情较弱、关系普通、不存在互惠交换的关系则被定义为弱关系，如偶然交流的陌生人、较少接触的生意伙伴等（Lin et al., 1981），彼此只是相识但并不熟悉，异质性较强，个人不会投入太多情感维持关系。Anderson（1998）指出口碑传播发生在双方具有一定关系的情况下，不管这种关系是亲密还是疏远，是深厚还是淡薄，口碑信息传达都必须经过这种关系来进行。陈蓓蕾（2008）利用社会资本理论结合网络研究背景，从口碑信息发送者的角度出发把关系强度划分为信任、承诺、互惠规范，并说明了其对网络信息发布行为、信息数量、信息质量的影响作用。强关系下，交互更为频繁，信息内容重复度较高，传播范围有限，适合深度交互行为，如知识共享、口碑分享（Levin and Cross, 2004）；弱关系下，交互频率低，信息重复度低，传播范围较广，更适合新鲜信息的传播，如优惠券信息、技术咨询等（Constant et al., 1996）。

社会资本理论指出，人们通过与他人分享稀缺信息来实现社会资本化。社会资本的积累和投资依赖于行动者可有效动用的关系网络的规模，依赖于与其有关系的个人或组织所拥有的经济、文化和符号资本的数量和质量。亲友关系这类强关系的诚实度很高，建立在此基础上的利他行为"投资"被认为是风险最低的。而当强关系的社会资源存量不足时，或动员成本较高时，为了满足个体的生物存续和社会存续的需要，合作和利他就会扩展到弱关系，但与此同时所面临的各种风险也将加大。

第 3 章 研究假设

3.1 不同促销类型信息对分享行为的影响

已有研究表明,传递稀缺信号的产品可以对消费者产生以下积极影响:第一,拥有稀缺信号的产品会激发消费者被嫉妒和被尊重的感觉,拥有该属性的产品可以被视为炫耀性消费产品;第二,消费者可能会使用稀缺信号作为启发式线索对产品质量进行评价(Gierl and Huettl, 2010)。人们往往会认为,稀缺产品会具有更好的质量(Cialdini, 2008)。消费者会把源于需求的数量稀缺性视为"人们喜欢购买该产品"的启发式刺激。对于源于高需求的稀缺产品,人们会认为"大家都想购买它,它的质量一定很好",从而对这类稀缺产品产生更高的质量感知。研究表明,感知稀缺性会增强人们对产品的购买欲望,使产品更有吸引力,从而增强人们对产品本身的价值感知(Jung and Kellaris, 2004; Lynn, 1992; Gierl and Huettl, 2010)。Gierl 等(2008)指出限时稀缺诉求是指销售者向消费者发布的在预定时间产品可得而在其他时间产品不可得的信息,是销售者强制限定供应的结果;限量稀缺诉求是指销售者向消费者发布的限定可得产品销售总量或限定个人可得产品数量的信息,限定的原因可能是真实的供应不足,也可能是有意的有限供应。与限时促销相比,限量促销的稀缺性来源范围更大。在促销活动中,限量促销和限时促销起着类似的增加销量、销售利润的作用,但是数量限制比时间限制的促销效果更好,因为限量促销可以让消费者产生更强的感知稀缺性(Aggarwal, 2011; 金立印, 2005)。

已有研究表明,经济刺激(如价格折扣、代金券等)不仅能促进消费者的购买行为，还能正向作用于口碑传播（于春玲等，2011；黄敏学等，2016）。稀缺促销作为一种强烈的经济刺激，可激发消费者的稀缺感知，增强消费者对产品的价值感知。因此，体现产品稀缺感的信息也具有了价值。从信息资本化的视角来看，消费者分享有价值的信息可以给他人更大帮助，从而有助于提高自我价值或社会认同。而且，信息价值感越强，信息对他人的作用就越大，消费者就越愿意分享。

在移动社会化媒体中，消费者之间的相互影响极大。企业发布的信息只有成为消费者的讨论话题，并进一步引发消费者的分享，才能达到最佳传播效果。根据稀缺效应理论，限量促销或限时促销对消费者产生影响的关键在于唤起了消费者的感知稀缺性（Sinha et al., 1999）。大量研究表明，稀缺性高的商品往往具有更高的价值和独特性需求（Verhallen, 1982；Lynn, 1992）。稀缺促销信息也因产品价值的提高而成为更有价值的信息。从社会资本理论的视角来看，面对限量促销信息或限时促销信息，消费者除了自身的购买欲望可能会被激发，也可能会与他人分享限量促销信息或限时促销信息，从而实现个体之间的互利互惠。我们认为增强稀缺促销信息的价值感知会增强消费者的分享意愿，而限量促销比限时促销更能激发消费者的稀缺感知（Aggarwal, 2011；金立印，2005），限量促销信息相对于限时促销信息价值感更高，更具有分享价值。因此，我们提出了以下假设：

H1：限量促销信息比限时促销信息更能激发感知稀缺性，从而增强消费者的分享意愿。

3.2 感知稀缺性和利他动机的中介作用

社会化媒体中的信息分享行为具有社交性质，是一种为了社交而进行的传播行为。信息分享行为可视为一种信息的馈赠（或礼物），即将自己获得的信息分予他人，共同享用、共同拥有。我们可以从多个视角解释在限量促销和限时促销情境下消费者基于利他动机的分享行为。资源理论指出，感知到资源稀缺的个体会做出相应的行为改变；生活史理论也指出，当个体感知到资源稀缺时，个体需要保护有限的资源，并对资源做出最合理的运用。个体意识到竞争资源稀缺时，对外部群体的敌意会增强（Kurzban and Neuberg，2005），资源稀缺会唤起个体对内部群体的资源维护意识（Hill et al., 2015），即当资源相对稀缺时，个体会尽可能实现群体内部资源的利益最大化，并建立起群体内外部资源的隔离。当消费者接收到限量促销信息或限时促销信息时，感知稀缺性会激发其对群体内部资源的维护，为有效提升群体内部的整体利益，实现互惠互利，消费者出于利他动机向内部群体分享稀缺促销信息。

王秦（2014）的研究指出，在网络上展现真实的自我，有利于在线下发展出相应的现实关系，从而形成对用户有利的社会资本。事实上，信息的分享不是无条件的，作为人际交往和社群认同的必要投资，它同时意味着回馈或对回馈的预期。根据信息资本化理论，个体分享有用的信息有助于获得互惠互利的社会关系，这一过程可以帮助他人更好地做出决策（Dichter, 1966；Sundaram et al., 1998），或帮助他人获得成功，如向他人免费推荐消费体验好的商家（Sundaram et al., 1998）。分享者认为信息对分享对象越有价值，就越倾向于将其分享。稀缺促销信息是企业常用的话题，限时促销信息与限量促销信息均属于稀缺促销信息，它们的价值在于增强了消费者对产品的稀缺感知。从信息分享的利他视角来看，消费者分享有价值的信息可以给他人以帮助，实现信息的资本化。而且信息的价值感越强，信息对他人的作用就越大，消费者越愿意分享，就能从信息分享这一过程中获取更多收益。

口碑传播的动机相对多元。研究发现，人们有时候是为了帮助别人而分享（Dichter, 1966；Engel et al., 1993；Hennig-Thurau et al., 2004）。也有研究提出消费者推荐某些他们喜欢的公司，是因为想感谢公司提供了某次好的体验或者想让他们喜欢的公司获得更大的成功（Hennig-Thurau et al., 2004；Sundaram et al., 1998）。利他主义的顾客会因为其他顾客的需要，大方地分享自己的购物经历或产品体验。而助人的愉悦感作为一个重要的利他因素，能够诠释个体在社会化媒体中分享知识或者观点的意愿（Cheung and Lee, 2012）。在社交情境下，利他主义的顾客为了帮助其他顾客，会在社交平台上分享自己知道的消息，因为这样做能够为自己带来助人的愉悦感。从更广义的利他动机来看，若一个社区中的用户分享行为频繁，那么其他用户就能在该社区中更容易地搜索到自己想要了解的信息，随之感到社区用户的善意，那么这些用户会以参与社区互动来报答。Wasko 和 Faraj（2000）的研究也说明了这点，在网络社区中分享信息的人遵守互惠原则，这种互惠的信念同时驱使他们在网络社区中分享信息。此外，个体在群体中的归属感也驱使其在社区中进行知识分享。当个体认为自己是社区的一分子，并根据社区目标调整个人目标时，他们愿意为了保持与社区成员的长期关系而放弃个人的短期利益，他们会像对待自己的亲人般对待其他成员，会愿意做一些对其他成员有益的事（Hars and Ou，2002）。例如一些顾客在社交平台上分享自己的想法是因为他们认为自己是该社区的成员，他们愿意帮助社区中被自己看作亲友的伙伴。

限量促销比限时促销更能激发消费者的稀缺感知，这导致限量促销信息相对于限时促销信息价值感更高。从社会资本理论来看，消费者进行信息分享最终是为了形成自己的社会资本，即通过信息分享建立自己的社会关系或提升自己的社会地位，但是其实现的前提必须是分享对象认为其所分享的信息有价值。根据信息资本化理论，分享者越认为信息对分享对象有价值，就越倾向于将其分享。限时促销信息与限量促销信息均属于稀缺促销信息，它们的价值在于增强了消费者对产品的稀缺感知。所以，感知稀缺性越高，信息的价值感越高，分享者认为其对分享对象越重要，就有更多的基于利他动机的分享行为。

因此，我们提出了以下假设：

H2：感知稀缺性和利他动机在不同促销类型激发消费者分享中起链式中介作用。

3.3 产品类型对感知稀缺性的调节效应

既有研究指出，与产品类型相匹配的广告诉求将提高说服效果（Johar and Sirgy，1991），而限量促销和限时促销对不同类型的产品有不同的销售效果。Gierl 等（2008）的研究发现，炫耀性消费产品更适合使用数量限制的稀缺信号而不是时间限制的稀缺信号，因为时间限制导致的产品高需求反而会降低消费者对炫耀性消费产品的购买欲望。金立印（2005）指出产品的限量稀缺信息和限时稀缺信息对消费者购买意图的影响效果存在显著差异，并且这种影响效果的差异在购买象征性意义较强的品牌产品时更为显著。Aggarwal 等（2011）发现，稀缺信号受到品牌概念的显著影响，而且有限的供给对象征性品牌比对功能性品牌的影响更大。所以，从购买行为来看，消费者对享乐品的限量促销信息更敏感。这主要有两方面原因：一是从购买动机来看，享乐品相对于实用品对独特性的要求更高（Miller et al., 1993；Jang et al., 2015），而限量促销信息由于明确对数量的限制，更符合消费者对独特性的需求；二是从决策过程来看，享乐品相对于实用品更偏向于情感决策，而限量促销信息相对于限时促销信息能激发消费者更强的紧迫感和焦虑感（Aggarwal et al., 2011）。

从消费者的分享行为来看，消费者认为信息对分享对象的价值越高，其分享意愿越强。根据适应性理论（adjustment）（Bhaskar-Shrinivas et al., 2005），消费者一般将自己对产品或信息的感知作为判断的基准，并根据自己对分享对象的了解进行调整。也就是说，消费者一般采用"由己及人"的推测方式，如果自己对信息非常感兴趣，或者认为信息对自己有用，一般也会认为信息对他人有用（Human and Biesanz, 2011）。所以，从分享行为来看，消费者认为享乐品的限量促销信息更有用，其也会认为分享对象对该信息的感知价值更高，进而产生更强的分享意愿。另外，从信息分享的过程来看，研究发现能提高消费者情感唤醒度（arousal）的信息可获得更多分享（Berger and Milkman, 2012）。限量促销信息相对于限时促销信息能给消费者造成更强的稀缺感；且享乐品的信息相对于实用品的信息带有更强的情感属性。所以，限量促销信息与限时促销信息对消费者分享行为的影响会受到产品类型的调节。因此，我们提出了以下假设：

H3：产品类型对不同促销类型对分享意愿的影响产生调节作用。

H3a：当产品类型为享乐品时，限量促销与限时促销对分享意愿的影响差异被放大，即限量促销比限时促销更能激发消费者的分享意愿。

H3b：当产品类型为实用品时，限量促销和限时促销对消费者的分享意愿的激发无显著差异。

3.4 关系强度对分享意愿的调节效应

关系强度是人与人之间交流时间、情感强度以及亲密程度线性组合的一种强弱程度。相对于弱关系而言，强关系表现为个体在频繁互动过程中产生的一种基于信任、合作、互助、亲密的联结状态，意味着个体之间存在良好的人际互动。Brown（1987）发现强势和弱势的社交关系对口碑传播有着不同的影响。Levin和Cross（2004）的研究表明在社交网络中，用户更容易与其具有强关系的人创造用户生成内容（User Generated Content，UGC），而与强关系相比，弱关系下的用户群体更容易产生新消息和新想法。社会交换理论指出，强关系可能会传递比弱关系更高的经济价值的信息。

因此，我们认为，通过稀缺促销信息的分享来实现利他行为存在一定的边界条件。人们更愿意在强关系中分享稀缺促销信息，从而更有利于实现信息资本化，而弱关系带来的风险因素不利于稀缺促销信息引发的利他行为。从社会资本理论来看，强关系更有利于社会资本的形成与获取，且对于稀缺资源，消费者更愿意在群体内部分享，因此消费者的利他动机在强关系中更突出，导致其更愿意将高价值的信息在强关系中进行分享。限量促销信息比限时促销信息更具价值性，消费者在强关系中更愿意分享限量促销信息；而在弱关系中，限量促销信息与限时促销信息的价值差异相对较小，对消费者的分享意愿影响较小。基于此，我们提出了以下假设：

H4：消费者更愿意在强关系而非弱关系中进行稀缺促销信息分享，同时更愿意在强关系中分享限量促销信息，限量促销信息与限时促销信息在弱关系中对消费者的分享意愿影响无显著差异。

基于以上推导，我们提出了图3-1所示的研究模型。

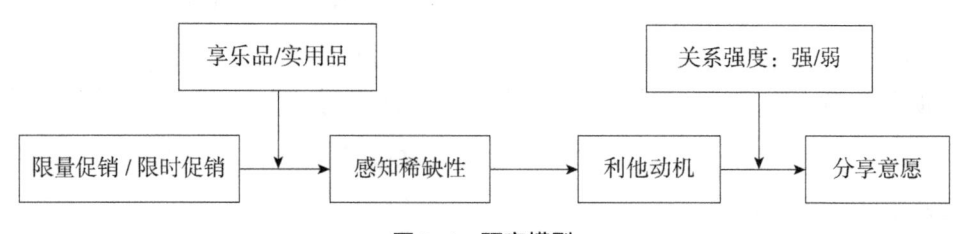

图3-1 研究模型

第4章 实证部分

4.1 预研究

本研究在社会化媒体中进行数据抓取,初步探索促销类型和产品类型对消费者分享意愿的影响,以及促销类型和产品类型的交互作用对消费者分享意愿的影响,为进一步研究提供了真实的数据支持。

4.1.1 数据收集

我们在目前国内比较流行的社会化媒体——微博,完成了数据抓取工作。我们选取经微博认证的官方微博账号——@英国购物达人为研究对象。@英国购物达人粉丝数量为百万级,在微博上较为活跃,所发表博文达120000条以上,且博文内容中基本不含奖励推荐的信息,研究限量促销或限时促销信息相对比较容易。因此,我们认为@英国购物达人具有一定的代表性。

本研究通过搜索关键词"限时"或"限量"随机抓取了@英国购物达人2016年12月—2017年4月共180条原创博文,剔除完全重复和同时包含"限时""限量"信息的博文,剩余164条博文。本研究以"转发"来代替消费者的分享行为。

接下来我们对博文内容进行了文本分析和编码,由2名不知晓实验目的的研究者划分促销类型、产品类型和其他相关内容。将包含"限时"等字样的博文归为限时促销类,将包含"限量"等字样的博文归为限量促销类。结合产品类型研究和2名市场营销专业教授的建议,将包含化妆品、香水或名牌手表、包等内容的博文归为享乐品类;将包含一般护肤品或普通厨具等内容的博文归为实用品类。同时也对博文对应的图片、粉丝数、语言风格、时间间隔、字符数等控制变编码量进行了分析，编码示例如表4–1所示。

表4-1 博文编码示例

博文发布时间	博文内容	转发量	评论量	点赞量	促销类型	产品类型	图片	时间间隔/天	字符数
1月10日 06:53	「ILuminage 限量礼盒装」逆天大促＋一套免邮中国！原价185镑50%OFF＋额外15%OFF CODE：LF15，669元拿下……	8	11	20	2	4	1	110	177

注：限时促销编码为1，限量促销编码为2；享乐品编码为3，实用品编码为4；有图片编码为1，无图片编码为0。

下面我们对编码内容中的控制变量进行分析。

1. 图片

所有抓取博文中均含有较高清的产品图片，以传递产品信息，并非其他与产品无关的图片，如传递搞笑、情感、励志等与产品无关的信息。因此，基本可以排除图片不同给博文转发量带来的影响。

2. 粉丝数

由于无法掌握粉丝数的实时变化，我们分析了粉丝数在数据抓取期间的整体变化情况。2016年12月初，@英国购物达人的粉丝数约为110万人，截至数据抓取完成时间，即2017年4月底，@英国购物达人的粉丝数约为112万人，5个月中粉丝数月增长率仅为0.36%，可见粉丝增长速度较为缓慢。此外内容为随机抓取，即不管是限量促销类还是限时促销类，或者无论是享乐品类还是实用品类，均为2016年12月—2017年4月发布的，并非其他时期发布的博文，因此基本可以排除粉丝数变化对博文转发量造成的影响。

3. 语言风格

博文内容如下所示。

示例一：「韩淘」Mediheal 官网大促，额外减20元活动仅限今天！Mediheal & Line 限量合作款水库面膜10片装，满3盒直接40%OFF，今天还有额外减20

元优惠码：MDALIDAY，加关 Shui 3 盒到手价 217 元～相当于 1 盒只要 72 元～支持支付宝付款，地址写中文，需要面膜的囤啦！

示例二：#Diptyque#「Diptyque 情人节限量」可直邮！情人节限量款 Rosa Mundi 香氛蜡烛，绿色基调和粉色花卉图案真心美轮美奂，温柔的玫瑰香沁人心脾～！[太开心] 满 40 镑全英免邮，全场任满 100 镑全球免邮，不满 100 镑邮寄中国运费也只要 5 镑哦，地址写拼音即可～！

我们请市场营销专业的 1 名副教授和 2 名博士研究生对 @英国购物达人所发表的博文内容进行了语言分析。分析结果表明，@英国购物达人的博文语言风格基本一致，重点突出折扣力度大、促销时间短或促销数量少、产品价值高或物美价廉等，以略显夸张的表述引起消费者注意或唤起消费者的购买欲望。因此，我们同样可以排除语言风格不同对博文转发量造成的影响。

4. 促销类型、产品类型、间隔时间、字符数

通过内容分析发现，在博文抓取期间并未涉及大型促销活动。我们对促销类型、产品类型、间隔时间和字符数对转发量的影响进行了回归分析。结果显示，促销类型对转发量的影响显著（$\beta = 25.77$，$p < 0.01$），且限量促销比限时促销更能促进消费者的转发行为；产品类型对转发量的影响也显著（$\beta = 6.75$，$p < 0.05$）；促销类型和产品类型的交互作用对转发量的影响同样显著（$\beta = -6.47$，$p < 0.01$）；间隔时间（$\beta = 0.03$，$p > 0.001$）和字符数（$\beta = 0.03$，$p > 0.05$）对转发量的影响均不显著。

4.1.2 数据分析

通过描述性统计分析结果，我们可以初步发现转发量方差的分布较广，数据具有一定的代表性，如表 4-2 所示。

表 4-2 转发量描述性统计结果

变 量	M	N	SD	极大值	极小值
限时促销	7.52	84	4.75	21.00	1.00
限时促销 – 享乐品	7.51	43	5.37	21.00	1.00

续表

变 量	M	N	SD	极大值	极小值
限时促销－实用品	7.54	41	4.05	16.00	1.00
限量促销	10.54	80	6.78	38.00	0.00
限量促销－享乐品	13.28	40	9.48	38.00	1.00
限量促销－实用品	7.80	40	5.44	25.00	0.00
总计	8.99	164	6.78	38.00	0.00

我们首先对编码内容中的控制变量进行分析。通过对图片、粉丝数、语言风格、间隔时间、字符数这些可能影响转发量的因素的分析，发现这些因素对转发量的影响皆不显著，基本可以排除这类因素对数据结果可能带来的影响。

促销类型对消费者转发行为的影响（图4-1左）：限时促销和限量促销对消费者转发行为的影响具有显著差异 [$M_{限量}$=10.54, SD = 6.78；$M_{限时}$ = 7.52, SD = 4.75；$F(1, 162)$ = 8.46, $p<0.01$, Cohen's d = 0.52]，假设H1得到初步支持。

促销类型和产品类型的交互作用对消费者转发行为的影响（图4-1右）：当产品类型为享乐品时，限时促销和限量促销对消费者转发行为的影响具有显著差异 [$M_{限量}$=13.28, SD=9.48；$M_{限时}$=7.51, SD=5.37；$F(1, 82)$=10.12, $p<0.01$, Cohen's d = 0.75]；当产品类型为实用品时，限时促销和限量促销对消费者转发行为的影响无显著差异 [$M_{限量}$=7.80, SD=5.44；$M_{限时}$=7.54, SD=4.05；$F(1, 79)$=0.78, p=0.38, ns]。

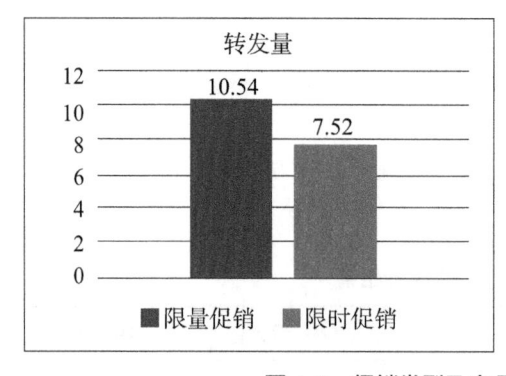

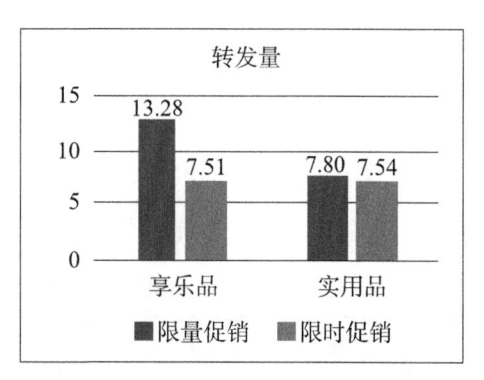

图4-1 促销类型及产品类型对转发量的影响

接下来用单因素 F 检验来进一步验证调节效应。为了验证促销类型与产品类型的交互作用对转发量的影响，本研究以"转发量"作为因变量，以"促销类型"和"产品类型"作为固定因子。促销类型的主效应显著 [$R^2 = 0.13$, $F(1, 163) = 9.11$, $p < 0.01$, $\eta^2 = 0.05$]，交互效应也显著 [$R^2 = 0.13$, $F(1, 163) = 7.59$, $p < 0.01$, $\eta^2 = 0.04$]，如表 4-3 所示。可见，当促销产品为享乐品时，限量促销下消费者的转发量更高；当促销产品为实用品时，限量促销和限时促销下消费者的转发量无显著差异。假设 H3、H3a 和 H3b 得到初步支持。

表 4-3 促销类型和产品类型的交互作用对转发量的影响

来　源	第 III 型平方和	自由度	均　方	F	显著性
修正模型	971.68 [a]	3	323.89	7.94	0.000
截距	13363.43	1	13363.43	327.37	0.000
促销类型	371.98	1	371.98	9.11	0.003
产品类型	304.19	1	304.19	7.45	0.007
促销类型 × 产品类型	309.79	1	309.79	7.59	0.007
误差	6531.31	160	40.82		
总计	20769.00	164			
修正后总计	7502.99	163			

注：a 表示 $R^2 = 0.13$（调整的 $R^2 = 0.11$）。

4.1.3 结果讨论

本研究通过二手数据分析发现：不同促销类型会对消费者的转发行为产生影响，限量促销信息的转发量显著高于限时促销信息。进一步发现，当产品类型为享乐品时，限量促销信息的转发量显著高于限时促销信息；而当产品类型为实用品时，限量促销信息和限时促销信息的转发量无显著差异。以上研究结论支持假设 H1、H3、H3a 和 H3b。为了进一步佐证产品类型的调节作用，并探究消费者在稀缺促销下的分享行为的内在动机，我们开展了实验一和实验二。

4.2 实验一

在预研究的基础上，实验一从产品类型与促销类型交互的视角，来探究不同产品类型在不同促销类型下消费者的分享行为，同时也考虑了非限时限量促销的情形，作为控制组。我们将手表作为实验材料，探究了促销类型和产品类型对消费者分享行为的影响。

4.2.1 实验前测

从消费者心理来看，产品特征并非完全取决于产品本身的性质，而是由消费者建构的（Voss et al., 2003），比如手表对某些消费者而言是实用品（告知人们时间），对某些消费者而言却是享乐品（装饰品）。因此，我们选择让被试来判断该产品是享乐品还是实用品。

我们在正式实验前进行了实验前测。此次实验前测由 32 名被试通过网络投票的方法（问卷）进行（18 名女性，14 名男性，$M_{年龄}$= 23 岁，SD = 2.56 岁）。将被试随机分为两组（实用品组/享乐品组）进行问卷测试，分别测量他们对这块手表的实用性/享乐性感知（Crowley et al., 1992；靳菲，朱华伟，2016）。借鉴既有文献，我们从产品颜色、设计、时尚、工艺等方面操控产品的实用/享乐属性。实用品操控为：这款手表为自动机械表机芯，精准计时，工艺精湛。享乐品操控为：这款手表是经典中的新潮，北欧设计风格，螺纹表冠，优质表带。被试依据所看到的产品描述对其属性进行打分（7 级量表，1 = 实用品，7 = 享乐品）。由于吸引力较大的产品容易产生"晕轮效应"（halo effect），因此我们确保这两类产品对被试的吸引力是无差异的。数据结果显示，被试对手表的实用性/享乐性感知有明显差异 [$M_{实用}$= 2.63，SD =1.20；$M_{享乐}$= 5.13，SD =1.26；F（1，30）= 32.97，p<0.001，Cohen's d = 2.17]，两者在吸引力上无差别（$M_{实用}$=3.92，$M_{享乐}$=4.06，ns）。

4.2.2 正式实验

在实验前测证实操控有效性的基础上，我们进行正式实验。本实验采用

3×2组间对比设计，包括6组：促销类型（限时/限量/控制）×产品类型（享乐/实用）。本研究以产品价格和价格折扣作为控制变量，旨在对比不同稀缺促销类型在不同产品类型下对消费者分享行为的影响。280名来自某大学的学生参与了本轮实验，最终263名被试完成了本轮实验，其中男性占比52.90%，女性占比47.10%，年龄集中在18~25岁，样本被随机分配到6组中。

首先，研究者让被试进入如下情景："您正打算添置一块手表来满足日常需求。您在浏览某购物网站时恰好看到了以下促销信息，知名手表品牌Onyi（虚拟品牌，促销信息来源于网络并进行了一定修改）推出新款Onia系列产品，售价为899元，Onyi品牌十分畅销，且很少有折扣。为庆祝Onyi品牌成立20周年，Onyi官方旗舰店现推出消费者浓情回馈活动。首次七折促销，限时促销3天，还剩22小时36分48秒（限量促销1000件，还剩216件，或无时间或数量限制）。"考虑到现实消费场景，一般当消费者看到产品促销信息时，促销活动就已经开始，因此将促销时间（数量）进行了如上设计。

随后，被试先被要求回答对该促销信息的分享意愿。分享意愿的测量语句为："我愿意向他人推荐该手表""我愿意与他人分享该手表""我愿意分享（转发）该促销信息""我可能会和周围的朋友聊到这款手表"。之后被试被要求回答对该手表的限时促销（限量促销）感知、享乐品（实用品）感知作为操控检验。（所有测量均为7级量表，其中1代表非常不同意，7代表非常同意）。问卷见附录1中的"实验一：问卷"。

4.2.3 数据分析

操控检验：促销类型上，限时促销与限量促销均操控成功。限时促销分组下，限时促销组的得分显著高于限量促销组和控制组 [$M_{限时}$ = 4.86，SD = 1.00；$M_{限量}$ = 3.93，SD =1.72；$M_{控制}$ = 4.04，SD =1.17；$F（1，260）$ = 12.34，$p < 0.001$]；限量促销分组下，限量促销组的得分显著高于限时促销组和控制组 [$M_{限量}$ =4.29，SD = 1.69；$M_{限时}$ = 3.38，SD =1.34；$M_{控制}$ = 3.59，SD = 1.20；$F（1，260）$ =9.80，$p < 0.001$]。产品类型上，享乐品和实用品均操控成功。享乐品分组下，享乐品组的

得分显著高于实用品组 [$M_{享乐}$ = 4.31，SD = 0.88；$M_{实用}$ = 3.85，SD = 0.90；F（1，261）=17.76，p < 0.001，Cohen's d = 0.52]；实用品分组下，实用品组的得分显著高于享乐品组 [$M_{实用}$ = 4.67，SD = 0.88；$M_{享乐}$ = 3.96，SD =1.05；F（1，261）= 35.31，p < 0.001，Cohen's d = 0.73]。

结果分析：

1. 不同促销类型对消费者分享行为的影响

限时促销和限量促销对消费者分享意愿的影响具有显著差异 [$M_{限时}$ = 4.20，SD =1.43；$M_{限量}$=5.09，SD =1.19；F（1,174）= 20.17，p < 0.001，Cohen's d = 0.68]。此外，限量促销组消费者的分享意愿显著高于控制组 [$M_{控制}$=3.41，SD = 0.69，F（1，176）= 132.18，p < 0.001，Cohen's d = 1.73]，限时促销组消费者的分享意愿也显著高于控制组 [F（1，170）=21.68，p < 0.001，Cohen's d = 0.70]。

2. 产品类型与促销类型的交互作用对消费者分享行为的影响

为了验证促销类型与产品类型的交互作用对消费者分享意愿的影响，本研究以"分享意愿"作为因变量，将"促销类型"和"产品类型"作为固定因子，用单因素 F 检验来验证调节效应。分析结果表明促销类型的主效应显著 [R^2=0.15，F（1，175）=21.26，p < 0.001，η^2=0.10]，交互效应也显著 [R^2=0.15，F（1，175）=8.81，p < 0.01，η^2=0.04]。进一步进行单因素方差分析显示，当产品类型为享乐品时，限时促销和限量促销对消费者分享意愿的影响具有显著差异 [$M_{限时}$ = 3.79，SD =1.47；$M_{限量}$=5.25，SD =1.02；F（1，86）=29.89，p < 0.001，Cohen's d = 1.15]，且限时促销 [$M_{控制}$ = 3.29，SD = 0.61，F（1，83）= 4.14，p < 0.05，Cohen's d = 0.44] 和限量促销 [F（1，87）=118.54，p < 0.001，Cohen's d = 2.33] 对比控制组都能激发消费者更高的分享意愿；当产品类型为实用品时，限时促销和限量促销对消费者分享意愿的影响无显著差异 [$M_{限时}$=4.60，SD =1.28；$M_{限量}$=4.92，SD =1.33；F（1，86）=1.30，p = 0.26，ns]，但同样限时促销 [$M_{控制}$ = 3.52，SD = 0.75，F（1，85）= 23.43，p < 0.001，Cohen's d =1.03] 和限量促销 [F（1，87）= 37.64，p < 0.001，Cohen's d = 1.30] 对比控制组都能激发消费者更高的分享意愿。可见，当促销产品为享乐品时，限量促销下消费者的分享意愿更高；当促销产品为实用品时，限

量促销和限时促销下的分享意愿无显著差异，如图4-2所示。

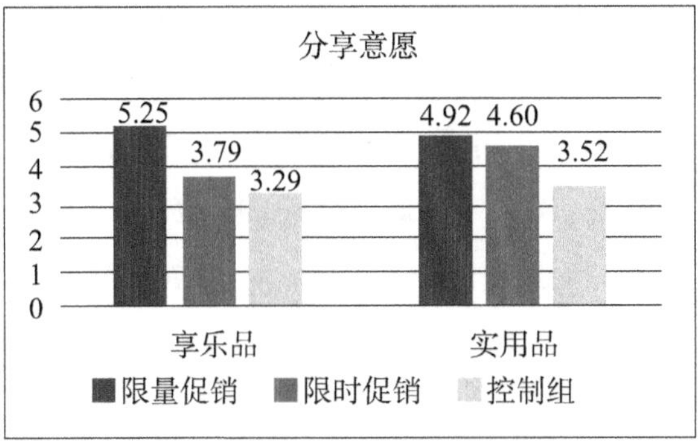

图4-2 促销类型和产品类型的交互作用对消费者分享意愿的影响

4.2.4 结果讨论

通过以上实验分析得出：限量促销和限时促销对消费者的分享行为产生影响。具体来说，消费者对限量促销信息的分享意愿显著高于限时促销信息，而这一差异在享乐品中被放大。当促销产品为享乐品时，消费者对限量促销信息的分享意愿显著高于限时促销信息；当促销产品为实用品时，消费者对不同类型的稀缺促销信息的分享意愿无显著差异。假设H1、H3、H3a和H3b再次得到验证。

4.3 实验二

为了探究限量促销或限时促销导致消费者产生分享行为的内在机制，以及进一步验证实验结果的稳健性，我们开展了实验二。

4.3.1 实验前测

与实验一相同，在正式实验前我们同样进行了实验前测。通过对3名市场营销专业博士生与1名市场营销专业副教授的访谈交流，我们初步选定运动鞋作为实验材料。随后，我们招募了30名在校大学生作为被试（17名女性，13名男性，$M_{年龄}$ = 23岁，SD = 2.18岁）。将被试随机分为两组，分别测量他们对这双运动鞋的实用性/享乐性感知（Crowley et al., 1992；靳菲，朱华伟，2016）。实用品描述：这款运动鞋是减震耐磨大师，不惧磨损，动态减震。享乐品描述：这款运动鞋是时尚格调 ICON，炫酷多彩，型走街头。然后要求被试依据所看到的产品描述对其属性进行打分（7级量表，1 = 实用品，7 = 享乐品）。结果表明，我们的控制是成功的 [$M_{实用}$ = 2.47, SD = 0.92；$M_{享乐}$ = 5.60, SD = 0.91；F（1, 28）= 88.36, p < 0.001，Cohen's d = 3.42]，两者在吸引力上无差别（$M_{实用}$ = 3.76, $M_{享乐}$ = 4.12, ns）。

4.3.2　正式实验

在实验前测的基础上，本实验采用 2 × 2 组间对比设计进行正式实验，包括4组：促销类型（限时/限量）× 产品类型（享乐/实用）。本研究将产品价格和价格折扣作为控制变量，旨在探究不同稀缺促销类型对消费者的分享行为的影响。200 名来自某大学的学生参与了本轮实验，最终 188 名被试完成了本轮实验，其中男性占比 46.3%，女性占比 53.7%，年龄集中在 18~25 岁，样本被随机分配到4 组中。

首先，研究者让被试进入如下情景："您正打算添置一双运动鞋来满足日常需求。您在浏览某购物网站时恰好看到了以下促销信息，知名运动鞋品牌 Mountain（虚拟品牌，实验材料来源于网络并进行一定修改）推出新款 FLY 系列产品，售价为 658 元，Mountain 品牌十分畅销，且很少有折扣。为庆祝 FLY 系列产品上月销量突破一万件，Mountain 官方旗舰店现推出消费者浓情回馈活动，首次六折促销，限时促销 3 天，还剩 1 天 21 小时 45 分 52 秒（限量促销 1000 件，还剩 428 件）。"

随后，被试先后被要求回答对该促销信息的分享意愿、分享对象、对该运动鞋的限时促销（限量促销）感知和享乐品（实用品）感知、利他动机和感知稀缺性。分享对象的测量语句为："所有能看到我微博（微信朋友圈、QQ 空间等）状态的人""所有我认识的人""特别分享给家人或关系很好的朋友等""只分享给某些与我关系好的人"。利他动机的量表参考了 Sundaram 等（1998）的研究，测量语句为："我希望通过分享让他人也获得这一促销信息""我希望通过分享也使他人受益""分享该促销信息是考虑到它可能对他人有用""分享该促销信息是考虑到它可能对他人有价值"。感知稀缺性的量表借鉴了Lynn和Bogert（1996）、Swami和Khairnar（2003）以及Wu等（2012）的研究，测量语句为："我认为这款运动鞋的数量可能很有限""我认为这款运动鞋很快会售完""我认为很多人将选择（购买）这款运动鞋"。其他测量量表与实验一类似。问卷见附录1中的"实验二：问卷"。

4.3.3 数据分析

操控检验：促销类型上，限时促销与限量促销均操控成功。限时促销分组下，限时促销组的得分显著高于限量促销组 [$M_{限时}$ = 4.59，SD =1.28；$M_{限量}$ = 3.92，SD =1.37；F（1，186）=11.94，$p <$ 0.01，Cohen's d = 0.51]；限量促销分组下，限量促销组的得分显著高于限时促销组 [$M_{限量}$ = 4.61，SD = 1.36；$M_{限时}$ = 3.49，SD = 1.42；F（1，186）= 30.21，$p <$ 0.001，Cohen's d = 0.81]。产品类型上，享乐品和实用品均操控成功。享乐品分组下，享乐品组的得分显著高于实用品组 [$M_{享乐}$= 4.25，SD = 0.96；$M_{实用}$ = 3.62，SD = 1.06；F（1，186）= 18.22，$p <$ 0.001，Cohen's d = 0.62]；实用品分组下，实用品组的得分显著高于享乐品组 [$M_{实用}$=4.33，SD = 0.99；$M_{享乐}$ = 3.93，SD = 1.01；F（1，186）= 7.40，$p <$ 0.01，Cohen's d = 0.40]。

结果分析：

1. 不同促销类型对消费者分享行为的影响

对分享意愿的作用：限时促销和限量促销对消费者分享意愿的影响具有显著差异 [$M_{限时}$ = 3.77，SD = 1.27；$M_{限量}$ = 4.41，SD = 1.19；F（1，186）=12.64，$p <$ 0.001，Cohen's d = 0.52]。

对分享对象的作用：单因素方差分析结果显示，消费者在强关系中进行分享的意愿显著强于在弱关系中进行分享的意愿 [$M_{强关系}$ = 4.44，SD = 1.40；$M_{弱关系}$ = 2.81，SD = 1.58；F（1，374）=111.05，$p <$ 0.001，Cohen's d =1.34]。对于强关系而言，消费者在限量促销中的分享显著强于限时促销 [$M_{限量}$=4.66，SD =1.48；

$M_{限时}$ = 4.20，SD = 1.28；F（1，186）= 5.17，$p < 0.05$，Cohen's d = 0.33]；对于弱关系而言，消费者在限量促销与限时促销中的分享无显著差异 [$M_{限量}$ = 2.79，SD = 1.56；$M_{限时}$ = 2.83，SD = 1.61；F（1，186）= 0.03，$p > 0.05$，ns]，如图4-3所示。

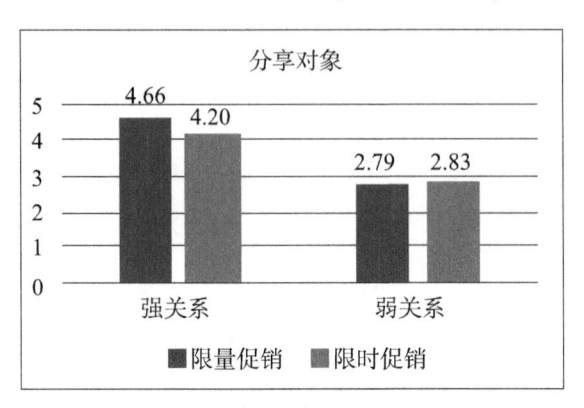

图 4-3　促销类型对分享对象的影响

中介效应分析：本研究提出，感知稀缺性和利他动机在促销类型对消费者分享意愿的影响中起链式中介作用。本研究采用逐步回归分析法进行中介效应检验，包括6个模型。首先，模型1对分享意愿进行回归分析，发现限量促销比限时促销更能激发消费者的分享意愿（$\beta = 0.64$，$p < 0.001$），即主效应成立。其次，模型2、模型3分别对感知稀缺性、利他动机进行回归分析，结果表明限量促销比限时促销更能激发感知稀缺性（$\beta = 0.48$，$p < 0.05$）、利他动机（$\beta = 0.48$，$p < 0.01$）。再次，模型4利用促销类型和感知稀缺性对利他动机进行回归分析，促销类型（$\beta = 0.37$，$p < 0.05$）和感知稀缺性（$\beta = 0.24$，$p < 0.01$）的作用显著；模型5利用促销类型和感知稀缺性对分享意愿进行回归分析，促销类型（$\beta = 0.45$，$p < 0.01$）和感知稀缺性（$\beta = 0.40$，$p < 0.001$）的作用显著。最后，模型6在主效应中加入感知稀缺性和利他动机，促销类型（$\beta = 0.29$，$p > 0.05$）作用不显著，感知稀缺性（$\beta = 0.30$，$p < 0.001$）和利他动机（$\beta = 0.41$，$p < 0.001$）作用仍显著。中介效应检验结果具体如表4-4所示。可见，感知稀缺性和利他动机在促销类型对分享意愿的影响中起到了链式中介作用。

表 4-4　感知稀缺性和利他动机的链式中介作用

变量	模型1 分享意愿 β值	模型1 分享意愿 t值	模型2 感知稀缺性 β值	模型2 感知稀缺性 t值	模型3 利他动机 β值	模型3 利他动机 t值	模型4 利他动机 β值	模型4 利他动机 t值	模型5 分享意愿 β值	模型5 分享意愿 t值	模型6 分享意愿 β值	模型6 分享意愿 t值
促销类型	0.64***	3.55***	0.48*	2.62*	0.48**	2.62**	0.37*	2.01*	0.45**	2.67**	0.29 (p=0.053)	1.95
感知稀缺性							0.24**	3.38**	0.40***	6.08***	0.30***	4.94***
利他动机											0.41***	6.86***
R^2	0.06		0.03		0.03		0.09		0.22		0.38	

注：* 表示 $p<0.05$，** 表示 $p<0.01$，*** 表示 $p<0.001$。

另外，我们按照 Zhao 等（2010）提出的中介效应分析程序，利用 Bootstrap 方法进行中介效应检验（Hayes，2013）。我们选择模型6，样本量选择5000，在95%置信度下，进行多步中介效应检验。数据结果表明"促销类型→感知稀缺性→分享意愿"的中介路径显著（LLCI =0.04，ULCI = 0.31），作用大小为0.14；"促销类型→感知稀缺性→利他动机→分享意愿"的中介路径显著（LLCI = 0.01，ULCI = 0.11），作用大小为0.05；"促销类型→利他动机→分享意愿"的中介路径也显著（LLCI = 0.02，ULCI = 0.33），作用大小为0.15。最后促销类型对分享意愿的影响不显著（LLCI = –0.004，ULCI = 0.59），作用大小为0.29，$p = 0.053 > 0.05$。同样验证了以上结论。

2. 产品类型与促销类型的交互作用对消费者分享行为的影响

产品类型的调节效应分析：与实验一类似，同样用单因素 F 检验来验证调节效应。分析结果表明促销类型的主效应显著 [R^2=0.12, $F(1.187)$=13.02, $p < 0.001$, $\eta^2 = 0.06$]，交互效应也显著 [$R^2 = 0.12$, $F(1.187)$=11.53, $p < 0.01$, $\eta^2 = 0.06$]。进一步进行单因素方差分析的结果显示：当产品类型为享乐品时，限量促销和限时促销对消费者分享意愿的影响具有显著差异 [$M_{限量}$= 4.72，SD =1.11；$M_{限时}$= 3.49，SD =1.35；$F(1, 93) = 23.27$，$p < 0.001$，Cohen's $d = 1.00$]；当产品类型为

实用品时，限时促销和限量促销对消费者分享意愿的影响无显著差异 [$M_{限时}$=4.07，SD=1.11；$M_{限量}$=4.11，SD=1.20；F（1，93）=0.02，p=0.88，ns]，如图4-4所示。

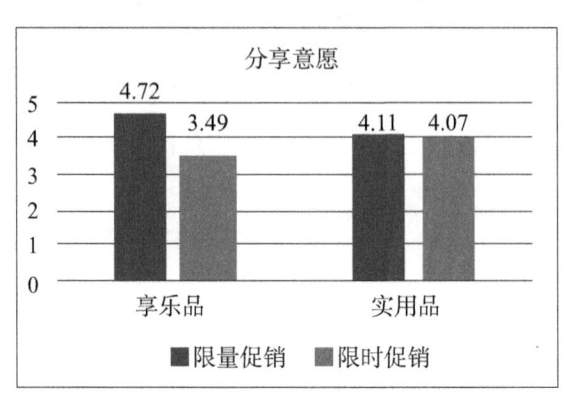

图4-4 促销类型和产品类型的交互作用对消费者分享意愿的影响

产品类型的中介效应分析：提出假设，当产品类型为享乐品时，链式中介作用存在；当产品类型为实用品时，链式中介作用不存在。基于此，本研究分别对享乐品和实用品进行中介效应检验。

当产品类型为享乐品时，感知稀缺性和利他动机是稀缺促销在享乐品下影响分享意愿的中介变量。本研究采用逐步回归分析法进行中介效应检验，包括6个模型（表4-5）。模型1显示促销类型对分享意愿的影响显著。模型2显示促销类型对感知稀缺性的影响显著。模型3显示促销类型对利他动机的影响显著。模型4显示促销类型、感知稀缺性对利他动机的影响都是显著的。模型5显示促销类型、感知稀缺性对分享意愿的影响都是显著的。模型6显示促销类型、感知稀缺性、利他动机对分享意愿的影响都是显著的。由此可见，感知稀缺性和利他动机在促销类型影响分享意愿的过程中起着链式中介作用。

另外，我们同样利用Bootstrap方法进行中介效应检验。数据结果表明"促销类型→感知稀缺性→分享意愿"的中介路径显著（LLCI = 0.10，ULCI = 0.71），作用大小为0.32；"促销类型→感知稀缺性→利他动机→分享意愿"的中介路径显著（LLCI = 0.03，ULCI = 0.20），作用大小为0.09；同时"促销类型→利他动机→分享意愿"的中介路径也显著（LLCI=0.09，ULCI=0.51），作用大小为0.25。

最后促销类型对分享意愿的影响显著（LLCI = 0.13，ULCI = 0.99），作用大小为 0.56，$p = 0.01 < 0.05$。同样表明感知稀缺性和利他动机的链式中介作用存在。

表 4-5　享乐品下感知稀缺性和利他动机的链式中介作用

变量	模型1 分享意愿 β值	模型1 分享意愿 t值	模型2 感知稀缺性 β值	模型2 感知稀缺性 t值	模型3 利他动机 β值	模型3 利他动机 t值	模型4 利他动机 β值	模型4 利他动机 t值	模型5 分享意愿 β值	模型5 分享意愿 t值	模型6 分享意愿 β值	模型6 分享意愿 t值
促销类型	1.22***	4.82***	0.75**	3.06**	0.91***	3.64***	0.67**	2.68**	0.81**	3.58**	0.56*	2.60*
感知稀缺性							0.32**	3.14**	0.55***	6.03***	0.43***	4.91***
利他动机											0.37***	4.31***
R^2	0.20		0.09		0.12		0.21		0.43		0.52	

注：* 表示 $p < 0.05$，** 表示 $p < 0.01$，*** 表示 $p < 0.001$。

当产品类型为实用品时，我们同样利用 Bootstrap 方法检验感知稀缺性和利他动机的中介效应。数据结果表明"促销类型→感知稀缺性→分享意愿"的中介路径不显著（LLCI = −0.04，ULCI = 0.22），"促销类型→感知稀缺性→利他动机→分享意愿"的中介路径不显著（LLCI = −0.01，ULCI = 0.09）。同时"促销类型→利他动机→分享意愿"的中介路径也不显著（LLCI = −0.21，ULCI=0.23）。最后促销类型对分享意愿的影响同样不显著（LLCI = −0.44，ULCI = 0.40）。可见，当产品类型为实用品时，感知稀缺性和利他动机不存在链式中介作用。

4.3.4　结果讨论

通过以上实验分析，限时促销和限量促销对消费者的分享行为产生不同影响。具体而言，消费者对限量促销信息的分享意愿显著高于限时促销信息，感知稀缺性和利他动机起链式中介作用，以此验证了假设 H1 和 H2。产品类型在其中起调节作用，享乐品会扩大消费者在限量促销与限时促销下的分享意愿的差异，对于实用品，消费者在限量促销与限时促销下的分享意愿无显著差异，以此验证了假设 H3、H3a 和 H3b。对于享乐品，感知稀缺性和利他动机的链式中介作用显著；对于实用品，感知稀缺性和利他动机的链式中介作用不存在。从分享对象来看，不论是限量促销信息还是限时促销信息，消费者都愿意在强关系而非弱关系中进行分享；消费者更愿意在强关系中分享限量促销信息；消费者对限量促销信息与限时促销信息在弱关系中的分享意愿无显著差异，以此验证了假设 H4。

第 5 章 结 论

5.1 研究结果

本研究通过一个预研究和两个实验探究了限量促销和限时促销影响消费者分享行为的内在机制。

首先,预研究结果初步表明不同促销类型会对消费者的转发行为产生影响,限量促销信息的转发量显著高于限时促销信息。进一步研究表明,当产品类型为享乐品时,限量促销信息的转发量显著高于限时促销信息;而当产品类型为实用品时,限量促销信息和限时促销信息的转发量无显著差异。以上研究的结论初步验证了 H1、H3。

其次,实验一研究发现限时促销和限量促销对消费者的分享行为产生影响。具体来说,消费者对限量促销信息的分享意愿显著高于限时促销信息,而这一差异在享乐品中被放大。当促销产品为享乐品时,消费者对限量促销信息的分享意愿显著高于限时促销信息;当促销产品为实用品时,消费者对不同类型的稀缺促销信息的分享意愿无显著差异。H1 和 H3 再次得到验证。

最后,实验二进一步探究了限时促销和限量促销对消费者的分享行为产生不同影响。具体而言,消费者对限量促销信息的分享意愿显著高于限时促销信息,感知稀缺性和利他动机起链式中介作用,以此验证了 H1 和 H2。产品类型在其中起到调节作用,享乐品会扩大消费者在限量促销与限时促销下的分享意愿的差异,对于实用品,消费者在限量促销与限时促销下的分享意愿无显著差异。对于享乐品,感知稀缺性和利他动机的链式中介作用显著;对于实用品,感知稀缺性和利他动机的链式中介作用不存在，以此验证了H3。从分享对象来看，不论是限量促销信息还是限时促销信息，消费者都愿意在强关系而非弱关系中进行分享；消费者更愿意在强关系中分享限量促销信息；消费者对限量促销信息与限时促销信息在弱关系中的分享意愿无显著差异，以此验证了H4。

5.2　理论贡献

限量促销和限时促销是商家惯常采用的两种促销手段，一直受到理论界和实践界的重视。已有研究指出，限量促销比限时促销更能激发消费者的感知稀缺性（Wu et al., 2012；Aggarwal，2011；金立印，2005），由此引发的产品可得的不确定性（Soni, 2013）、购买过程的感知竞争性（Aggarwal et al., 2011）、"精明购物者"之感的追求（Babakus and Cunningham，1988）和成功购物的自我归因等都会导致消费者产生在限量促销比限时促销下更强的购买意愿，且稀缺产品独特的身份建构和社会认同会增强限量促销稀缺诉求的功效（Aggarwal et al., 2011；金立印，2005）。从限量促销与限时促销的结果行为来看，现有研究主要集中于如何激发消费者的购买行为（Oruc, 2015），不同类型稀缺促销信息的沟通效果，即如何激发消费者的分享行为仍鲜有研究。

在社会化媒体的背景下，企业除了要直接影响消费者购买之外，更要考虑如何利用消费者进行信息的二次传播，进而影响其他消费者（Berger，2014）。在此背景下，本研究探究了企业常用的两类促销信息对消费者信息分享行为的影响。本研究有助于从以下几方面丰富既有文献。①以往关于限量促销和限时促销研究的行为结果主要集中于消费者的购买行为（Oruc，2015），本研究将稀缺促销信息的研究视角从既有的购买行为延伸到分享行为，这说明企业的促销信息不仅有直接的刺激购买效果，而且具有间接的二次传播效果。这对社会化媒体背景下促销信息的研究提供了新视角。②享乐品和实用品对稀缺性的敏感程度不同（Aggarwal et al., 2011），不同产品类型不仅是限量促销和限时促销下购买行为的边界条件（Aggarwal et al., 2011；金立印，2005），对消费者的分享行为同样具有调节作用，这是对产品类型的调节作用的重要拓展。③从社会资本理论的视角探究消费者进行信息分享的动机。既有文献虽然探究了消费者作为信息创造者（主要是口碑信息）提供信息的动机（Berger，2014），但是鲜有文献探究消费者作为信息传播者传播信息的动机。本研究根据社会资本理论提出消费者传播信息是为了形成自己的社会资本（Nahapiet and Ghoshal，1998）和维护群体资源（Hill et al.，2015），由此提出了感知稀缺性和利他动机在稀缺促销信息的分享中具有链式中介作用，这是对消费者分享行为心理机制的深入探索。④在社会资本的框架下研究影响促销信息传播的边界因素，即分享者与分享对象之间的关系。现有的对消费者社会资本的研究主要关注消费者的个体行为（Mathwick et al.，2008），关系的引入不仅印证了利他动机对信息分享的驱动作用，而且将社会资本的研究框架从个体行为延伸到社会关系。这不仅对消费者的信息分享行为获得更深的洞察，而且拓展了社会资本的研究框架。这些对进一步的理论研究和未来企业应用稀缺促销手段有着重要意义。

5.3 管理意义

购买限制不仅广泛存在于企业的营销活动中（如促销限制），更多的还包括基于环境保护的购买限制、资源供需失衡造成的购买限制、政府法律设定的购买限制等方面。可见，购买限制问题不单单局限于营销领域，还涉及广泛的社会问题，研究购买限制具有较高的社会价值和实践意义，这一问题也越来越受到学术界和实践界的关注。

稀缺促销是企业经常采用的一种营销手段，在企业的营销战略和策略中承担着重要角色。很多国际高端奢侈品牌通常会通过生产限量版产品来诱发消费者的稀缺感知，淘宝、京东等众多线上或线下零售商则更多地使用限时或限量促销活动来创造感知稀缺性。一旦促销活动没有时间限制或数量限制，那么促销活动对企业的价值将不复存在，即并不能激发消费者的稀缺感知从而在短时间内促使分享行为和购买行为的发生。随着社会化媒体和智能手机的广泛使用，企业往往在网上发布限量促销信息或限时促销信息，一方面希望消费者迅速将产品加入购物车，另一方面也希望借助于社交网络的传播时效性和广泛性，实现限量促销信息或限时促销信息的病毒式传播。

在管理实践上，本研究为企业的稀缺促销策略提供了参考依据。首先，本研究表明，限量促销信息比限时促销信息更能激发消费者的感知稀缺性，从而增强消费者的分享意愿。可见，对企业而言，稀缺促销信息不仅有购买效果，而且有沟通效果，限量促销信息更能激发消费者的分享意愿，在熟人圈中这一现象尤为明显。这提示企业在评估稀缺促销信息的作用时，除了评估其购买效果外，也要评估其沟通效果，以此建立更完善的限时促销和限量促销评估机制。另外，企业可设置用户分享激励信息提示，强调用户分享有关稀缺产品信息的意义，引导用户帮助亲属或朋友等获取稀缺产品或信息，激发用户向其熟人圈中扩散限量促销信息。而对于限时促销信息，用户的分享意愿相对较弱，如果企业同样对其有沟通效果方面的考量，可将分享按钮置于显著位置，也可为用户设定一定的分享激励，如"独乐乐不如众乐乐，分享成功则可获得20元优惠券"。

其次，本研究揭示了限量促销比限时促销更能激发消费者的分享行为。以往研究表明，限量促销和限时促销在不同情形下均能增强消费者的购买意愿。但是，对于分享行为而言，限量促销效果更佳。因此，旨在通过稀缺促销信息聚集人气的企业可多使用限量促销的方式，但这一结果可能会导致信息的传播范围相对较小，如仅局限于熟人圈中。为了实现限量促销信息的广泛传播，企业一方面可在限制数量上进行一定的操作，另一方面如前所述，可设置用户分享激励以诱发其分享行为。

再次，本研究表明，不同类型产品的限时促销信息与限量促销信息引发的消费者分享效果不同。在一般情况下，享乐品的限量促销信息更能激发消费者的分享行为，而实用品的限量促销信息和限时促销信息对消费者分享行为的影响无差异，这提示企业要根据自己的产品类型设计稀缺促销信息。当产品为享乐品时，企业尽量以发布限量促销信息为主，可兼具购买效果和沟通效果；当产品为实用品时，可视企业的营销侧重点而定，如以购买为导向则建议以发布限时促销信息为主，如以沟通为导向则发布限量促销信息或限时促销信息均可。

最后，本研究表明，消费者更愿意在强关系而非弱关系中对限时促销信息或限量促销信息进行分享。因此，企业在引导消费者的分享行为时，除了依据不同产品类型设计不同类型的促销信息，也应更多关注消费者的社会关系，如为了进一步提升其沟通效果，可考虑在朋友圈等强关系圈中进行限时促销信息或限量促销信息传播，尤其是企业发布限量促销信息时，可设置在家人或好友等熟人圈中一键分享。

5.4 研究局限和未来研究方向

本研究虽然得出了一些结论，但整个研究过程仍存在一定的局限性。第一，采集的二手数据可能有数据来源存在局限性及数据外部性不足等问题。考虑到消费者对社会化媒体的熟悉度和对社会化媒体的运用情况，本研究只收集了微博这一种社会化媒体的数据。为了保证数据的可信性，本研究只收集了一家官方微博账号的数据。未来研究还需要延伸到其他社会化媒体，抓取更多账号的限量促销信息或限时促销信息，以提高结果的普适性。第二，消费者对稀缺促销的反应可能还受到其他因素的影响，比如消费者个性、折扣力度等。受制于文章篇幅等影响，本研究仅考虑由稀缺感知诱发的消费者分享意愿，未来研究还将考虑其他边界条件的影响。第三，本研究主要以大学生样本作为调研对象，该样本相较于其他样本可能会在消费经验、经济水平、社会经验和受教育程度等方面均存在一定差异，可能会影响研究结果的外部性，因此未来研究也需要在更广泛的群体内进行验证。第四，为了使实验设计得相对简便和控制文章篇幅长度，本研究在对比强弱关系时将分享对象作为结果变量，这一处理方式可能会对实验结果造成一定的影响，未来研究应设计新的对照实验，进一步验证强弱关系下的消费者分享意愿。

未来研究方向包括以下几点。第一，进一步探讨不同类型的稀缺促销如身份限制（排他性促销）等对消费者的分享行为的影响，进一步深化对稀缺促销的研究。第二，对其他可能导致消费者分享行为的中介机制进行深入探讨，如利己动机、混合动机（利他动机和利己动机）等，这也是值得关注的问题。第三，也可以对分享行为做更深层次的研究，包括在不同关系范式（如交易范式、共有范式等）下的分享行为，以及在不同关系强度的社会化媒体中分享行为的差异等。第四，可考量个体差异对分享行为的影响，将消费者的不同特质纳入研究范畴，如消费者对时间的感知差异是否会导致其传播限时促销信息的意愿不同，或者节约型消费者是否愿意分享实用品的信息等，均是未来需要进一步研究的问题。第五，本研究主要从稀缺感知的视角出发，并证实消费者的分享动机为利他动机，实际上对于稀缺产品而言，消费者可能对其有较强的购买欲望，稀缺感知也很可能唤起消费者的竞争感知。在此情形下，在利他动机与利己动机的碰撞中，消费者是否还愿意分享限量促销信息或限时促销信息，以及向哪些对象进行分享等问题值得进一步研究。

第二篇

名人代言对品牌传播效果的影响

第 6 章 引 言

6.1 研究背景

长期以来,名人代言都是受企业青睐的产品或服务推广宣传方式。名人代言能够帮助企业创造巨大的经济价值、社会价值,并且使消费者快速接收关于产品或者品牌的基本信息,促进新产品的初始采用行为。企业聘请名人为新产品代言,也会充分考虑名人自身的属性、亲和力、社会影响力、专业程度、可信程度、权威性等特点。很多企业借助名人代言建立了良好的品牌形象,并且通过名人自身的社会属性和社会关系,赞助和名人相关的活动,获得了长期的客户忠诚,形成了更多的客户资产。

20 世纪以来,名人广告的传播大多是通过电视、杂志、报纸等传统媒体,制作和投放过程的各个环节都要受到严格的质量控制,因此大多名人广告传播的都是一种正面积极的形象,给公众带来关于名人、产品或服务更加积极的心理暗示,消费者的心理决策行为就会受到这种营销刺激的影响。此外,近年来社会化媒体的发展,改变了消费者搜索、获取、评论、传递、讨论信息的渠道和方式,微信、微博、百度贴吧、今日头条等资讯类和社交类产品的出现,为消费者搭建了更加多元化的信息检索、交流、分享的平台,而且大多名人都会在该类平台中分享一些自己的生活状态,并且通过和粉丝群体的互动,扩大自身的社会影响力和影响范围。

基于社会化媒体用户创造内容的自由性和平等性,名人代言可以通过更加多元化的方式呈现。大多数名人会通过提升自身的正面形象,利用自身的吸引力、高专业水平和高权威的社会地位去提升代言产品的美誉度和认可度。大多数名人广告都取得了良好的效果，但也有没有达到宣传预期的。

因此，在社会化媒体中，也有名人另辟蹊径，采用自我嘲讽的方式为产品代言，如某品牌洗发水广告：当年我家境贫寒，欲用××柔被父拒，学子那年……一餐食素，方能换散装一包，洗完回首留香！但在有些情况下这样做却会弄巧成拙，如某快餐品牌广告：以前的我，每次吃鸡都恨不得多舔几口，现在我为某快餐品牌代言！牛油果香辣鸡腿堡！鸡肉卷！

回顾以往的研究，名人代言应用的领域十分广泛，主要包括生活消费、娱乐服务、出行服务、公益代言和在线社区等，如图6-1所示。但是以往关于名人代言的研究大多是说明正面的名人形象和合适的代言方式能否为企业带来更好的品牌传播效果，却少有研究去讨论关于社会化媒体中自嘲型名人代言能否取得更加积极的口碑推荐效果。因此本研究试图以社会化媒体作为切入点，探究自强型名人代言和自嘲型名人代言为企业产品带来的营销传播效果上的差异，并且结合社会影响理论，深入挖掘不同类型名人代言的中介机制。

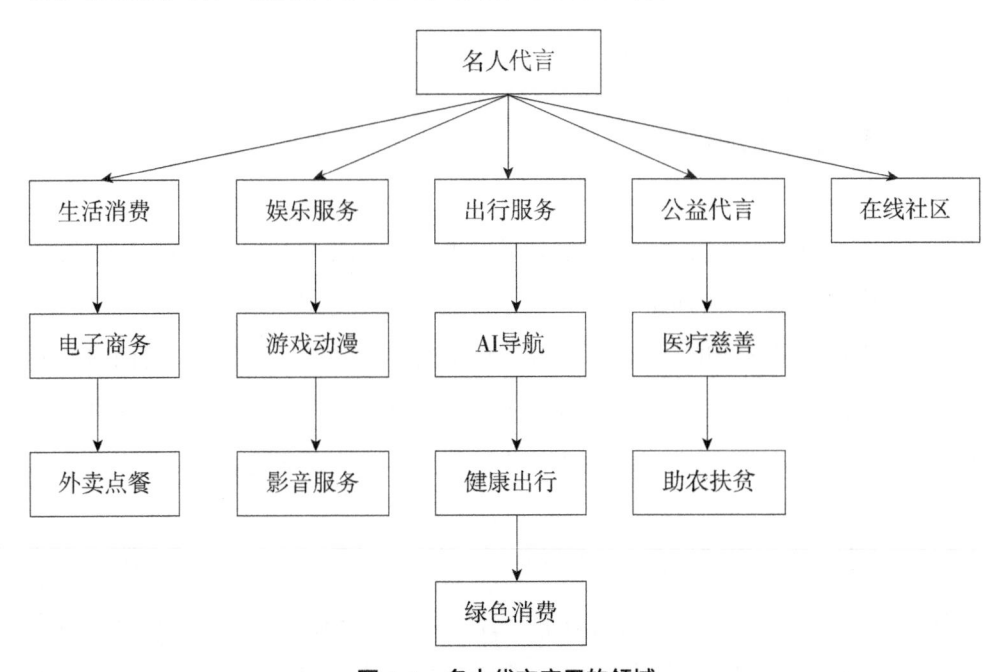

图6-1　名人代言应用的领域

6.2 研究意义

6.2.1 理论意义

本研究参考社会化媒体中的名人代言效果，引入产品类型（实用性产品/享乐性产品）作为调节变量，探究名人代言类型（自强型名人代言/自嘲型名人代言）和产品类型（实用性产品/享乐性产品）匹配方式对消费者口碑推荐意愿的影响。首先，我们使用八爪鱼采集器抓取2016—2017年微博中与名人代言相关的二手数据，初步验证了名人代言类型和产品类型匹配范式差异会带来差异性口碑传播影响。随后，我们引入社会影响理论，通过展开心理行为实验的方式，邀请武汉大学在校生参与实验，深入挖掘不同名人代言类型和产品类型的匹配是否能通过不同的社会影响方式，产生不同的影响效果。结合本研究的选题和研究背景的切入点，下面梳理了3点本研究的理论贡献。

第一，探究社会化媒体中名人代言的多元化用户创造内容对消费者口碑推荐的影响效果差异。以往与名人代言相关的研究，大多是以传统媒体（如电视、报纸、杂志等）作为研究背景，传统媒体广告大多是由专业的媒体团队制作的，因此在内容把控上比较严格，监管性比较强，传播渠道也会受到一定程度的限制。但是本研究以社会化媒体作为研究背景，社会化媒体具有高强度的自由性、扁平化、分散化的特点，因此很多用户在社会化媒体中可以自由地创造内容，而名人代言在社会化媒体中的表达方式和表现手段也具有相似的特性。传统媒体中的名人代言大多是强化自身的正面形象，利用自强型名人代言获得消费者的青睐，已有的研究也证实了该结论。但是社会化媒体中的名人也会利用自由创造内容的机会，采用自嘲型名人代言方式，这是否能够取得一种更为积极的口碑传播效果呢？本研究通过文献研究和实证分析等方法为这种差异性的影响效果提供了理论和数据支持。

第二，深刻分析了不同名人代言类型（自嘲型名人代言/自强型名人代言）和不同产品类型（实用性产品/享乐性产品）之间可能存在的交互影响效应和差异性营销传播效果。以往的研究表明，自嘲型名人代言和自强型名人代言均能产生积极的口碑传播作用。但是这种正面的影响作用是否对所有的产品都能保持良好的效果呢？结合名人代言的自我展现特点以及产品类型的辨别性差异特点，本研究认为名人代言类型和产品类型之间存在交互作用。我们采用二手数据分析和心理行为实验的方式，来验证这种差异性的传播效果是否存在，并对比两种研究方案是否会产生一致的结论，增强研究操作的稳健性。

第三，深入挖掘社会影响理论在名人代言过程中的内在作用机制。通过对名人代言和社会化媒体的信息传播方式相关研究的回顾，发现社会化媒体中的名人代言可以分为自强型名人代言和自嘲型名人代言。同时，根据社会影响理论的相关研究，社会影响可以分为规范性影响和信息性影响。规范性影响更多的是强调信息传播的一致性，这与自强型名人代言作用所提及的晕轮效应十分类似；信息性影响更多的是强调信息传播的准确性。自嘲型名人代言相关研究指出，自嘲型的代言方式会使得名人本身成为一种信息性的来源，让消费者把更多精力集中在产品属性辨别上。那么，这两种名人代言是否是通过不同的社会影响作用来增强消费者的口碑推荐意愿的呢？本研究试图通过心理学实验的方式，深入挖掘社会影响理论在名人代言传播中存在的中介作用机制。

6.2.2 实践意义

本研究以社会影响理论作为核心理论，研究不同类型名人代言对不同类型产品影响效果的差异。通过二手数据分析结果和实验结果可以得出以下结论：社会化媒体中，相对于享乐性产品而言，自嘲型名人代言对提升实用性产品的口碑传播效果更加有效；相对于实用性产品而言，自强型名人代言对提升享乐性产品的口碑传播效果更加有效。

在企业实践过程中，本研究具有较强的指导性意义。企业为了突出产品的功能性或者享乐性特点，会选择利用名人代言来增强消费者对产品的口碑推荐意愿。但是同样的名人代言方案未必会适合所有的产品。针对实用性产品，企业可以利用消费者对信息属性选择偏好的特点，结合自嘲型名人代言方式，增强消费者对实用性产品的口碑推荐意愿。而对于享乐性产品，企业可以利用消费者对体验属性选择偏好的特点,结合自强型名人代言方式,利用名人对产品代言产生的不同营销刺激,差异性地影响消费者的心理和决策行为。

6.3 研究思路

6.3.1 研究路径

本研究的研究路径如图 6-2 所示。首先回顾社会影响理论和产品差异理论相关的文献,在深刻了解研究背景的基础上,通过深度访谈的方式,初步理解社会化媒体中用户创造内容和名人代言类型的基本特点。

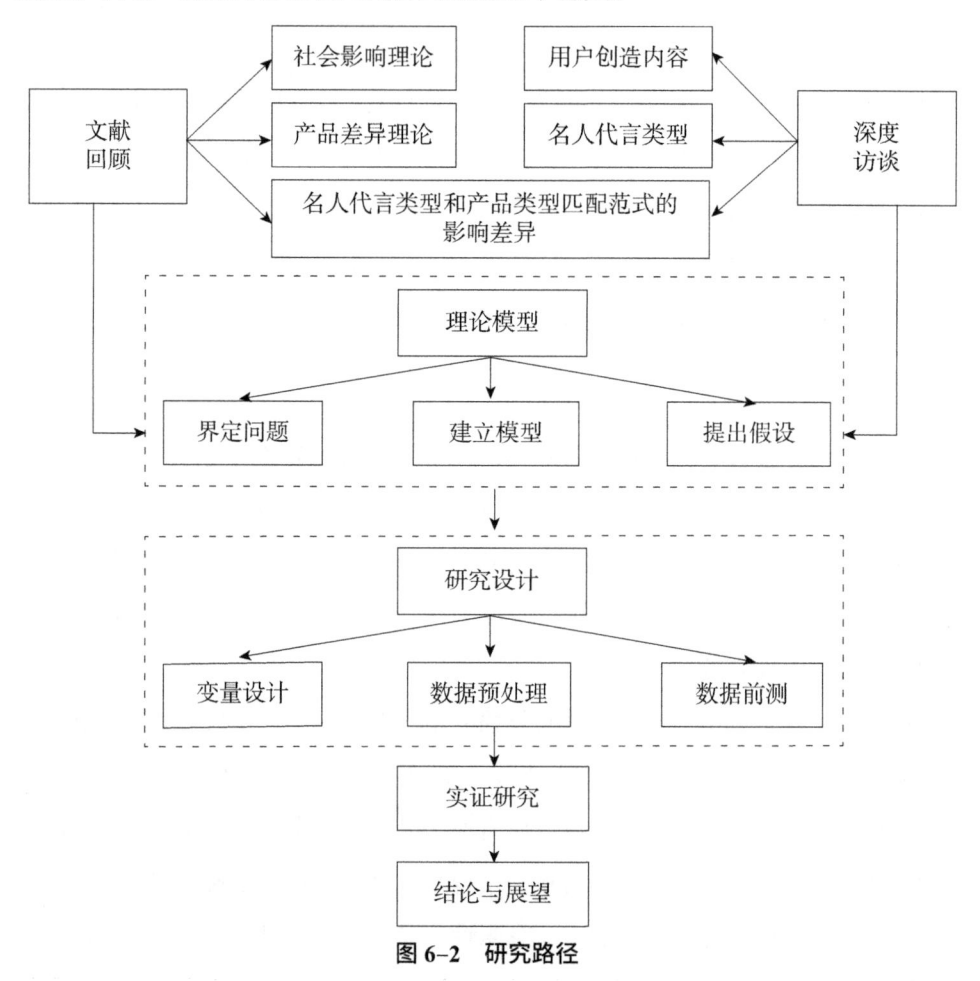

图 6-2 研究路径

通过文献回顾和深度访谈了解研究背景后，界定研究问题，建立理论模型，并提出相关假设。然后，通过二手数据分析法和实验法展开研究，验证选题和假设的合理性和稳健性，最后得出研究结论和展望。

6.3.2 研究方法

1. 文献综述法

本研究主要是通过对国内外核心期刊的深入阅读，掌握名人代言类型、社会影响理论和产品差异理论最新的研究动态。本研究主要选择 *Journal of Marketing*、*Marketing Science*、*Journal of Consumer Research*，以及《心理学报》《管理学报》等核心期刊作为研究参考，在以往研究的理论基础上加以创新，以创造更高的研究价值。

2. 深度访谈法

本研究通过建立访谈小组的方法，选择10名不了解研究目的的在校生配合本次研究，初步了解不同被试在观看不同名人广告时，是否存在主观选择偏好的差异性，以便于进一步开展实证研究。

3. 二手数据分析法

本研究通过八爪鱼采集器等采集数据，通过建立数据采集模型，结合微博中能够直接抓取并使用的二手数据，保留名人代言的相关帖子，然后针对这些帖子进行均值分析、方差分析，以进一步检验二手数据的稳健性。

4. 心理行为实验法

在通过二手数据分析法初步了解研究现状后，本研究为了验证二手数据的稳定性以及不同名人代言的内在作用机制，展开心理行为实验，利用2（自嘲型名人代言/自强型名人代言）×2（实用性产品/享乐性产品）因子矩阵设计实验。其中名人代言刺激文案改编于二手数据，产品刺激物的选择来源于以往学者的研究，而且研究过程中设置严格的操控检验。

6.4 内容安排

本研究的具体内容分为以下 6 个部分：第一部分为引言，结合研究的切入点和研究问题的提出背景等内容，展开了详细的分析和讨论；第二部分为理论概述，主要回顾国内外有关名人代言、实用性产品和享乐性产品、社会影响方面的现有研究，为本研究奠定理论基础；第三部分为理论模型与研究假设，主要是结合背景理论和研究目的，制定相关研究框架并提出研究假设；第四部分为研究一，主题为"名人代言影响作用探究"，主要是通过二手数据分析的方式，初步总结并分析名人代言的影响作用现象；第五部分为研究二，主题为"名人代言内在作用机制验证"，主要是通过心理行为实验的方式，结合社会影响理论的相关量表，验证不同名人代言类型和产品类型匹配存在的有调节效应的中介作用；第六部分为研究贡献与展望，主要提及本研究存在的不足和对今后研究的展望。

6.5 本章小结

本章主要结合名人代言类型、产品类型及社会影响理论，总结在社会化媒体中发现的一些有趣现象，提出了一个有趣的研究问题，并且希望通过借助营销领域、消费者行为领域、心理学领域等一些比较成熟的研究方法，去探究这些有趣的现象存在的内在作用机制。在本章，我们对研究的背景、理论意义、实践意义，以及研究路径和研究方法进行了细致的说明和分解。在第 7 章，我们将通过文献回顾的方法，结合国内外已有的相关研究，深入分析本研究能够带来的理论价值和现实价值。

第 7 章 文献回顾

7.1 关键概念界定

1. 自嘲型名人代言

自嘲型名人代言是指名人采用自我嘲讽或者对自己开玩笑的方式，对目标产品进行代言传播，这是一种具有更强亲近感和公平感的代言方式。该代言方式更多强调名人本身是一种信息性的来源，从而增强信息传播的准确性。

2. 自强型名人代言

自强型名人代言是指名人通过提升自身的吸引力、社会地位、专业素质水平等方式，对目标产品进行代言传播。该代言方式更多的是强化名人本身的晕轮效应，从而增强消费者对名人的一种规范性认同，进而增强消费者对产品的口碑推荐意愿。

3. 实用性产品

实用性产品是指能够满足消费者日常生活需要或者某种特定任务的产品，例如刮胡刀、牙刷等。消费者选择实用性产品时会更多关注产品的功能、参数、实用性等特点。

4. 享乐性产品

享乐性产品是指能够满足消费者情感性需要或者体验性需要的产品，例如电影、糖果、唱片等。消费者选择享乐性产品时会更多关注产品能否带来愉悦的体验。

5. 社会影响

社会影响是指影响者在采用产品后，对被影响者产生的一种影响。社会影响分为规范性影响和信息性影响。规范性影响更多强调信息传播的一致性；信息性影响更多强调信息传播的准确性。

7.2 名人代言

名人代言指具有公众影响力或者相关专业的权威人士，在履行和企业之间的契约活动中，通过自身名誉、形象、专业水平等向公众传达一种信任背书，为企业在推广产品的过程中，带来更高的品牌传播价值和商业价值（Agrawal and Kamakura，1995；Eisend and Langner，2010；Bergkvist et al.，2016）。以往有关名人代言和营销的研究，主要论证了采用不同的名人代言措施会产生差异化影响效果，具体表现在专业化的名人代言能否给企业产品带来更好的品牌态度和购买意愿（John et al.，2000；Bower and Landreth，2001；Keel and Nataraajan，2012）。

有学者指出，人们在沟通表达和自我展示的过程中，会根据不同的适用人群、适用场景或者传播媒介，展现出不同的表达风格，具体分为自嘲型表达风格和自强型表达风格两种（Lefcourt and Martin，1986；Chattopadhyay and Basu，1990；Dwivedi et al.，2016）。社会化媒体增强了用户创造的自由性和分散性，因此社会化媒体中名人和其他普通用户在日常沟通和产品代言过程中也具有相似的特性，即社会化媒体中的名人代言也分为自嘲型名人代言和自强型名人代言（Gong and Li，2017）。其中自嘲型名人代言是指名人通过对自己开玩笑的方式或者采用自我贬低的方式来为产品代言。这种代言方式能够有效拉近名人和消费者之间的心理距离，主要强调交流和沟通过程中的公平性和信息传播的公正性特点（Hoption et al.，2013）。名人如果采用该代言方式，会使得被影响的消费者将注意力由名人本身更多地转移到被名人代言或者认可的产品上。因此在产品代言的过程中，名人更多会被当作一种信息或者资讯性质的来源。消费者对名人代言的产品的选择或者口碑传播依据会更多地集中在产品信息上。如果消费者能够获得更精准的信息内容，并且该信息是其自身认可或者感兴趣的，消费者就会更容易受到这种营销刺激形式的影响（Chattopadhyay and Basu，1990）。

相比之下，自强型名人代言则是名人本身通过选择一种自我增强的表达方式进行产品代言，具体表现为通过提升自身的吸引力、社会地位、专业知识水平、权威性、社会影响力等（Roobina，1990；Chia and Poo，2009；Keel and

Nataraajan，2012），来提升产品代言的影响力。自强型名人代言会使名人本身和被影响者之间建立一种社会关系，被影响者会莫名地产生崇拜、认知顺从的心理（Costa，2010；Doss，2011；Mishra et al.，2015）。而且这种认知顺从心理取决于被影响者对名人社会地位的认知程度，即名人在被影响者心中的社会地位越高，就越会让被影响者产生更大程度的认知顺从（Ohanian，1991；Erdogan，1999；Carrillat et al.，2014），从而会让被影响者对名人代言的产品的认可程度和口碑推荐意愿更高（Luo et al.，2010；Chen et al.，2013；Sääksjärvi et al.，2016）。

由于传播媒介的限制，以往关于名人代言的相关研究，所采用的研究背景或者刺激方案大多都是基于传统媒体，传统媒体广告的制作和监管过程都比较严格，因此名人代言大多只能通过渲染自身形象，或者强调自身权威及正面形象的方式进行传播，即自强型名人代言（Ferguson and Brohaugh，2010；Newman et al.，2011）。大量的研究表明，自强型名人代言能够为企业树立正面的品牌形象，并且能够帮助企业的产品在竞争产品中脱颖而出。由于社会化媒体的出现，名人代言的沟通和表达方式变得更加多元化。很多名人会采用自嘲型代言方式为产品背书。这种看似与正面口碑截然相反的代言方式是否能取得良好的代言效果呢？很少有学者对其进行深入讨论。本研究试图引入产品类型作为调节变量，深入挖掘名人代言类型（自嘲型名人代言/自强型名人代言）和产品类型（实用性产品/享乐性产品）之间可能存在的交互作用对消费者心理决策和行为的影响作用。

名人代言相关概念总结如表7-1所示。

表7-1 名人代言相关概念总结

名人代言相关概念	基本特点
社会化媒体	用户创造内容更加普遍，具有更强的自由性和分散性，信息准入门槛低，监管和制作的流程相对简单
自嘲型表达	通过自我嘲讽的方式，拉近和他人的心理距离，更注重信息传播的平等性
自强型表达	通过提升自身的影响力、吸引力和专业性等方式，创造一种权威性影响，更多强调认知过程中的一致性需要

7.3 实用性产品和享乐性产品

消费者对产品的需求能够精准描述消费者内在的需求，通过分析消费者对不同类型产品的需求偏好，能够准确地挖掘出个体或群体在行为或者内在动机层面的差异性特征（Antonides and Cramer，2013；Baltas et al.，2017）。针对单个消费者而言，他可能会为了寻求不同类型的外部或内部刺激而尝试使用或者接触不同类型的产品。因此企业为了创造或者推广更能受到消费者青睐的产品，就会为产品增添更多的实用性或者体验性的功能，以便于更好地区别于其他竞争产品（Crowley et al.，1992；Maimaran and Wheeler，2008）。

实用性产品是指能够满足消费者日常需要或者能够帮助消费者实现某种功能价值的产品，例如刮胡刀、电动牙刷等（McAlister，1979；Childers et al.，2001）。实用性产品大致包含以下几个特点。①满足消费者基础需要。消费者选择实用性产品本质上是因为该产品能够给自身日常生活提供便利性服务或提高工作效率。因此消费者在实用性产品上的心理诉求大多是一种稳定性的需要。②生命周期长。消费者在选择实用性产品的时候会更多关注实用性产品的折旧成本，尤其是在选择价格相对较高的实用性产品时，会更多地权衡该产品的使用周期。③生产制作和使用规范化。总的来说，实用性产品对消费者最大的益处在于消费者能依靠该产品获得更多实质性或者功能层面的帮助（Kahn and Wansink，2004；Okada，2005；Chen et al.，2017）。

享乐性产品是指能够给消费者带来愉快的消费或使用体验，并且能够让消费者产生情感上满足的产品，例如电影、巧克力、游戏等。消费者选择享乐性产品的主要衡量指标是产品的趣味性、娱乐性或者能否给消费者带来更好的情感体验（Adaval，2001；Kivetz and Simonson，2002；Hazari et al.，2016）。享乐性产品主要包括以下几个特点。①趣味性。消费者选择或者使用享乐性产品，大多是受到享乐性产品趣味属性的吸引。如果消费者觉得使用享乐性产品后，能给自己带来更多趣味性的满足，就会有更多的使用行为。②愉悦性。消费者在接触和使用享乐性产品的过程中，更在乎自身的情感体验能否达到高度满足感。③刺激性。消费者使用享乐性产品后产生的情绪波动是比较复杂的，因为享乐性产品更能够和消费者的感官属性和情绪水平产生共鸣。因此这也会让消费者在享乐性产品决策上更加感性和冲动，会跟随自身的情绪变化而变化（Chitturi et al.，2008；Yim et al.，2014；Vinerean et al.，2015）。

综上所述，消费者在选择实用性产品和享乐性产品的过程中，关注的信息点、记忆点、消费动机都存在显著差异（Roy and Ng，2012；Anthony et al.，2014）。表 7-2 所示为产品差异性总结。消费者在对不同类型产品的消费决策过程中，也会受到不同刺激场景的影响（Delre et al., 2016）。企业在撰写广告文案的过程中，也一样会结合产品属性，为产品量身打造不同的刺激场景和名人代言方式（Voss et al.,2003）。不同消费者在决定是否采用具有实用价值的新产品的过程中，新产品的信息和功能就会变得更加重要。而选择享乐性产品时，消费者会更多关注产品的外观、趣味性以及娱乐属性等特点。因此基于此差异，企业在产品推广过程中，更需要结合消费者差异化的消费动机，更好地为产品量身定做合适的推广方式（Khan and Dhar，2010；O'curry and Strahilevitz，2001；Yang et al.，2016）。

表 7-2　产品差异性总结

产品类型	概念定义	产品举例	产品特点
实用性产品	能够满足消费者日常生活需要，或者实现某种特定功能价值的产品	刮胡刀、电动牙刷等	满足消费者基础需要、生命周期长、生产制作和使用规范化等
享乐性产品	能够给消费者带来愉悦的体验，并满足消费者情感需要的产品	电影、巧克力、游戏等	趣味性、愉悦性、刺激性等

7.4　社会影响

社会影响是指已经采用某种产品或者服务的消费者，会对未采用的消费者产生影响作用（Du and Kamakura，2011）。也就是说，消费者在刚刚接触某种产品或者服务时，会受到身边相关群体或者个体的影响，从而产生从众心理，也可能会对产品或者服务产生更多的信息获取诉求，这些信息会影响被影响者在消费决策过程中的判断，具体表现为采用、拒绝或者重复购买。社会影响理论指出，被影响者受到影响者的影响作用具体表现为规范性影响或者信息性影响（Bearden et al.,1989；Zsolt et al.,2011）。

以往的研究表明，社会影响主要分为3个过程，分别为顺从过程、认同过程、内化过程（Christophe and Stefan，2007；Luo et al., 2010）。被影响者在这样一个过程中，会对影响者建立一种认知上的顺从或者规范性的行为趋同。第一阶段是顺从过程：被影响者为了获取对他产生影响的个体或群体的认同感或信任感，会主动采取行为上的顺从或者心理上的顺从，但是这种顺从的心理或者行为存在感和强度相对较弱，并且不具备较强的稳定性。第二阶段是认同过程：在这个过程中，被影响者会接触到更多关于影响者产生的规范性压力或者信息干扰，并且会对影响者提供的信息产生认同感，建立更强的心理顺从和认知顺从感。第三阶段是内化过程：在经历过顺从和认同过程后，被影响者会和影响者产生相同的目标、使命和愿景，并且完全趋同化（Christophe and Stremersch，2004）。社会影响过程及表现特征如表7-3所示。

表7-3 社会影响过程及表现特征

社会影响过程	表现特征
顺从过程	为获取他人的认同感，产生一定的跟随行为
认同过程	逐渐被他人的想法影响，并且产生认同
内化过程	和他人的目标、使命、愿景完全趋同化

规范性影响是指由于受到身边的个体或群体产生的规范性压力，而不得不采用和身边的个体或群体相似的行为。这种规范性压力会让被影响者产生一定程度上的心理顺从，因为被影响者会觉得，如果不和身边的个体或相关群体采用一致的消费行为，就会受到惩罚或者被排斥（Zsolt et al.,2011；Yang and Treadway, 2018）。为了避免惩罚，被影响者就会采用和身边的个体或群体一致的行为，进而减弱这种消极的心理暗示。而且有研究表明，影响者的社会地位和社会阶层越高，这种规范性压力会越大，就会给被影响者造成更大的影响作用（Kozinets et al., 2012；Iyengar et al., 2015）。

信息性影响是指消费者在进行消费决策的过程中，渴望获得更多的信息来源，这样才能保证消费决策更加准确（Risselada et al., 2018）。信息性影响中，消费者的判断依据更多不是来源于影响者的社会地位和影响力等因素，而是取决于影响者获取的信息是否足够准确，以及能否给消费者提供足量的决策依据。因此，被影响者会把身边的影响者当作一种信息来源，消费者决策行为取决于影响者提供的信息准确性（Pike and Lubell, 2018；Risselada et al., 2018）。

7.5　本章小结

通过本章关于文献的梳理可以发现，名人代言在传统媒体中大多是通过自强型代言方式背书，但是社会化媒体中却存在自嘲型代言方式。不同名人代言方式的影响作用过程和不同类型产品（实用性产品/享乐性产品）的信息甄别过程以及社会影响的影响作用过程有相通之处。我们通过总结国内外相关研究，结合该研究领域的空白，试图研究两者的交互作用的逻辑关系。本章主要是为这种可能存在的逻辑关系提供理论依据，第 8 章将建立理论模型和提出研究假设。

第 8 章　研究假设

8.1　理论模型

图 8-1 所示为本研究的理论模型简图。以社会化媒体为背景，探究名人代言是否能够带来更好的口碑传播效应。根据以往的研究，将名人代言分为自嘲型名人代言和自强型名人代言。

为了探究名人代言类型在社会化媒体中的差异化影响作用，本研究引入产品类型作为调节变量，探究何种名人代言对何种产品更加有效。基于名人代言信息属性的判别特点，以及产品属性特点，选择实用性产品和享乐性产品作为调节变量。本研究认为名人代言类型和产品类型之间存在交互作用，不同类型的名人代言会对不同类型产品的口碑推荐存在差异化的影响。本研究选择的产品类型既作为调节变量，也属于分类变量，实用性产品和享乐性产品之间不存在共线性作用。

```
名人代言：             社会影响：
自嘲型名人代言  →    信息性影响   →   口碑推荐
自强型名人代言         规范性影响
                ↑
         产品类型：
         实用性产品
         享乐性产品
```

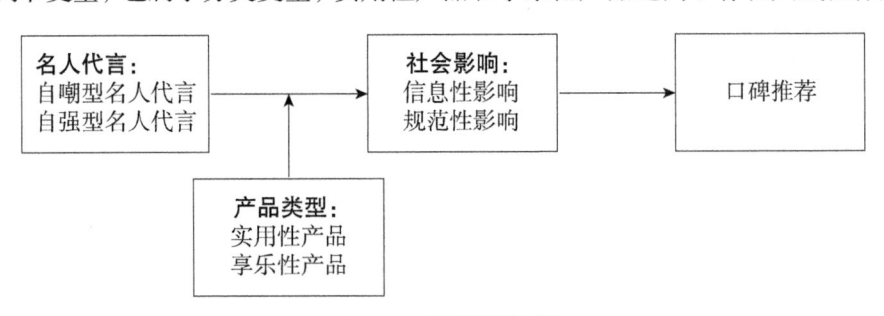

图 8-1　理论模型简图

为了探究名人代言类型和产品类型之间交互作用的内在机制，我们结合社会影响理论，尝试深度挖掘这一中介机制，并解释这一现象。规范性影响主要体现在被影响者对影响者的认知顺从，而信息性影响主要体现在被影响者试图寻找更多的信息来源，来保证消费决策的准确性，这和不同类型的名人代言存在相似性。因此我们认为社会影响在名人代言类型和产品类型的交互作用过程中，存在调节效应的中介作用，所以本研究选择社会影响作为中介变量。理论模型中的社会影响表示一种平行中介变量，信息性影响和规范性影响之间不存在共线性作用，也属于两个独立的变量。研究购物行为显然没有研究口碑传播意愿更有理论价值和实践意义，因此我们选择口碑推荐意愿作为因变量，对应理论模型中的口碑推荐。

8.2 研究假设

8.2.1 名人代言类型和产品类型的交互作用

名人代言能够为企业带来积极的品牌传播作用，并增强消费者的购买意愿。以往关于名人代言的研究，大多是基于传统媒体背景，传统媒体进入门槛相对较高，且广告制作方面也会受到很多监管部门的控制，因此名人大多只能采用强化自身正面形象的方式代言，即自强型名人代言（Ferguson and Brohaugh，2010；Anthony et al.，2014；Dwivedi et al.，2016）。以往关于名人代言的研究很少提及自嘲型名人代言方式，本研究通过对社会化媒体中的名人代言进行文本分析发现，存在自嘲型名人代言方式。社会化媒体进入门槛相对较低，且不同类型的用户都可以随意创造内容，因此名人代言在社会化媒体中存在相似的特点（Hoption et al.，2013；Gong and Li，2017）。本研究以社会化媒体为研究背景，尝试探究自嘲型名人代言和自强型名人代言这两种看似截然相反的代言方式，哪一种能取得更好的效果。

关于名人代言的研究中，早期的学者指出名人代言大多是通过增强自身的正面形象或者提高自身在某些特定领域的专业素质水平，从而达到引导消费者消费心理决策和消费行为的作用（Bower and Landreth，2001；Keel and Nataraajan，2012）。自强型名人代言能够显著提升名人在消费者心中的个人影响力和社会地位，消费者会产生一种感性的决策行为，决策时间显著缩短，更注重产品使用体验的消费者会较少关注新产品本身的信息是否能够满足自己的日常生活需求和工作需要（John et al.，2000；Eisend and Langner，2010；Bergkvist et al.，2016）。此外，消费者在进行享乐主义消费的过程中，也会更加注重享乐性产品能否给自己带来更好的体验，而不会将自己的注意力聚焦在产品的功能性参数等方面（Kivetz and Simonson，2002；Hazari et al.，2016）。

同时，社会化媒体中也存在很多名人为新产品代言的行为。基于社会化媒体用户内容创造更具有自由性的特点，很多名人开始尝试用自嘲型名人代言的方式来推广新产品（Hoption et al.，2013）。自嘲型名人代言能够显著拉近消费者和名人的感知距离，消费者受到自嘲型名人代言刺激后，会觉得名人本身在产品的推广和使用过程中更多起到一种信息传递媒介的作用（Dwivedi et al.，2016）。因此，消费者在决策心理和表现行为上，会趋向于对名人代言的新产品的信息进行甄别，而很少会受到名人本身社会阶层或者专业能力水平等方面的影响。此外，消费者在实用主义消费决策的过程中，对新产品的使用过程体验关注程度相对较低，更多聚焦在新产品能否提升自己的生活品质或者能否满足自己的工作需求等方面（Childers et al.，2001；McAlister，1979；Kahn and Wansink，2004；Okada，2005；Chen et al.，2017）。

消费者选择实用性产品和享乐性产品的动机存在显著的差异，选择实用性产品的动机更加理性。实用主义消费的决策过程需要获取大量的信息，只有保证信息来源的准确性，才能促使消费者完成实用主义消费决策（Kahn and Wansink，2004；Okada，2005）。而自嘲型名人代言刺激能够强化消费者对代言广告中产品信息的认知，名人作为一种信息性的来源能够强化消费者对产品功能价值和实用价值的认知（Chattopadhyay and Basu，1990；Hoption et al.，2013）。相反，消费者在选择享乐性产品的过程中，会更加注重产品的符号价值和购物体验，并且会更容易被相关群体影响。有研究指出，高社会阶层的社会影响能够提升消费者对享乐性产品的购物体验和决策速度。因此自强型名人代言能够提升消费者对享乐性产品的享乐价值认知，增强消费者对享乐性产品的口碑推荐和购买意愿（Mishra et al.，2015；Yang et al.，2016）。

以往关于产品类型的研究指出，消费者判断实用性产品大多是对产品属性和产品基本信息进行考量。而自嘲型名人代言在一定程度上能拉近名人和消费者之间的距离，弱化高社会阶层和低社会阶层之间的规范性影响，从而使消费者把判断依据放在产品本身上（Chattopadhyay and Basu，1990；Hoption et al.，2013；Baltas et al.，2017）。同时，消费者在选择享乐性产品的时候大多决策速度很快，而且都是结合自身的购物体验和他人的购物建议进行决策。而自强型名人代言正是通过名人自身的权威性和晕轮效应去影响消费者的产品决策（Ferguson and Brohaugh，2010；Mishra et al.，2015；Yang et al.，2016）。因此本研究认为名人代言类型和产品类型之间存在交互作用，自嘲型名人代言更能增强消费者对实用性产品的购买意愿，而自强型名人代言更能增强消费者对享乐性产品的购买意愿。

综上所述，本研究提出如下假设：

H1a：自嘲型名人代言会让消费者对实用性产品的口碑推荐意愿更高。

H1b：自强型名人代言会让消费者对享乐性产品的口碑推荐意愿更高。

8.2.2 规范性影响的中介作用

规范性影响主要是通过影响者和被影响者之间的一种规范性压力，促使被影响者产生一种对影响者的顺从行为，这种顺从行为主要体现在消费认知和消费行为上（Christophe and Stefan，2007）。以往的研究表明，自强型名人代言更多是通过一种权威性的认知去影响消费者，消费者通过对名人的喜爱或者青睐，进而提升自身对其代言产品的喜爱（Ferguson and Brohaugh，2010；Iyengar et al.，2015；Dwivedi et al.，2016）。因此本研究认为，自强型名人代言的中介作用机制就是通过这种规范性影响去影响消费者的，而且社会地位或者社会阶层越高的名人，这种影响作用就会越强。

自强型名人代言能够显著提升名人自身的社会地位和形象效用。名人通过强化自身的影响力和专业特质等方面的作用，能够在一定程度上弱化消费者对新产品的判断力，并使消费者对名人形成一种高度顺从的心理，消费者会认为选择或采用和名人相同的决策行为能够获得相同的产品使用体验和心理状态（John et al.，2000；Bower and Landreth，2001；Eisend and Langner，2010；Keel and Nataraajan，2012）。此外，社会影响理论中提及的规范性影响作用指出，规范性影响是产生影响的个体或群体对被影响的个体或群体的一种压力性的影响作用（Zsolt et al.，2011；Yang and Treadway，2018）。被影响的个体或群体在接触或受到这种规范性压力的影响作用后，会对产生影响的个体或群体产生一种认知和决策层面的顺从和跟随行为，而且这种顺从和跟随行为的作用会随着影响作用的深入而不断增强（Kozinets et al.，2012）。有研究指出，高社会影响力地位的人和社群中的意见领袖，对普通用户的规范性压力会更大。消费者在接触这种压力影响后，会更容易形成一种感性的心理决策状态，因此消费者会更加关注产品整个选择过程中的体验和使用后的心理状态（Iyengar et al.，2015）。同时，消费者进行享乐主义消费决策是出于一种情感性的交互体验，而且其消费行为会出现一种认知上的跟随效应，这种跟随效应也会受到高社会影响力人群的影响，让消费者产生一种情感趋同心理，从而增强决策行为（Chitturi et al.，2008；Yim et al.，2014；Vinerean et al.，2015）。

综上所述，本研究提出如下假设：

H2a：规范性影响是影响自强型名人代言和口碑推荐意愿之间关系的中介变量。

8.2.3 信息性影响的中介作用

信息性影响的操作化定义指出，消费者在决策过程中足够理性，并且会向身边或者有过类似购物体验的人寻求相关的产品信息或者购物体验信息（Du and Kamakura，2011）。同时，自嘲型名人代言是名人通过自我嘲讽的方式，拉近自身和消费者之间的心理距离。当消费者和名人本身的心理距离不断缩短后，名人自身的晕轮效应在一定程度上就会减弱，消费者会逐渐把名人当作一种信息性的来源，而更多地将注意力转移到产品上（Chattopadhyay and Basu，1990；Zsolt et al.，2011；Hoption et al.，2013）。同时，消费者的消费决策都是很理性的，如果得不到足够的关于产品的基础信息辅助决策，他们就会通过身边的相关群体进行信息的补充和完善，在足够了解产品之后，才会做出决策（Yang and Treadway，2018；Pike and Lubell，2018）。因此本研究认为，自嘲型名人代言的中介作用机制就是通过这种信息性影响去影响消费者的。

自嘲型名人代言是一种名人通过降低自身身份感和社会影响力，专注扩散新产品的功能和参数信息的代言营销传播手段（Hoption et al., 2013）。消费者在接触自嘲型名人代言营销刺激的过程中，会对名人产生一种更强的亲近感。此时，名人更多类似于消费者身边的相关群体，扮演着信息传播和分享的角色（Dwivedi et al., 2016）。根据社会影响理论的定义，信息性影响会让被影响的个体或者群体启动一种理性决策的思维范式，他们会不断寻求关于新产品更加精准的信息，用来保证自身的决策行为和选择的新产品是绝对正确的（Pike and Lubell, 2018; Risselada et al., 2018）。他们还会把身边的相关个体或群体当作一种信息性的来源。在这种信息传播的过程中，不同角色之间具有较强的公正性和平等性，不同用户之间的信息传递行为和交互行为不会因用户的社会地位和专业素质水平不同而产生显著变化（Iyengar et al., 2015）。此外，在产品决策行为上，消费者选择实用性产品的心理动机是获取更多消费决策信息和实现日常功能性任务的需要，实用主义消费决策需要建立在消费者已经获取足够并且准确的产品信息的基础上，进而保证消费决策能够为自己的生活提供便利和满足实用性质的基本需要（Antonides and Cramer, 2013; Baltas et al., 2017）。

综上所述，本研究提出如下假设：

H2b：信息性影响是影响自嘲型名人代言和口碑推荐意愿之间关系的中介变量。

8.3 本章小结

本章主要是基于社会影响理论，以社会化媒体中的名人代言和用户创造内容作为切入点，细致剖析了产品类型差异给消费者带来的影响，建立了一个有调节效应的中介模型。结合不同类型名人代言（自嘲型名人代言/自强型名人代言）的代言风格和表达特点，以及不同类型产品（实用性产品/享乐性产品）的属性识别和判断的特点，以及社会影响（规范性影响/信息性影响）的不同作用范式，本章提出了自嘲型名人代言、实用性产品、信息性影响的有调节效应的交互模型，以及自强型名人代言、享乐性产品、规范性影响的有调节效应的交互模型。第9章将通过二手数据分析，验证假设的稳健性。

第 9 章　实证研究一

9.1　数据背景与数据基本概况

9.1.1　数据背景

为了初步验证本研究提出的假设，探究不同名人代言类型对消费者口碑推荐意愿的影响作用，本章通过二手数据分析的方式展开研究一。首先，名人代言在社会化媒体中较为常见，而微博作为重要的社会化媒体之一，具有大量的真实用户；其次，本研究主要探究名人代言在社会化媒体环境中的影响，微博中具有大量的名人用户，而且其代言的广告都属于正规的商务合作，与本研究的选题契合程度最高；最后，微博的数据源真实有效，而且其用户具有点赞、评论、转发等交互行为，以往研究表明，相关指标能够在一定程度上准确表达消费者的口碑推荐意愿（Gong and Li，2017）。

为了保证数据的精确性和稳健性，本研究选择微博 2016—2017 年的数据。而且为了保证选择的名人代言广告具有一定的代表性，本研究以"微博之夜"评选的名人风云排行榜前 10 位的名人作为研究对象。我们使用八爪鱼采集器抓取了各位名人在 2016—2017 年参与的所有具备代言性质的商务活动的相关博文，具体抓取的内容包括名人代言的时间、博文内容、标题、点赞量、评论量、转发量等。

9.1.2　数据基本概况

本研究抓取了"微博之夜"名人风云排行榜前 10 位名人发布的关于产品代言的所有博文，为了保证数据的稳健性，随机选择某位名人代言的数据作为研究样本。关于博文类型的区分，先通过文本分析和编码的方式，将所有的博文区分为自嘲型名人代言和自强型名人代言，然后邀请消费者行为相关领域的 5 位专家，协助判别文本的含义，进一步明确代言博文的类型。同时，借鉴以往关于产品的研究，将名人代言的产品分类为实用性产品和享乐性产品。

通过对样本的描述性统计分析可以发现，本研究选择某名人代言博文共计 134 条，其中包括 81 条自嘲型名人代言的博文，53 条自强型名人代言的博文。在自嘲型名人代言的博文中，有 38 条博文是关于实用性产品的代言，43 条博文是关于享乐性产品的代言。在自强型名人代言的博文中，有 18 条博文是关于实用性产品的代言，35 条博文是关于享乐性产品的代言，如表 9-1 所示。

表 9-1 某名人代言博文的描述性统计分析结果

名人代言类型	实用性产品	享乐性产品	总　计
自嘲型名人代言	38	43	81
自强型名人代言	18	35	53
总计	56	78	134

表 9-2 列举了部分博文。其中主要包括该名人对某品牌洗发水、某品牌手机、某快餐品牌、某体育用品品牌的代言广告，还列出了 2（自嘲型名人代言 / 自强型名人代言）×2（实用性产品 / 享乐性产品）因子矩阵中的部分广告内容。

表 9-2 博文示例

产　品	产品类型	名人代言类型	广告内容
某品牌洗发水	实用性	自嘲型	当年我家境贫寒，欲用××被父拒，学子那年……一餐食素，方能换散装一包，洗完回首留香。
某品牌手机	实用性	自强型	笑过之后，才知感动！用过之后，才知深情！
某快餐品牌	享乐性	自嘲型	以前的我，每次吃鸡都恨不得多舔几口，现在我为××代言！牛油果香辣鸡腿堡！鸡肉卷！
某体育用品品牌	享乐性	自强型	只要内心够坚决，就能在挫折中不断学习和进步，就能够实现梦想！

注：此处仅列举部分广告内容。

9.2 数据分析

9.2.1 自嘲型名人代言和自强型名人代言对口碑推荐意愿的影响

为了检验并论证自嘲型名人代言和自强型名人代言对消费者口碑推荐意愿的差异化影响作用，我们先将所有博文分成自嘲型名人代言和自强型名人代言两组，然后选择点赞量、评论量和转发量作为评测指标，其均值分析结果如图 9-1 所示。

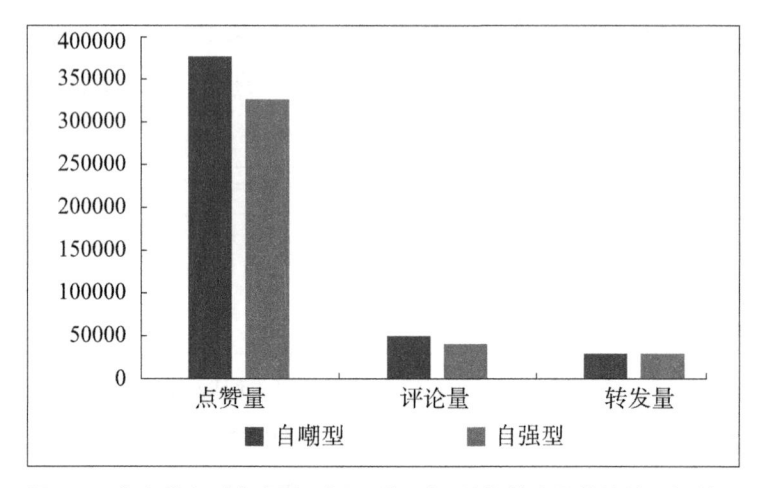

图 9-1 名人代言（自嘲型/自强型）对口碑推荐意愿的均值分析结果

均值分析结果显示，在点赞量维度上，自嘲型名人代言和自强型名人代言在对消费者口碑推荐意愿的影响上无显著性差异 [$M_{自嘲型}$=377408.69，$M_{自强型}$=313472.92，$F(1, 134)$=1.41，$p=0.24$]；在评论量维度上，自嘲型名人代言和自强型名人代言在对消费者口碑推荐意愿的影响上无显著性差异 [$M_{自嘲型}$=47229.75，$M_{自强型}$=39961.19，$F(1, 134)=0.89$，$p=0.35$]；在转发量维度上，自嘲型名人代言和自强型名人代言在对消费者口碑推荐意愿的影响上也无显著性差异 [$M_{自嘲型}=28835.63$，$M_{自强型}=28245.66$，$F(1, 134)=0.01$，$p=0.924$]。均值分析结果表明，自嘲型名人代言和自强型名人代言在对消费者口碑推荐意愿的影响上不存在显著性差异。为了继续深入探究这种影响作用，引入产品类型作为调节变量，深入挖掘名人代言类型和产品类型的交互作用对消费者口碑推荐意愿的差异化影响作用。

9.2.2　名人代言类型和产品类型的交互作用

为了探究名人代言类型和产品类型的交互作用，采用 2×2 因子矩阵设计多变量线性模型的方法，将"名人代言类型"和"产品类型"作为固定因子，将点赞量、评论量、转发量作为因变量带入模型，并结合 F 统计量，在 95% 的置信区间范围内，判断调节效用的显著性。

选择点赞量作为内因潜在变量时，其交互效应显著 $[R^2 = 0.06, F(1, 134) = 5.39, p < 0.05, \eta^2 = 0.04]$。消费者在接触自嘲型名人代言营销刺激的过程中，对不同类型产品的心理和决策行为存在显著性差异，实用性产品的点赞量明显高于享乐性产品的点赞量（$M_{实用性} = 454130.68 > M_{享乐性} = 309607.86, p < 0.001$）；同时，消费者在接触自强型名人代言营销刺激的过程中，点赞量的结果性指标在实用性产品和享乐性产品之间也存在明显的差异化影响效果，其中实用性产品的点赞量明显低于享乐性产品的点赞量（$M_{实用性} = 240548.16 < M_{享乐性} = 350977.08, p<0.001$），如图 9-2 所示。研究结果支持假设 H1a 和 H1b。

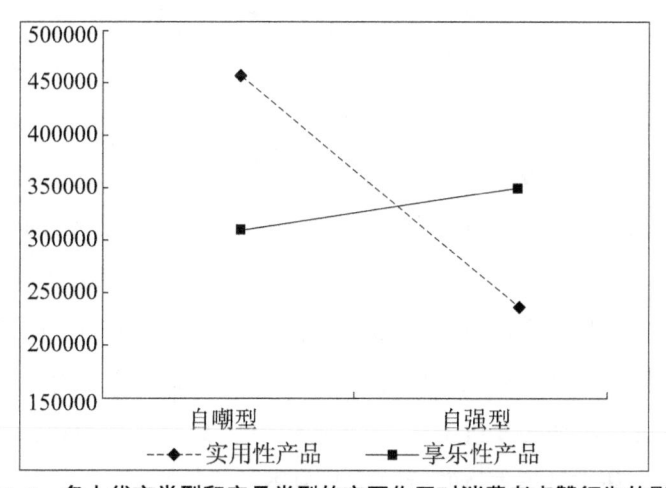

图 9-2　名人代言类型和产品类型的交互作用对消费者点赞行为的影响

选择评论量作为内因潜在变量时，其交互效应显著 [$R^2=0.05$，$F(1, 134) = 5.11$，$p < 0.05$，$\eta^2 = 0.04$]。消费者在接触自嘲型名人代言营销刺激的过程中，对不同类型产品的心理和决策行为存在显著性差异，实用性产品的评论量明显高于享乐性产品的评论量（$M_{实用性} = 55440.08 > M_{享乐性} = 39974.12$，$p < 0.001$）；同时，消费者在接触自强型名人代言营销刺激的过程中，评论量的结果性指标在实用性产品和享乐性产品之间也存在明显的差异化影响效果，其中实用性产品的评论量明显低于享乐性产品的评论量（$M_{实用性} = 26688.39 < M_{享乐性} = 46787.2$，$p < 0.001$），如图9-3所示。研究结果支持假设H1a和H1b。

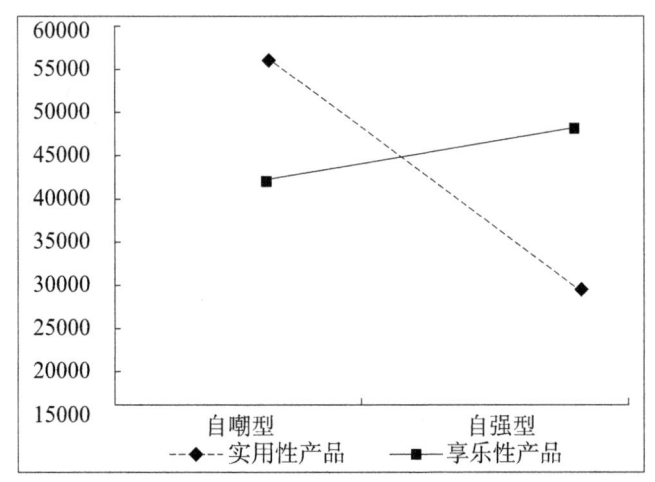

图9-3　名人代言类型和产品类型的交互作用对消费者评论行为的影响

选择转发量作为内因潜在变量时，其交互效应显著 [$R^2 = 0.07$，$F(1, 134) = 10.18$，$p < 0.01$，$\eta^2 = 0.07$]。消费者在接触自嘲型名人代言营销刺激的过程中，对不同类型产品的心理和决策行为存在显著性差异，实用性产品的转发量明显高于享乐性产品的转发量（$M_{实用性} = 34965.84 > M_{享乐性} = 23418.23$，$p < 0.001$）；同时，消费者在接触自强型名人代言营销刺激的过程中，转发量的结果性指标在实用性产品和享乐性产品之间也存在明显的差异化影响效果，其中实用性产品的转发量明显低于享乐性产品的转发量（$M_{实用性} = 9750.78 < M_{享乐性} = 37757.31$，$p < 0.001$），如图9-4所示。研究结果支持假设H1a和H1b。

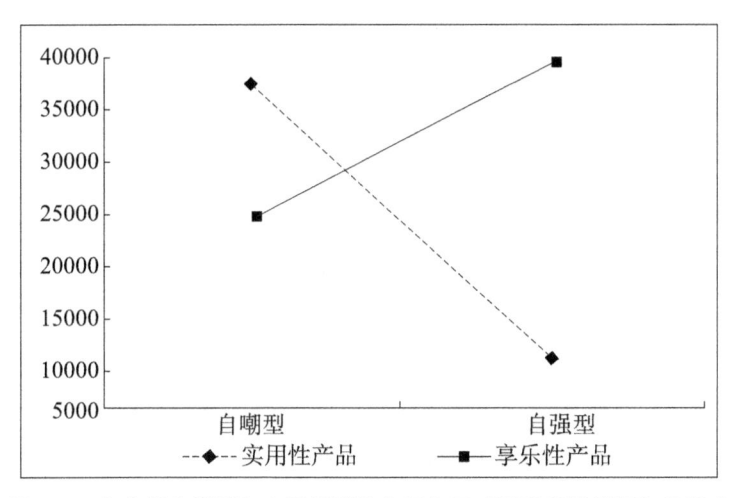

```
40000
35000
30000
25000
20000
15000
10000
 5000
        自嘲型              自强型
      --◆-- 实用性产品    ──■── 享乐性产品
```

图 9-4　名人代言类型和产品类型的交互作用对消费者转发行为的影响

名人代言类型和产品类型的交互效应数据分析结果如表 9-3 所示，我们通过构造变量回归的模型和均值分析等方法，结合均值、P 值等统计指标，可以得出假设 H1a 和 H1b 成立。

表 9-3　多变量回归分析结果

来　源	因变量	III类平方和	自由度	均　方	F	显著性
修正模型	点赞量	6.97E+11	3	2.32E+11	2.576	0.057
	评论量	1.13E+10	3	3.77E+09	2.036	0.112
	转发量	1.20E+10	3	4.01E+09	3.488	0.018
截距	点赞量	1.37E+13	1	1.37E+13	152.269	0.000
	评论量	2.13E+11	1	2.13E+11	115.136	0.000
	转发量	8.39E+10	1	8.39E+10	72.973	0.000
名人代言类型	点赞量	2.22E+11	1	2.22E+11	2.459	0.119
	评论量	3.60E+09	1	3.60E+09	1.943	0.166
	转发量	8.85E+08	1	8.85E+08	0.770	0.382
产品类型	点赞量	8.69E+09	1	8.69E+09	0.096	0.757
	评论量	1.61E+08	1	1.61E+08	0.087	0.769
	转发量	2.03E+09	1	2.03E+09	1.763	0.187

续表

来源	因变量	III类平方和	自由度	均方	F	显著性
名人代言类型 × 产品类型	点赞量	4.86E+11	1	4.86E+11	5.389	0.022
	评论量	9.46E+09	1	9.46E+09	5.106	0.026
	转发量	1.17E+10	1	1.17E+10	10.182	0.002
误差	点赞量	1.17E+13	130	9.02E+10		
	评论量	2.41E+11	130	1.85E+09		
	转发量	1.49E+11	130	1.15E+09		
总计	点赞量	2.90E+13	134			
	评论量	5.16E+11	134			
	转发量	2.71E+11	134			
修正后总计	点赞量	1.24E+13	133			
	评论量	2.52E+11	133			
	转发量	1.61E+11	133			

注：$R_1^2 = 0.056$（调整后$R_1^2 = 0.034$）；$R_2^2 = 0.045$（调整后$R_2^2 = 0.023$）；$R_3^2 = 0.074$（调整后$R_3^2 = 0.053$）。

9.3 结果讨论

通过二手数据研究可以发现，自强型名人代言确实能够提升消费者对享乐性产品的口碑推荐意愿，同时自嘲型名人代言能够提升消费者对实用性产品的口碑推荐意愿。二手数据虽然能够映射出真实的数据情况，但是也存在一定程度的局限性。例如名人自身的属性或者名人自身粉丝的差异可能会在一定程度上影响实验结果的准确性，名人代言的产品和名人本身也许会存在形象上的冲突或互补等方面的特点等。因此单独进行二手数据研究，无法完全论证实验结论的稳健性。

9.4 本章小结

本章通过抓取网络数据的方式展开实证分析，主要采用文本分析、均值分析、多变量回归分析等方法。通过二手数据研究，初步验证假设 H1a 和 H1b 是成立的，自强型名人代言能够显著提升消费者对享乐性产品的口碑推荐意愿,自嘲型名人代言能够显著提升消费者对实用性产品的口碑推荐意愿。虽然二手数据能够反映真实的现象,但是我们仍需要通过实验的方式,重复论证实验结论的稳健性,进一步深入探究不同类型名人代言的内在作用机制的差异性,因此我们将在第10章展开心理行为实验,论证其他假设的可信性。

第 10 章　实证研究二

10.1　研究设计、数据收集与数据前测

10.1.1　研究设计

本研究采用心理行为实验的方式，来验证本研究提出的所有假设。本研究采用问卷调研的方式，邀请武汉大学的在校生，参与研究讨论。本研究设计不同的刺激场景，让被试回答问卷问题，展开实验法研究。

本研究展开实验的方式是设计 2（自嘲型名人代言 / 自强型名人代言）× 2（实用性产品 / 享乐性产品）因子矩阵。为了确保实验刺激文案的有效性，我们筛选微博中的广告文案，并邀请 10 位不熟悉实验目的的参与者，对广告刺激文案做出评价和提供相关的修改方案。此外，在选择刺激物的时候，我们主要参考国外学者对实用性产品和享乐性产品的相关研究，最终选择洗发水为实用性产品刺激物，糖果为享乐性产品刺激物（Chen et al., 2017）。

图 10-1 所示为实验法刺激文案和刺激物。为了降低因消费者对产品系列的偏好造成的实验误差，我们选择的产品系列和品牌名称均进行了改编，从而保证实验内部效度。

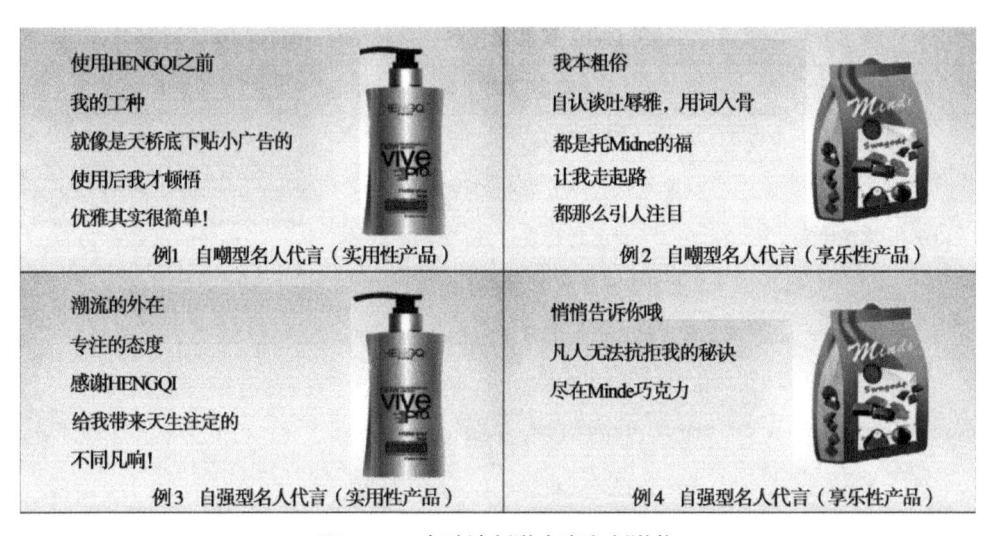

使用HENGQI之前 我的工种 就像是天桥底下贴小广告的 使用后我才顿悟 优雅其实很简单！ 例1　自嘲型名人代言（实用性产品）	我本粗俗 自认谈吐辱雅，用词入骨 都是托Midne的福 让我走起路 都那么引人注目 例2　自嘲型名人代言（享乐性产品）
潮流的外在 专注的态度 感谢HENGQI 给我带来天生注定的 不同凡响！ 例3　自强型名人代言（实用性产品）	悄悄告诉你哦 凡人无法抗拒我的秘诀 尽在Minde巧克力 例4　自强型名人代言（享乐性产品）

图 10-1　实验法刺激文案和刺激物

10.1.2　数据收集

我们首先随机选取了武汉大学 150 名不熟悉实验目的的在校学生参与调研。将被试随机分为 4 组，目的是让不同的被试受到不同的实验场景刺激，从而获取在不同场景下对应的实验结果。当所有的被试就位后，给每人一张白纸，让其联想一个自己最喜爱的名人，并写下这位名人的名字。这样做的目的是保证刺激被试的名人是被试所喜爱的，而且不会因为名人的固化造成被试对其偏爱程度的不同，从而减少实验的偶然误差。所有被试在填写问卷题项的过程中，都能够保证独立思考，不会受到任何其他被试的干扰。被试写完名人名字后，再进入问卷刺激场景，回答问题。

被试回答问卷中根据研究模型设计的测量题项和操控题项。其中操控题项主要包括自嘲型名人代言操控量表、自强型名人代言操控量表、实用性产品操控量表、享乐性产品操控量表；中介变量测量题项主要包括规范性影响测量量表、信息性影响测量量表；因变量测量题项主要包括口碑推荐意愿测量量表。表 10-1 所示为实验法涉及的所有测量题项及相关来源。问卷见附录 2。

表 10-1　实验法测量题项总结

测量变量	测量题项	参考文献
口碑推荐意愿	我会转发这篇广告 我愿意跟大家分享和讨论这篇广告 我愿意转发这篇广告 我会跟同学或朋友聊到这篇广告 我愿意和其他人提及甚至推荐这款产品	Brakus et al.，2009
自强型名人代言	该广告在强调该名人自身的吸引力 该广告在强调该名人自身的专业优势 该广告提升了我对该名人的信任感	Roobina，1990
自嘲型名人代言	我觉得该名人广告有种幽默的感觉 该名人广告令人感到有趣 该名人广告引人发笑	Chattopadhyay and Basu，1990
信息性影响	转发该广告前，我会先获得该产品可靠的信息 有的时候身边的人能给我正确的决策 我觉得应该先更多了解这款产品 选择前，家人和朋友的看法对我很重要	Bearden et al.，1989
规范性影响	我喜欢该名人，所以我会转发 该名人喜欢该产品，所以我就喜欢 我愿意为了和该名人保持一致而转发该广告 该名人能够让我也产生一种被认同感	Bearden et al.，1989
实用性产品	这款产品对我很有用 这款产品让我觉得生活更方便了 这款产品是值得购买的	Okada，2005
享乐性产品	这款产品的包装设计很好看 这款产品能给我带来愉快的体验 我觉得这款产品是让人快乐的	Okada，2005

注：利用中国营销工程与创新中心的心理行为观察室进行实验。

10.1.3 数据前测

在进行心理行为实验的数据分析之前，首先要保证问卷调研获得的数据具有较高的可靠性和内部效度，因此本研究在进行模型和假设检验之前，对数据展开了可靠性分析和因子分析，确定问卷的数据内容和量表的题项都能够具备较高的科学性和稳健性。

本研究针对心理行为实验法对应的25个题项展开了可靠性分析。首先计算数据总体的克隆巴赫系数得分，再计算选择删除某题项后对应的克隆巴赫系数得分。根据数据分析结果发现，心理行为实验获取的数据中，总体的信度水平（克隆巴赫系数）为0.702，而且删除某题项后的所有克隆巴赫系数都小于0.702，说明问卷调研数据的整体信度水平良好。删除某题项后详细的可靠性分析结果如表10-2所示。

表10-2 问卷量表可靠性分析结果

信度分析表	删除某题项后的标度平均值	删除某题项后的标度方差	修正后的题项与总计相关性	平方多重相关性	删除某题项后的克隆巴赫系数
1. 该广告在强调该名人自身的吸引力	110.0432	124.752	0.248	0.692	0.656
2. 该广告在强调该名人自身的专业优势	109.9281	123.502	0.290	0.743	0.652
3. 该广告提升了我对该名人的信任感	110.0647	122.568	0.286	0.723	0.652
4. 我觉得该名人广告有种幽默的感觉	109.9209	127.755	0.237	0.620	0.657
5. 该名人广告令人感到有趣	109.9424	131.605	0.090	0.652	0.670
6. 该名人广告引人发笑	109.9784	128.413	0.202	0.542	0.660
7. 这款产品的包装设计很好看	109.7266	136.374	−0.083	0.641	0.692

续表

信度分析表	删除某题项后的标度平均值	删除某题项后的标度方差	修正后的题项与总计相关性	平方多重相关性	删除某题项后的克隆巴赫系数
8. 这款产品能给我带来愉快的体验	109.4245	129.768	0.090	0.648	0.673
9. 我觉得这款产品是让人快乐的	109.7338	131.458	0.036	0.569	0.680
10. 这款产品对我很有用	109.6547	122.329	0.263	0.716	0.654
11. 这款产品让我觉得生活更方便了	109.5827	129.839	0.065	0.697	0.679
12. 这款产品是值得购买的	110.1799	126.830	0.223	0.544	0.658
13. 转发该广告前，我会先获得该产品可靠的信息	109.2590	128.961	0.273	0.282	0.656
14. 有的时候身边的人能给我正确的决策	109.7554	131.867	0.086	0.437	0.670
15. 我觉得应该先更多了解这款产品	109.9424	128.301	0.231	0.460	0.658
16. 选择前，家人和朋友的看法对我很重要	109.5036	131.918	0.072	0.236	0.672
17. 我喜欢该名人，所以我会转发	109.7554	121.911	0.399	0.613	0.642
18. 该名人喜欢该产品，所以我就喜欢	109.7626	122.704	0.390	0.594	0.643
19. 我愿意为了和该名人保持一致而转发该广告	109.6331	122.814	0.368	0.580	0.645
20. 该名人能够让我也产生一种被认同感	109.7698	132.425	0.070	0.280	0.671

续表

信度分析表	删除某题项后的标度平均值	删除某题项后的标度方差	修正后的题项与总计相关性	平方多重相关性	删除某题项后的克隆巴赫系数
21. 我会转发这则广告	109.1799	123.004	0.522	0.565	0.638
22. 我愿意跟大家分享和讨论这则广告	109.2086	121.021	0.535	0.544	0.634
23. 我愿意转发这则广告	109.2806	124.957	0.412	0.514	0.645
24. 我会跟同学或朋友聊到这则广告	109.3885	126.558	0.351	0.484	0.650
25. 我愿意和其他人提及甚至推荐这款产品	109.2518	124.798	0.428	0.504	0.645

在确保心理行为问卷调研数据具备良好信度水平的基础上，本研究再次针对问卷中涉及的各个测量维度展开了探索性因子分析。表 10-3 所示的结果显示，问卷中涉及的各个测量维度的克隆巴赫系数均在 0.6 以上，并且每个测量题项的公因子方差均在 0.6 以上，同时单个维度的方差贡献率在 60% 以上，说明问卷调研数据具备良好的内部效度水平，可以继续展开方差分析和多元线性回归分析。

表 10-3 测量维度探索性因子分析结果

测量维度	克隆巴赫系数	测量题项	公因子方差	方差贡献率%
自嘲型名人代言量表	0.750	1. 我觉得该名人广告有种幽默的感觉	0.837	82.94
		2. 该名人广告令人感到有趣	0.811	
		3. 该名人广告引人发笑	0.841	
自强型名人代言量表	0.705	4. 该广告在强调名人自身的吸引力	0.734	75.05
		5. 该广告在强调名人自身的专业优势	0.809	
		6. 该广告提升了我对该名人的信任感	0.709	
实用性产品量表	0.724	7. 这款产品对我很有用	0.757	77.13
		8. 这款产品让我觉得生活更方便了	0.809	
		9. 这款产品是值得购买的	0.748	

续表

测量维度	克隆巴赫系数	测量题项	公因子方差	方差贡献率%
享乐性产品量表	0.667	10. 这款产品的包装设计很好看	0.819	73.05
		11. 这款产品能给我带来愉快的体验	0.764	
		12. 我觉得这款产品是让人快乐的	0.608	
信息性影响量表	0.608	13. 转发该广告前，我会先获得该产品可靠的信息	0.617	67.30
		14. 有的时候身边的人能给我正确的决策	0.753	
		15. 我觉得应该先更多了解这款产品	0.709	
规范性影响量表	0.708	16. 选择前，家人和朋友的看法对我很重要	0.613	80.04
		17. 我喜欢该名人，所以我会转发	0.705	
		18. 该名人喜欢该产品，所以我就喜欢	0.729	
		19. 我愿意为了和该名人保持一致而转发该广告	0.771	
		20. 该名人能够让我也产生一种被认同感	0.997	
口碑推荐意愿量表	0.692	21. 我会转发这篇广告	0.805	74.21
		22. 我愿意跟大家分享和讨论这篇广告	0.834	
		23. 我愿意转发这篇广告	0.662	
		24. 我会跟同学或朋友聊到这篇广告	0.745	
		25. 我愿意和其他人提及甚至推荐这款产品	0.664	

10.2 数据分析

10.2.1 描述性统计分析

我们针对研究变量进行描述性统计分析，其中被试全部为学生，选择的150个样本中，剔除无效样本11个，共计139个有效样本，男性占比46.7%，女性占比53.3%。表10-4所示为各变量的描述性统计分析、相关性分析结果，可以总结得出，自强型名人代言和自嘲型名人代言对口碑推荐意愿都存在显著正相关作用，规范性影响和信息性影响对口碑推荐意愿也存在显著正相关作用。

表 10-4　各变量的描述性统计分析、相关性分析结果

研究变量	M	SD	1	2	3	4	5
1. 自嘲型名人代言	4.23	1.46	1				
2. 自强型名人代言	4.29	1.10	−0.50**	1			
3. 规范性影响	4.58	0.84	−0.07	0.18*	1		
4. 信息性影响	4.52	1.16	0.42**	−0.20	−0.12	1	
5. 口碑推荐意愿	4.98	0.80	0.17*	0.36**	0.14*	0.41**	1

注：* 表示 $p<0.05$，** 表示 $p<0.01$，*** 表示 $p<0.001$。

同时，不同类型名人代言和社会影响之间的相关性分析结果显示：自强型名人代言和规范性影响之间存在显著正相关作用，并且和信息性影响之间不存在显著相关性关系；自嘲型名人代言和信息性影响之间存在显著正相关作用，并且和规范性影响之间不存在显著相关性关系。

10.2.2　操控检验

基于对刺激场景和刺激产品的考量，在对模型做出其他分析之前，首先需要对模型中的操控变量进行检验，来验证实验刺激场景和刺激产品的有效性和稳健性。由于模型中存在自嘲型名人代言、自强型名人代言、实用性产品和享乐性产品 4 种操控变量，而且对应不同的刺激场景和刺激产品，接下来我们将通过均值分析和方差分析的方式，来检验操控变量的准确性。

名人代言类型操控量表检验：表 10-5 和表 10-6 所示分别为名人代言类型操控变量的均值分析和方差分析结果，可以总结得出，在自嘲型名人代言刺激场景中，自嘲型名人代言操控变量均值显著高于自强型名人代言操控变量均值 [$M_{自嘲型}=5.00, M_{自强型}=3.54, F(1,139)=105.77, p<0.001$]，并且在 7 级量表的均值检验中，发现自嘲型名人代言操控变量均值大于 4 且自强型名人代言操控变量均值小于 4，说明自嘲型名人代言刺激场景对被试的刺激是成功的。

表10-5　名人代言类型操控变量均值分析结果

场景	名人代言类型	个案数	平均值	标准差	标准误	下限	上限	最小值	最大值
自强型	自强型	67	5.42	0.95	0.12	5.19	5.65	2.67	7.00
	自嘲型	72	3.13	0.86	0.10	2.93	3.33	1.33	5.67
	总计	139	4.23	1.46	0.12	3.99	4.48	1.33	7.00
自嘲型	自强型	67	3.54	0.76	0.09	3.36	3.73	1.33	5.33
	自嘲型	72	5.00	0.90	0.11	4.79	5.21	2.67	7.00
	总计	139	4.30	1.11	0.09	4.11	4.48	1.33	7.00

表10-6　名人代言类型操控变量方差分析结果

场景	分组	平方和	自由度	均方	F	显著性
自强型	组间	181.72	1	181.72	220.14	0.000
	组内	113.08	137	0.82		
	总计	294.81	138			
自嘲型	组间	73.74	1	73.74	105.77	0.000
	组内	95.51	137	0.69		
	总计	169.26	138			

同时，在自强型名人代言刺激场景中，自强型名人代言操控变量均值显著高于自嘲型名人代言操控变量均值 [$M_{自强型}$ = 5.42，$M_{自嘲型}$ = 3.13，$F(1, 139)$ = 220.14，$p < 0.001$]，并且在7级量表的均值检验中，发现自强型名人代言操控变量均值大于4且自嘲型名人代言操控变量均值小于4，说明自强型名人代言刺激场景对被试的刺激也是成功的。

产品类型操控量表检验：表10-7和表10-8所示分别为产品类型操控变量的均值分析和方差分析结果，可以总结得出，在实用性产品的名人代言刺激场景中，实用性产品操控变量均值显著高于享乐性产品的操控变量 [$M_{实用性}$=5.53，$M_{享乐性}$= 3.30，$F(1, 139) = 202.82$，$p < 0.001$]，并且在7级量表的均值检验中，发现实用性产品操控变量均值大于4且享乐性产品操控变量均值小于4，说明实用性产品对被试的刺激是成功的。

表 10-7　产品类型操控变量均值分析结果

场景	产品类型	个案数	平均值	标准差	标准误	下限	上限	最小值	最大值
实用性	享乐性	68	3.30	0.96	0.12	3.07	3.53	1.67	6.00
	实用性	71	5.53	0.89	0.11	5.32	5.74	3.33	7.00
	总计	139	4.44	1.45	0.12	4.20	4.68	1.67	7.00
享乐性	享乐性	68	5.61	1.00	0.12	5.37	5.85	2.67	7.00
	实用性	71	3.67	1.28	0.15	3.36	3.97	1.33	6.33
	总计	139	4.62	1.50	0.13	4.36	4.87	1.33	7.00

表 10-8　产品类型操控变量方差分析结果

场景	分组	平方和	自由度	均方	F	显著性
实用性	组间	172.96	1	172.96	202.82	0.000
	组内	116.82	137	0.85		
	总计	289.78	138			
享乐性	组间	130.88	1	130.88	99.13	0.000
	组内	180.87	137	1.32		
	总计	311.75	138			

同时，在享乐性产品的名人代言刺激场景中，实用性产品操控变量均值显著低于享乐性产品操控变量均值[$M_{实用性}$ = 3.67，$M_{享乐性}$ = 5.61，$F(1,139)$ = 99.13，$p < 0.001$]，并且在 7 级量表的均值检验中，发现实用性产品操控变量均值小于 4 且享乐性产品操控变量均值大于 4，说明享乐性产品对被试的刺激也是成功的。

10.2.3　自强型名人代言和自嘲型名人代言对口碑推荐意愿的影响

自强型名人代言和自嘲型名人代言对消费者口碑推荐意愿影响作用的均值分析和方差分析结果如表 10-9 和表 10-10 所示。由分析结果可以得出，在消费者对名人代言的口碑推荐意愿得分评价上，自嘲型名人代言和自强型名人代言效果不存在显著性差异[$M_{自嘲型}$ = 4.92，$M_{自强型}$ = 5.06，$F(1,139)$ = 1.09，$p = 0.29$]，并且两种名人代言方式对应的口碑推荐意愿得分都高于 4，说明这两种名人代言方式都能够取得良好的品牌传播效果，并无显著性差异。

表 10-9　名人代言营销刺激类型对口碑推荐意愿的影响作用均值分析结果

场　景	广告文案	个案数	平均值	标准差	标准误	下　限	上　限	最小值	最大值
名人代言类型	自强型	67	5.06	0.76	0.09	4.88	5.24	3.33	6.33
	自嘲型	72	4.92	0.85	0.10	4.72	5.12	3.00	6.67
	总计	139	4.99	0.81	0.07	4.85	5.12	3.00	6.67

表 10-10　名人代言营销刺激类型对口碑推荐意愿的影响作用方差分析结果

因变量	分　组	平方和	自由度	均　方	F	显著性
口碑推荐意愿	组间	0.71	1	0.71	1.09	0.29
	组内	88.81	137	0.64		
	总计	89.52	138			

10.2.4　名人代言类型和产品类型的交互作用

我们引入产品类型作为调节变量，探究不同类型产品对不同类型名人代言的调节作用。将调研结果分为 4 组，通过均值分析，比较名人代言类型和产品类型交互匹配的情况下，名人代言对消费者口碑推荐意愿的影响作用，表 10-11 所示为对应的均值分析结果。

均值分析结果表明，当选择的名人代言场景为自强型时，对应的实用性产品的口碑推荐意愿得分显著低于享乐性产品的口碑推荐意愿得分 [$M_{实用性}$ = 4.68，$M_{享乐性}$ = 5.45，$F(1,67)$ = 61.79，$p < 0.001$]；当选择的名人代言场景为自嘲型时，对应的实用性产品的口碑推荐意愿得分显著高于享乐性产品的口碑推荐意愿得分 [$M_{实用性}$ = 5.48，$M_{享乐性}$ = 4.32，$F(1,72)$ = 23.85，$p < 0.001$]。

表 10-11　名人代言类型与产品类型匹配对口碑推荐意愿的影响作用均值分析结果

代言类型	产品类型	平均值	标准偏差	个案数
自强型	享乐性	5.45	0.53	33
	实用性	4.68	0.75	34
	总计	5.06	0.76	67
自嘲型	享乐性	4.32	0.62	35
	实用性	5.48	0.63	37
	总计	4.92	0.85	72

续表

代言类型	产品类型	平均值	标准偏差	个案数
	享乐性	4.87	0.81	68
总计	实用性	5.09	0.80	71
	总计	4.99	0.81	139

通过均值分析结果可以得出结论，自嘲型名人代言更有利于提升消费者对实用性产品的口碑推荐意愿；自强型名人代言能够显著提升消费者对享乐性产品的口碑推荐意愿。实验法的结论和研究一的结论完全一致，说明研究假设 H1a 和 H1b 具有较强的稳健性。

为了验证这种显著性差异的存在，将数据分为两组，进行方差分析，方差分析的结果如表 10-12 和表 10-13 所示。

表 10-12　自嘲型名人代言与产品类型匹配对口碑推荐意愿的影响作用方差分析结果

因变量	分组	平方和	自由度	均方	F	显著性
	组间	10.13	1	10.13	23.85	0.000
口碑推荐意愿	组内	27.62	65	0.42		
	总计	37.76	66			

表 10-13　自强型名人代言与产品类型匹配对口碑推荐意愿的影响作用方差分析结果

因变量	分组	平方和	自由度	均方	F	显著性
	组间	23.93	1	23.93	61.79	0.000
口碑推荐意愿	组内	27.11	70	0.38		
	总计	51.05	71			

表 10-12 所示为自嘲型名人代言与产品类型匹配对口碑推荐意愿的影响作用方差分析结果。样本量为 66，组间自由度为 1，组内自由度为 65，自变量为自嘲型名人代言，调节变量为产品类型（实用性产品/享乐性产品）。方差分析检验的结果表明，双侧检验的显著性水平小于 0.001，而且对应的 F 统计量值为 23.85，远远超过置信水平为 95% 时对应的 1.98。所以可以得出结论，自嘲型名人代言对消费者对不同类型产品的口碑推荐意愿的影响存在显著性差异。

表 10-13 所示为自强型名人代言与产品类型匹配对口碑推荐意愿的影响作用方差分析结果。样本量为 71，组间自由度为 1，组内自由度为 70，自变量为自强型名人代言，调节变量为产品类型（实用性产品/享乐性产品）。方差分析检验的结果表明，双侧检验的显著性水平小于 0.001，而且对应的 F 统计量值为 61.79，远远超过置信水平为 95% 时对应的 1.98。所以可以得出结论，自强型名人代言对消费者对不同类型产品的口碑推荐意愿的影响存在显著性差异。

为了再次检验模型和假设的匹配性，以及实验结果的稳健性，我们对数据进行了主体间效应检验，对应的主体间效应检验结果如表 10-14 所示。本研究将口碑推荐意愿设置为因变量，将名人代言类型（自嘲型名人代言/自强型名人代言）和产品类型（实用性产品/享乐性产品）作为固定因子，并采用单变量回归的方式，构造名人代言类型 × 产品类型交互项，并结合 F 统计量和置信度为 95% 的双侧检验的显著性指标，检测数据的有效性。

表 10-14 主体间效应检验结果

模 型	III类平方和	自由度	均 方	F	显著性
修正模型	34.787	3	11.596	28.597	0.000
截距	3445.369	1	3445.369	8496.992	0.000
名人代言类型	0.943	1	0.943	2.325	0.130
产品类型	1.223	1	1.223	3.017	0.085
名人代言类型 × 产品类型	32.361	1	32.361	79.808	0.000
误差	54.740	135	0.405		
总计	3544.556	139			
修正后总计	89.527	138			

注：$R^2 = 0.389$（调整后 $R^2 = 0.375$）。

从表 10-14 中的数据可以看出，模型对应的 R^2 为 0.389，并且调整后的 R^2 为 0.375，说明模型和数据的适配程度良好，并且交互项对应的双侧检验的显著性指标小于 0.001，F 统计量为 79.808，说明名人代言类型和产品类型之间存在显著的交互作用。结合均值分析的结果，说明研究二数据分析结果能完全支持假设 H1a 和假设 H1b。实验结果和二手数据研究结果完全一致，说明研究假设 H1a

和 H1b 具有较强的稳健性。接下来我们将结合线性回归分析法和 Bootstrap 方法，验证假设 H2a 和 H2b 的准确性，深度挖掘社会影响对不同名人代言类型和不同产品类型存在差异性影响的中介作用机制。

10.2.5　规范性影响的中介作用分析

在规范性影响中介作用分析方法上，我们主要借鉴 Baron 和 Kenny（1986）使用的研究方法，通过建立 4 个不同的多元线性回归模型验证平行中介的合理性。模型 1 将口碑推荐意愿作为因变量，自变量分别为自强型名人代言、产品类型以及自强型名人代言和产品类型匹配对应的交互项；模型 2 将规范性影响作为因变量，自变量分别为自强型名人代言、产品类型以及自强型名人代言和产品类型匹配对应的交互项；模型 3 将信息性影响作为因变量，自变量分别为自强型名人代言、产品类型以及自强型名人代言和产品类型匹配对应的交互项；模型 4 将口碑推荐意愿作为因变量，自变量分别为自强型名人代言、产品类型、自强型名人代言和产品类型匹配对应的交互项、规范性影响和信息性影响。

在回归分析能够确定中介效应存在的基础上，继续使用 Bootstrap 方法，重复验证中介效应是否存在。如果两者的结论是一致的，那么就能够肯定模型和假设是高度匹配的，对应的实验结果具有较高的稳健性（Zhao et al.，2010；Hayes，2013）。

首先通过回归分析的方式，检验规范性影响的中介作用。在验证规范性影响是自强型名人代言和产品类型交互作用对消费者口碑推荐意愿影响的中介变量后，继续采用 Bootstrap 方法，重复验证这种中介效应的稳健性。当两者结论一致的时候，才能保证实验结果是准确的。

表 10-15 所示为规范性影响中介作用回归分析结果，表中主要有 4 个模型，β 值为标准化回归系数，t 值为对应的检验统计量的值，在 95% 的置信区间范围内，t 值大于 1.96 表明双侧检验的显著性水平能够通过检验。其中模型 1 对应的因变量为口碑推荐意愿，可以看出，自强型名人代言的标准化回归系数为 0.30，t 值为 2.64；产品类型的标准化回归系数为 −0.80，t 值为 −1.74；自强型名人代言和产品类型交互项的标准化回归系数为 1.32，t 值为 2.64。通过模型 1 的回归分析

可以得出结论：自强型名人代言和产品类型交互作用对口碑推荐意愿呈显著正相关影响作用。整体模型调整后的 R^2 为 0.64，模型和数据的匹配程度良好。

表 10-15　规范性影响中介作用回归分析结果

变量	模型 1 口碑推荐意愿 β	t	模型 2 规范性影响 β	t	模型 3 信息性影响 β	t	模型 4 口碑推荐意愿 β	t
自强型名人代言	0.30**	2.64	0.27*	2.00	0.24	1.29	0.25*	2.09
产品类型	−0.80	−1.74	−0.70*	−1.32	−0.22	−0.30	−0.64	−1.41
自强型名人代言 × 产品类型	1.32**	2.64	1.18*	2.04	0.31	0.39	1.06*	2.10
规范性影响							0.22*	2.18
信息性影响							−0.01	0.08
调整后 R^2	0.64		0.51		0.07		0.65	

注：* 表示 $p<0.05$，** 表示 $p<0.01$，*** 表示 $p<0.001$。

模型 2 对应的因变量为规范性影响，自强型名人代言的标准化回归系数为 0.27，t 值为 2.00；产品类型的标准化回归系数为 −0.70，t 值为 −1.32；自强型名人代言和产品类型交互项的标准化回归系数为 1.18，t 值为 2.04。通过模型 2 的回归分析可以得出结论：自强型名人代言和产品类型交互作用对规范性影响呈显著正相关影响作用。整体模型调整后的 R^2 为 0.51，模型和数据的匹配程度良好。

模型 3 对应的因变量为信息性影响，自强型名人代言的标准化回归系数为 0.24，t 值为 1.29；产品类型的标准化回归系数为 −0.22，t 值为 −0.30；自强型名人代言和产品类型交互项的标准化回归系数为 0.31，t 值为 0.39。通过模型 3 的回归分析可以得出结论：自强型名人代言和产品类型交互作用和信息性影响之间不存在显著影响作用。整体模型调整后的 R^2 为 0.07，模型和数据的匹配程度较差。

通过模型 1、模型 2 和模型 3 可以得出结论：信息性影响对自强型名人代言和产品类型的交互作用不存在中介作用，规范性影响的中介作用初步通过检验。为了进一步验证这种中介效应，我们建立了模型 4。通过模型 4 的数据分析结果可以看出，自强型名人代言的标准化回归系数为 0.25，t 值为 2.09；产品类型的

标准化回归系数为 -0.64，t 值为 -1.41；自强型名人代言和产品类型交互项的标准化回归系数为 1.06，t 值为 2.10；规范性影响的标准化回归系数为 0.22，t 值为 2.18；信息性影响的标准化回归系数为 -0.01，t 值为 0.08。交互项的 t 值是显著的，但是交互项的标准化回归系数明显变小了。规范性影响的标准化回归系数是显著的，信息性影响的标准化回归系数不显著，表明规范性影响在自强型名人代言和产品类型的交互作用对口碑推荐意愿的影响过程中，存在着部分中介作用。整体模型调整后的 R^2 为 0.65，模型和数据的匹配程度良好。

回归分析的结果表明，规范性影响存在部分中介作用。接下来我们将通过 Bootstrap 方法，来验证数据结论的稳健性。

在做中介检验时，我们参考以往的研究，选择 Bootstrap 方法的模型 8，样本控制量为 5000，保证在 95% 的置信区间。中介效应检验的结果表明，有调节效应的中介效应区间不包括 0（LLCL = 0.10，ULCL = 0.27），这表明模型中存在有调节效应的中介效应。在有调节效应的中介效应存在的时候，自强型名人代言和产品类型的匹配项对应的交互效应的区间也不包含 0（LLCL = 0.03，ULCL = 0.40），这表明规范性影响存在中介效应。采用 Bootstrap 方法的检验结果和回归分析的研究结论完全一致，因此实验法验证了假设 H2a 是成立的。规范性影响在自强型名人代言和产品类型交互作用对口碑推荐意愿的影响过程中，存在部分中介作用。为了更好地呈现规范性影响的中介效应逻辑关系，我们加入了路径分析图，如图 10-2 所示。

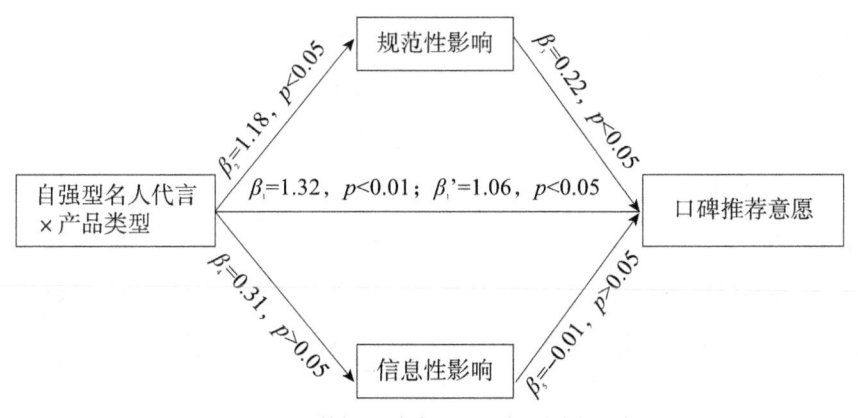

图 10-2 规范性影响中介作用机制路径分析图

10.2.6　信息性影响的中介作用分析

同样，在信息性影响中介作用分析中，通过建立 4 个模型验证平行中介的合理性。模型 1 将口碑推荐意愿作为因变量，自变量分别为自嘲型名人代言、产品类型以及自嘲型名人代言和产品类型匹配对应的交互项；模型 2 将信息性影响作为因变量，自变量分别为自嘲型名人代言、产品类型以及自嘲型名人代言和产品类型匹配对应的交互项；模型 3 将规范性影响作为因变量，自变量分别为自嘲型名人代言、产品类型以及自嘲型名人代言和产品类型匹配对应的交互项；模型 4 将口碑推荐意愿作为因变量，自变量分别为自嘲型名人代言、产品类型、自嘲型名人代言和产品类型匹配对应的交互项、信息性影响和规范性影响。

在回归分析能够确定中介效应存在的基础上，继续使用 Bootstrap 方法，重复验证中介效应是否存在。如果两者的结论是一致的，那么就能够肯定模型和假设是高度匹配的，对应的实验结果具有较高的稳健性（Zhao et al.，2010；Hayes，2013）。

首先通过回归分析的方式，检验信息性影响的中介作用，在验证信息性影响是自嘲型名人代言和产品类型交互作用对消费者口碑推荐意愿影响的中介变量后，继续采用 Bootstrap 方法，重复验证这种中介效应的稳健性。当两者结果一致的时候，才能保证实验结果是准确的。

表 10-16 所示为信息性影响中介作用回归分析结果，表中主要有 4 个模型，β 值为标准化回归系数，t 值为对应的检验统计量的值，在 95% 的置信区间范围内，t 值大于 1.96 表明双侧检验的显著性水平能够通过检验。其中模型 1 对应的因变量为口碑推荐意愿，可以看出，自嘲型名人代言的标准化回归系数为 0.34，t 值为 2.25；产品类型的标准化回归系数为 -1.51，t 值为 -2.75；自嘲型名人代言和产品类型交互项的标准化回归系数为 1.33，t 值为 2.49。通过模型 1 的回归分析可以得出结论：自嘲型名人代言和产品类型交互作用对口碑推荐意愿呈显著正相关影响作用。整体模型调整后的 R^2 为 0.50，模型和数据的匹配程度良好。

表 10-16　信息性影响中介作用回归分析结果

变量	模型 1 口碑推荐意愿 β	t	模型 2 信息性影响 β	t	模型 3 规范性影响 β	t	模型 4 口碑推荐意愿 β	t
自嘲型名人代言	0.34*	2.25	0.49**	3.38	0.15	0.73	0.23	1.43
产品类型	−1.51**	−2.75	−1.01	−1.90	0.61	0.81	−1.18*	−2.15
自嘲型名人代言 × 产品类型	1.33*	2.49	1.10*	2.14	−0.32	−0.43	1.01	1.88
信息性影响							0.26*	2.03
规范性影响							−0.11	−1.25
调整后 R^2	0.50		0.53		0.04		0.53	

注：* 表示 $p<0.05$，** 表示 $p<0.01$，*** 表示 $p<0.001$。

模型 2 对应的因变量为信息性影响，自嘲型名人代言的标准化回归系数为 0.49，t 值为 3.38；产品类型的标准化回归系数为 −1.01，t 值为 −1.90；自嘲型名人代言和产品类型交互项的标准化回归系数为 1.10，t 值为 2.14。通过模型 2 的回归分析可以得出结论：自嘲型名人代言和产品类型交互作用对信息性影响呈显著正相关影响作用。整体模型调整后的 R^2 为 0.53，模型和数据的匹配程度良好。

模型 3 对应的因变量为规范性影响，自嘲型名人代言的标准化回归系数为 0.15，t 值为 0.73；产品类型的标准化回归系数为 0.61，t 值为 0.81；自嘲型名人代言和产品类型交互项的标准化回归系数为 −0.32，t 值为 −0.43。通过模型 3 的回归分析可以得出结论：自嘲型名人代言和产品类型交互作用和规范性影响之间不存在显著影响作用。整体模型调整后的 R^2 为 0.04，模型和数据的匹配程度较差。

通过模型 1、模型 2 和模型 3 可以得出结论：规范性影响对自嘲型名人代言和产品类型的交互作用不存在中介作用，而信息性影响的中介作用初步通过检验。为了进一步验证这种中介效应，我们建立了模型 4。通过模型 4 的数据分析结果可以看出，自嘲型名人代言的标准化回归系数为 0.23，t 值为 1.43；产品类型的

标准化回归系数为 -1.18，t 值为 -2.15；自嘲型名人代言风格和产品类型交互项的标准化回归系数为 1.01，t 值为 1.88；信息性影响的标准化回归系数为 0.26，t 值为 2.03；规范性影响的标准化回归系数为 -0.11，t 值为 -1.25。交互项的 t 值不再显著，同时交互项的标准化回归系数明显变小了。信息性影响的标准化回归系数是显著的，规范性影响的标准化回归系数不显著，表明信息性影响在自嘲型名人代言和产品类型的交互作用对口碑推荐意愿的影响过程中，存在着完全中介作用。整体模型调整后的 R^2 为 0.53，模型和数据的匹配程度良好。

回归分析的结果表明，信息性影响存在完全中介作用。接下来我们将通过 Bootstrap 方法，来验证数据结论的稳健性。在做中介效应检验的过程中，我们参考以往研究的方法，选择模型 8，样本量控制为 5000，保证在 95% 的置信水平的基础上。中介效应检验的结果表明，有调节效应的中介效应区间不包括 0（LLCL= 0.04，ULCL = 0.32）。这表明模型中存在有调节效应的中介效应。在有调节效应的中介效应存在的时候，自嘲型名人代言和产品类型的匹配项对应的交互效应的区间包含 0（LLCL = –0.03，ULCL = 0.27），这表明信息性影响存在完全中介效应。采用 Bootstrap 方法的检验结果和回归分析的研究结论完全一致，因此实验法验证了假设 H2b 是成立的。信息性影响在自嘲型名人代言和产品类型的交互作用对口碑推荐意愿的影响过程中，存在完全中介作用。为了更好地呈现信息性影响的中介效应逻辑关系，我们加入了路径分析图，如图 10-3 所示。

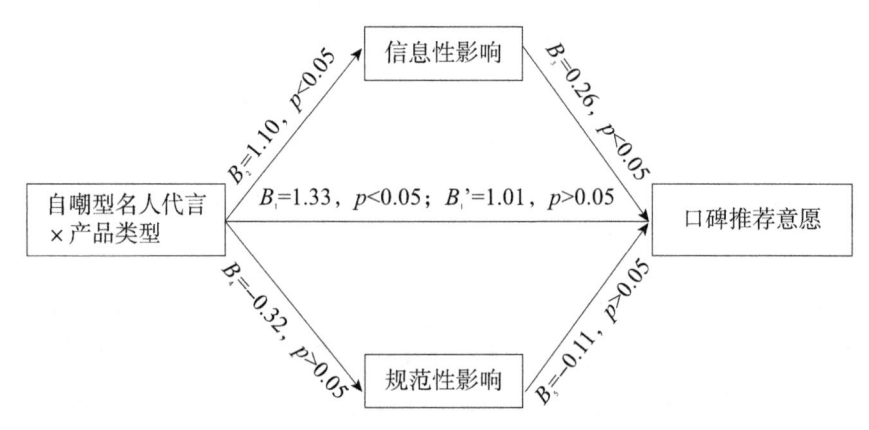

图 10-3　信息性影响中介作用机制路径分析图

10.3 结果讨论

通过实验法的数据结果可以看出，自强型名人代言和自嘲型名人代言对不同类型产品的影响作用效果存在显著性差异，这种显著的影响差异主要是缘于不同类型名人代言产生的社会影响是不同的。实验法的结论和二手数据研究的结论完全一致，共同说明了自嘲型名人代言更利于实用性产品的口碑传播，自强型名人代言更有利于享乐性产品的口碑传播。通过实验法的量表均值可以看出，对应不同类型名人代言的不同类型产品的口碑推荐意愿均值都在4以上，说明名人代言的作用效果存在一定的广泛适用性。同时，我们通过实验法，验证了自嘲型名人代言的中介机制主要是信息性影响，存在完全中介作用；而自强型名人代言风格的中介机制主要是规范性影响，存在部分中介作用。这些中介作用关系都能够支持前文中我们提出的假设，说明模型、数据、假设具有良好的匹配性。

10.4 本章小结

本章主要是通过构建心理行为实验的方式，在重复验证自嘲型名人代言和自强型名人代言对不同类型产品（实用性产品/享乐性产品）存在差异化影响作用的基础上，结合社会影响理论的量表语句，验证自嘲型名人代言和自强型名人代言存在差异化的中介机制。实验法的所有量表、测量方法、分析方法都借鉴了以往学者的研究。结果表明：自嘲型名人代言对应的中介机制是信息性影响，而自强型名人代言对应的中介机制是规范性影响。本文提出的所有假设均成立，实验法具有良好的内部效度和外部效度。

第 11 章 结 论

11.1 研究贡献

11.1.1 理论贡献

本研究以社会化媒体为背景，以名人代言作为研究的切入点，首先探究不同名人代言类型（自嘲型名人代言/自强型名人代言）是否存在差异化的品牌传播效果，然后引入产品类型（实用性产品/享乐性产品）作为调节变量，深度挖掘不同类型产品受到不同类型名人代言影响作用下的不同营销传播效果。在验证不同名人代言类型和产品类型匹配范式对应不同的营销传播效果之后，本研究通过社会影响理论，解释了这一现象存在的中介作用机制。社会影响可以分为规范性影响和信息性影响。本研究通过心理行为实验的方式，验证了自嘲型名人代言和产品类型的匹配范式以信息性影响作为中介机制，影响消费者的口碑推荐意愿；同时验证了自强型名人代言和产品类型的匹配范式以规范性影响作为中介机制，影响消费者的口碑推荐意愿。总体来说，本研究通过二手数据研究和实验法，深度挖掘了名人代言在社会化媒体中的影响作用。本研究的理论贡献主要包括以下3点。

（1）填补了用户创造内容相关研究领域的空白。以往关于名人代言的研究大多是以传统媒体作为切入点，在传统媒体中名人大多会通过提升自身正面形象、吸引力、专业水平和权威性进行产品宣传，即采用自强型名人代言方式。本研究指出社会化媒体中的名人很多是采用拉低自身形象的方式进行营销口碑传播，通过对自己开玩笑的方式，拉近自身和用户之间的心理距离，从而达到品牌或者产品信息传播的效果，即采用自嘲型名人代言方式。本研究深化了对社会化媒体中用户创造内容的自由性方面的理解，弥补了这一研究领域的空白。

（2）深化了社会化媒体中不同类型名人代言对不同类型产品影响效果的理解。以往的研究大多都是指出名人代言能够为企业的新产品或者服务带来良好的品牌传播效果，或者负面的品牌传播效果。本研究引入产品类型（实用性产品/享乐性产品）作为调节变量，通过二手数据研究和实验分析，发现不同类型名人代言和产品类型之间存在交互作用。名人采用自嘲型的代言方式更有利于提升用户对实用性产品的口碑传播和推荐意愿，而名人采用自强型的代言方式更有利于提升用户对享乐性产品的口碑传播和推荐意愿。本研究通过实证分析的方式，验证了这一交互作用存在的合理性。

（3）拓展了对社会影响理论的理解。社会影响理论指出，社会影响在社会化媒体中也一样存在，而且也能很好地诠释不同类型名人代言的内在作用机制。本研究通过心理行为实验的方式，验证了社会影响在名人代言领域存在的科学性。通过实验法中介作用分析，我们发现自嘲型名人代言和产品类型匹配对用户口碑推荐影响的中介作用机制是信息性影响，用户会把名人本身当作一种信息性的来源；同时，也验证了自强型名人代言和产品类型的匹配范式以规范性影响作为中介机制，影响消费者的口碑推荐意愿，消费者感受到规范性压力，从而产生一致性的顺从行为。

11.1.2 管理意义

本研究通过对名人代言类型的深入分析和总结，验证了不同类型名人代言对不同类型产品存在差异化的影响作用。研究一从社会化媒体切入，采用真实数据进行定量分析；研究二通过设计心理行为实验，确保了研究内容的稳健性和有效性。由于二手数据的真实性以及实验数据的有效操控性，本研究在保证良好的内部效度和外部效度的同时，也具备很大的管理意义。

（1）企业在推广产品的过程中，选择名人代言能够为其带来巨大的经济价值和社会价值。相比传统媒体而言，社会化媒体中的名人代言具有更强的内容创造自由性，选择在社会化媒体中推广产品能够获得更强的口碑传播和品牌传播效果。

（2）企业在为产品设计广告的时候，可以结合产品自身的特点，从实用性产品和享乐性产品的角度进行考量，实用性产品的广告可以突出能够帮助消费者实现日常生活任务，享乐性产品的广告可以突出能够给消费者带来功能性体验。

（3）企业在选择名人代言的时候，尤其是在社会化媒体中进行推广的过程中，对于实用性产品可以选择自嘲型名人代言，这样可以取得更好的品牌传播效果；对于享乐性产品可以选择自强型名人代言，利用名人自身的晕轮效应可以达到更好的品牌传播效果。

11.2 研究局限性与未来研究展望

本研究结合社会影响理论，诠释了社会化媒体中名人代言类型和产品类型匹配作用过程的内在作用机制，但本研究也存在一定的局限性。首先，在选择二手数据的过程中，名人自身的属性可能会对产品的影响作用产生差异化的影响，这点仅在实验法过程中得到了很好的控制，而二手数据研究中却存在一定的偶然因素影响。其次，在实验法中我们仅采用学生作为研究样本，虽然社会化媒体中的绝大多数用户群体是学生，但是仅考虑学生作为研究样本会存在一定程度的误差影响，因此后期的研究需要在样本选择上进行更高标准的筛选和控制。最后，本研究仅研究了在社会化媒体中的口碑推荐意愿，但是没有继续研究关于消费者购买意愿等行为方面的内容，因此今后的研究需要关注社会化媒体中的消费者购买行为方面的内容。

11.3 本章小结

本章主要总结了本研究的理论贡献、管理意义，以及不足与展望。本研究主要以社会化媒体为研究背景，结合以往对名人代言类型、社会化媒体中用户创造内容、产品差异化理论、社会影响理论以及消费者口碑推荐意愿等方面的研究，提出了研究框架。本研究在研究内容上具有较高的创新性，采用了二手数据和心理行为实验相结合的研究方法，在具有充分的论据论证研究框架合理性的同时，也能够确保本研究具有良好的信度、效度和理论价值。

第三篇

广告信息呈现方式与产品属性的匹配

第 12 章 引 言

12.1 问题提出

随着互联网技术的高速发展，消费者每天都会主动或被动地接触到许多信息。从传统媒体时代到移动互联网时代，消费者面临着大量信息的冲击。信息增长速度迅猛，信息总量急剧增加，但大量的干扰信息充斥其间。中国互联网络信息中心（CNNIC）于 2019 年 2 月发布的第 43 次《中国互联网发展状况统计报告》显示，2018 年 11 月，我国 15～19 岁年龄段网民人均手机 App 数量达到 59 个，20～29 岁年龄段网民人均手机 App 数量为 45 个，其他年龄段网民人均手机 App 数量也均在 28 个以上。因此，在信息过剩的市场环境中，消费者的注意力资源开始变得稀缺。消费者面临着大量的信息，但只会选择和存储少部分信息。正因为如此，广告信息在传播的过程中就发挥着重要的作用。如何让广告信息更具有吸引力和说服力，从而影响消费者的广告态度和购买决策成了企业不容忽视的问题。

为了吸引消费者的注意力，提升消费者对广告和产品的积极态度，20 世纪 60 年代，乔治·阿玛尼最早开始给名人发放印有品牌 Logo 的免费服装，通过名人效应来提升品牌地位，影响消费者。这种营销策略即是名人代言，通过具有公众影响力或者相关专业知识的个人或者组织在广告中为企业背书，使公众对其的认可传递给产品或品牌，从而使广告产品更具吸引力（Tellis，1997；Bergkvist et al.，2016）。在社会化媒体时代，企业为了满足消费者的场景化需求和差异化诉求，针对同一产品会从不同的属性维度进行产品展示，实现与消费者的沟通，提升广告的说服效果。在企业进行广告信息传播的过程中，存在一个有趣的现象。对于消费者具有统一偏好标准的产品信息（即垂直属性信息），例如手机的电池续航、拍照功能等，广告内容常采用较为模糊的呈现方式，即在广告中弱化技术参数、细节指标等精确信息（小米 Max：如果只是选择一块更大的屏幕，那它就不是小米 Max 了。更震撼的观看体验、更长久的续航、更大的容量版本……方方面面 "Max"，方可称之为小米 Max）。而对于消费者没有统一偏好标准的产品信息（即水平属性信息），如手机的外观设计、颜色等，广告内容常常展现得较为精确，具体描述了产品在该维度的特性（小米 8SE：背部采用 2.5D 玻璃机身，璀璨镜面，水晶质感，机身线条更加硬朗，利落干练，拥有亮红、亮蓝、金色、深灰 4 种颜色）。产品是不同属性的集合体（Kim and Chhaje，2002），消费者对不同属性信息的认知和处理模式存在着差异（Kim and Chhaje，2002）。例如，对于水平属性不一致的评论信息，消费者会对产品有更高的独特性感知，从而增强对其的购买意向；对于垂直属性不一致的评论信息，消费者会对产品有更高的风险感知，从而减弱对其的购买意向（黄敏学等，2017）。已有研究也指出，广告信息的呈现方式会影响消费者对信息的加工方式和理解程度，进而影响消费者对广告和产品的态度（Kardes，1988）。

广告说服中存在着匹配效应，与产品特征或目标消费者特征相匹配的信息被认为是更有影响力的（Kim and John，2008）。在评价、判断和决策时，个体更加关注与其水平相匹配的信息、经验和事物（Nussbaum et al.，2003；Trope and Liberman，2000）。通过梳理以往关于广告匹配效应的研究，我们发现以往研究从产品、品牌和消费者角度（如产品类型、品牌来源国、消费者个体差异等）进行了大量的探讨（Anghelcev，2015；Lee and Aaker，2004；黄静等，2016；孟陆等，2017；庞隽和毕圣，2016；Yoo and Kim，2014）。例如广告的形状和诉求之间的匹配对广告的说服力存在着影响，对于能力诉求型广告，广告形状为尖锐的矩形时说服效果更好；对于诚意诉求型广告，广告形状为圆润的形状时说服力更强（李巧等，2017）。但是以往的研究多从不同的外在特征要素对广告传播中的说服效应进行探究，往往忽视了从产品本身（如产品信息所涉及的产品属性）来研究广告信息呈现中的说服效应。广告信息的呈现不仅包括广告内容，也包括广告内容的呈现形式。因此，我们将从产品属性维度探讨其与信息呈现方式的匹配效应对消费者广告态度的影响，以探究消费者在面对广告信息时的内在行为机制，为企业的广告信息发布策略提供积极的指导。

12.2 研究意义

12.2.1 理论意义

广告作为企业重要的营销传播途径，广告信息的呈现形式和传播内容对广告效果的影响至关重要。以往研究从不同角度探讨了与广告信息描述相匹配的变量，但忽略了产品本身的属性。本研究基于可接近性－可诊断性理论，以产品属性为切入点，探讨信息呈现方式（模糊呈现/精确呈现）和产品属性（垂直属性/水平属性）的匹配效应对消费者广告态度的影响及其内在作用机制。本研究的理论意义主要包括以下3个方面。

（1）本研究以产品属性作为切入点，深化、细化广告传播中关于匹配效应的研究。产品是由各种属性构成的，无论什么类型的产品均包括垂直属性和水平属性。对产品属性的描述隐含着消费者的异质性偏好，体现出消费者不同的信息认知模式（Kim and Chhaje, 2002; 黄敏学等, 2017）。再结合广告信息的呈现方式，探讨产品属性和信息呈现形式的匹配效应对消费者广告态度的影响，深化广告传播中的匹配效应研究，是对以往研究的重要扩展和补充。

（2）本研究基于可接近性－可诊断性理论，深入探讨信息呈现方式和产品属性之间的匹配效应对消费者广告态度的积极影响，丰富了广告传播中广告信息发布策略的心理机制研究，为后续的相关研究提供理论视角。不同属性的信息如何进入消费者的评价过程取决于信息的可接近性和可诊断性，但以往关于广告传播的研究中较少有学者运用此理论对消费者的心理机制进行解读。本研究从产品属性和信息呈现方式视角出发，探究了消费者在接触广告信息时认知及运用信息的内在机制，即信息的可接近性和可诊断性，为以后广告传播中消费者行为内在作用机制的解读提供了新的视角。

（3）本研究围绕提取流畅性和加工流畅性，细化了信息流畅性在解释消费者信息认知过程中的内在作用机制研究。大量研究表明，信息流畅性对消费者态度和行为有着积极影响（Cesario et al., 2004；Reber et al., 2004；Nenkov et al., 2014），但是很少有研究在消费者行为领域对信息流畅性进行更为细化深入的研究。信息流畅性可以分为提取流畅性和加工流畅性。以往关于信息流畅性的研究，大多从信息的整体流畅性着手，未针对不同类型的信息流畅性做进一步的区分和解释。然而已有研究表明，消费者对信息的认知评价中存在不同类型的信息流畅性。本研究结合可接近性－可诊断性理论，细化利用信息流畅性解释消费者行为内在机制的研究，为后续关于信息流畅性的研究提供了新思路。

12.2.2　实践意义

随着社会化营销的发展，企业可以通过社会化媒体快速而便捷地发布产品广告信息。然而在信息大爆炸时代，如何快速地吸引消费者的注意力资源，提升消费者对广告的积极态度，在愈发激烈的市场竞争中显得尤为重要。本研究通过探究信息呈现方式和产品属性的匹配效应及其内在作用机制，对企业在营销实践中采取有效的广告信息发布策略有着一定的指导意义，具体包括以下两点。

（1）采取差异化的广告信息发布策略，即针对产品的不同属性信息采用不同的信息描述方式。具体而言，对垂直属性信息采用模糊的呈现方式，对水平属性信息采用精确的呈现方式，能够提高消费者处理广告信息时的流畅性，从而积极影响其对广告的态度。在营销实践中，企业经常会采用模糊或精确的广告信息呈现方式，但往往忽略了针对不同属性的信息区分不同的呈现方式，导致广告效果大打折扣。因此，企业应基于不同属性的信息进行针对性的广告信息发布。

（2）结合企业的产品优势，通过广告为企业创造主观的差异化优势。已有研究表明，广告能够创造主观的水平差异化，例如百事可乐和可口可乐的产品基本一致，但是它们针对的目标消费人群有所差异。同时，广告也能创造主观的垂直差异化，使消费者感知一个品牌的质量高于另外一个品牌（Tremblay and Polasky,

2002）。因此，企业可以结合自身产品的优势，通过广告信息发布策略来提升消费者对产品的积极态度。企业的资源是有限的，不仅体现在产品研发方面，还体现在广告投放方面，也就是说企业的产品无法做到任何属性的尽善尽美，广告投放也无法完全覆盖。因此在激烈的市场竞争中，企业可以结合自己产品的优势属性，采用匹配程度高的信息呈现方式进行广告信息发布，从而通过有限的资源获得最大化营销效果，提升消费者的积极态度。

12.3　研究思路

本研究主要采用了文献综述法、二手数据分析法和场景实验法对研究假设进行推导、验证。具体来说，本研究在系统梳理已有研究文献的基础上，提出研究问题及假设，并通过一个预研究和两个情景实验来探究广告传播中信息呈现方式和产品属性的匹配效应及其内在作用机制。

首先，预研究旨在探讨信息呈现方式（模糊呈现/精确呈现）与产品属性（水平属性/垂直属性）的匹配效应对消费者广告态度的影响，为本研究提供二手数据的支持。选用微博作为数据源，选取社会化媒体营销的典型代表"小米手机"作为研究对象，抓取其在2016年1月1日—2017年12月31日期间发布的所有涉及产品信息描述的博文，获取了包括博文内容、发布时间、转发量、评论量、点赞量等数据。对涉及多种产品属性或者内容分类争议较大的博文进行剔除，保留了80条手机产品信息博文。最终进行分组的均值效应分析，结果表明对于产品的水平属性信息，采用精确的信息呈现方式更能引起消费者的积极互动行为；对于产品的垂直属性信息，采用模糊的信息呈现方式更能引发消费者的积极互动行为。

其次，实验一主要通过情景实验的方法，在重复检验预研究结果的基础上，进一步探讨信息流畅性的中介机制。实验一采用2（信息呈现方式：模糊呈现/精确呈现）×2（产品属性：水平属性/垂直属性）的组间因子设计，以智能手机作为实验刺激物，广告信息均改编自购物平台上新款手机的产品信息描述。同时借鉴黄敏学等（2017）的研究，分别选取外观设计和摄影功能代表手机产品的水平属性和垂直属性。通过假想场景，测量了参与者信息提取流畅性和加工流畅性、广告态度、对产品信息描述的精确程度感知等变量。数据分析结果再次验证了信息呈现方式和产品属性的匹配效应，同时验证了信息流畅性的中介机制。

最后，不同于实验一中的搜索品（智能手机），实验二选取体验品作为实验刺激物，以消除产品类型的差异对研究结果的影响，进一步提高研究结果的稳定性和适用性。实验二选取餐饮美食作为实验刺激物，在实验前测中选取了火锅作为最终刺激物，口味和菜品代表水平属性，环境和服务代表垂直属性。采用2（信息呈现方式：模糊呈现/精确呈现）×2（产品属性：水平属性/垂直属性）的组间因子设计，测量了参与者信息提取流畅性和加工流畅性、广告态度、对产品信息描述的精确程度感知等变量。数据分析结果表明，对于产品的垂直属性信息，采用模糊的信息呈现方式可以提高消费者的信息提取流畅性进而积极影响广告态度；对于产品的水平属性信息，采用精确的信息呈现方式可以提高消费者的信息加工流畅性从而积极影响广告态度。实验二剔除了产品类型对实验结果可能造成的干扰，提高了本研究的稳健性和外部效度。

第 13 章　文献回顾

13.1　广告信息呈现方式

在广告传播中，广告信息的呈现方式会影响消费者对广告的认知方式和理解程度，从而进一步影响消费者的广告态度和产品评价（Petty et al., 1983）。对同一广告信息的等价描述采用不同的呈现方式会导致不同的消费者偏好。早期研究中，Levin 和 Gaeth（1988）发现，对同样一份牛肉分别从积极（75% 的瘦肉）或消极（25% 的肥肉）两个方面进行描述时，消费者对积极描述下的牛肉表现出更强的消费偏好。积极呈现方式强调正面信息，例如获得某种好处，取得某种成就等；消极呈现方式强调负面信息，例如存在的劣势、不好的后果等。对特定对象的关键特征分别从积极与消极两个方面进行阐述，都会影响消费者的态度和选择。通常积极描述比消极描述更有助于提高个体对目标对象的偏好程度，说服效果更好（李晓明和谭谱，2018；Kühberger and Tanner, 2010）。与此同时，也有研究表明，消费者通常会认为负面信息更加具有参考意义，在购买决策过程中负面信息的影响会更加突出（Ahluwalia et al., 2000）。消费者更容易关注到消极信息，因此对消极信息的处理会更为深层次。相较于浅层次处理的信息，深层次处理的信息对消费者更具说服效果（Fujita et al., 2006）。除了语言信息的呈现，数量信息的呈现在广告传播中也至关重要。例如，对于长度单位而言，可以用毫米、厘米、分米或米来表示，而时间、重量、金钱的呈现也面临着单位的选择。以往研究发现，数量信息单位的选择会影响个体的判断与决策。已有研究指出，数量信息用较小的单位呈现会使决策者感知到更大的差异，进而提高该特性在决策评价中的影响程度（Burson et al., 2009；Pandelaere et al., 2011）。例如，用小单位（7～21天）表示延迟时间会比用大单位（1～3周）激发个体更大的差异感受，因为从7到21的变化比从1到3的变化更大。此外，用奇数或者偶数呈现数量信息时，个体在面对信息时的处理困难程度（William, 1928）、判断速度（Hines, 1990）以及认知资源的消耗程度（Dehaene et al., 1993）上也存在着显著差异。相较于偶数，个体感知奇数会更加复杂，处理用奇数表达的信息会更加困难、所用时间也会更长，并且需要做出更大的认知努力。在对健康食品消费偏好的研究中，庞英等（2018）发现，相较于用偶数表达产品信息的健康食品，消费者更倾向于购买用奇数表达产品信息的健康食品，认为用奇数表达产品信息的食品更加健康。这是因为，个体处理信息时，对奇数信息（相较于偶数信息）的反应时间显著更长（Hines, 1990），而且更容易出现错误（Dehaene et al., 1993）。当面对同样包含更为复杂的产品信息的健康食品时，奇数呈现方式能让消费者感知到二者在"复杂"上具有语义的一致性，即个体会感知到用奇数信息呈现的健康食品信息与信息本身更匹配，从而表现出更高的消费选择偏好。

　　随着广告营销的发展，广告信息的呈现也不仅局限于效价（积极方面或消极方面）和数量。Bagchi和Davis（2012）发现价格及数量信息的呈现顺序会影响消费者对套餐商品（多件商品）的偏好。当套餐商品的数量较多且商品单价计算困难时，出现的第一条信息会变得更加突出进而影响消费者对套餐商品的评价，即相较于商品数量信息在前（70个29美元），价格信息在前（29美元70个）会使消费者对同一套餐商品的评价产生消极影响。在对创新产品广告图片呈现顺序的研究中，孟陆等（2017）发现，在突破性创新产品中先呈现产品整体再呈现产品局部、在渐进性创新产品中先呈现产品局部再呈现产品整体可以提升广告对消费者的吸引力。对于搜索品，先呈现产品图片后呈现模特图片的顺序对消费者的购买意愿有积极影响；而对于体验品，先呈现模特图片后呈现产品图片的顺序会积极影响消费者的购买意愿（黄静等，2016）。除了广告呈现的语言特征和顺序特征，近年来广告形状也逐渐吸引了研究者的关注。广告形状即消费者感知到的广告所具有的轮廓形状（李巧等，2017），如矩形的网页展示广告、倒三角形的旗帜广告等。广告形状能够激活特定的关联想象，在保持广告信息一致的情况下，通过改变广告的物理边界特征，例如尺寸、圆润程度等，可以改变消费者在认知广告信息时的加工模式。例如轮廓是曲线的形状传递出弱小、温和、温暖等情感，体现出主要刺激物与周围环境之间的协调性关系；轮廓是锐角的形状传递出坚硬、严厉、残酷等情感，体现出主要刺激物与周围环境之间的对抗性关系（Arnheim et al., 1956；Bar and Neta, 2006；Jiang Y et al., 2016；Rompay and Pruyn, 2011）。椅子采用圆形布置会诱发个体的归属感需求，采用角形布置会诱发个体的独特性需求。品牌商标的形状不仅会影响消费者对产品品牌的判断，也会影响其对产品生产厂商的认知评价。相较于尖锐形状商标所体现出的男性气质，圆润形状商标会使消费者认为该品牌更具有女性气质，使用圆润形状商标的生产厂商则会被认为是更加体贴消费者的（Grohmann et al., 2015；Jiang et al., 2015）。当广告形状为尖锐形状时，能力诉求的广告更具有说服效果；当广告形状为圆润形状时，诚意诉求的广告的说服效果更好（李巧等，2017）。

综上所述，以往关于广告信息呈现的研究从广告的语言特征（包括效价和数量等）、顺序特征和形状特征等角度进行了深入的探讨。无论采用何种呈现形式，广告信息的呈现均离不开广告信息本身。广告说服中存在着匹配效应，与产品特征或目标消费者特征相匹配的信息被认为是更有影响力的（Kim and John, 2008）。因此在围绕广告信息呈现的研究中，有着许多丰富的匹配变量研究，例如品牌来源国（庞隽和毕圣，2015）、消费者个体差异（Yoo and Kim, 2014）、产品类别（黄静等，2016；孟陆等，2017），但却忽视了从产品信息所涉及的产品属性来探究广告信息呈现方式的说服效应。广告信息的呈现不仅包括广告内容，也包括广告内容的呈现形式。无论何种类型的产品均具有一系列不同的属性（Kim and Chhaje, 2002），因此，本研究以产品属性作为切入点，试图从产品属性和信息呈现方式的匹配程度来揭示广告信息的说服效果及其内在作用机制。

13.2 产品属性

产品包含一系列不同的属性（Kim and Chhaje，2002），在购买决策过程中，消费者对产品属性及水平的认知评价是影响消费者决策的重要因素（Srinivasan，1975）。早期研究中，有学者从多属性产品效用视角对消费者的产品选择进行了研究（Beckwith and Lehmann，1975）：一个产品的总效用等于产品所有属性带来的效用之和，产品选择取决于产品之间的总效用比较（Van Osselaer and Janiszewski，2012）。属性是影响消费者选择效用的基础性因素，而产品可以视作多种属性的集合。由此学者们开始关注产品属性的分类（表13-1）及这些属性是如何影响消费者决策的。

表 13-1 不同属性分类

分 类	属 性	相关文献
搜索属性 体验属性	从信息获取和信息处理的视角：根据属性的水平是否能够在消费者购买之前进行评估，搜索属性通常是在购买之前就能确定的、客观的、可比较的、具有诊断性的产品属性；体验属性通常是在购买之前不能确定，但在使用之后可以确定的、主观的、充满不确定性和含糊性，并且很难评价	Nelson，1970
功能属性 享乐属性	从产品消费的功能与利益视角：与产品的功能质量相关，称为功能属性；与产品的享乐利益相关，称为享乐属性	Snelders and Schoormans，2001；Chitturi et al.，2007；Chitturi et al.，2008
中心属性 外围属性	从消费者对产品类别的认知图式视角：某一特征的中心性是"某一特征对于心理再现某一对象不可或缺的程度，以及它对形成完整概念的影响程度"	Sloman et al.，1998
垂直属性 水平属性	根据消费者对产品属性的偏好是否一致进行评估，垂直属性指的是消费者有着明显的偏好一致性的属性，水平属性指的是消费者没有一致性偏好的属性	Wattal et al.，2009；Kwark et al.，2014；Sun，2011

从信息获取和信息处理的视角来看，Nelson（1970）将产品属性划分为搜索属性和体验属性。"搜索"是指受到条件限制的评价可选项（如产品）的行为。消费者观察到可选项，这一观察行为必须发生在购买行为之前。但是有些信息并

不能依靠搜索获得，例如消费者要想评价罐头鱼产品，必须先购买罐头鱼产品，在经过多次选择之后，才能确定自己更喜欢哪个产品，这一过程被称为"体验"。由此可见，搜索不需要购买产品，但是体验却需要。由此得出结论：产品的搜索属性通常是在购买之前就能确定的，客观、可比较、具有诊断性；体验属性通常是在购买之前不能确定，但在使用之后可以确定的，主观、充满不确定性和含糊性，并且很难评价。研究者通常关心的问题是：消费者的信息获取方式和行为，消费者对搜索品和体验品的信息处理方式（如搜索深度、广度、处理时间等）。Wright和Lynch Jr.（1995）的研究发现，产品属性和广告媒介之间存在一定的匹配关系，使得消费者更加关注相应的属性。在产品搜索中，消费者对搜索属性的记忆更加深刻；而在产品体验中，消费者对体验属性的记忆更加深刻。但是涉入度高时，上述效应将会降低。随着新媒体的发展，Klein（1998）认为有些体验属性可以通过网络评价获得，主要是其他消费者的体验，使得体验属性变得更具有"搜索"的性质。Huang等（2009）的研究也发现，互联网使得搜索品和体验品的差异变小，消费者可通过网络搜索产品的体验属性。对于体验属性和搜索属性，消费者的搜索方式存在差别：体验品通常搜索的深度比较大（在每个产品页面停留的时间更长）；搜索品通常搜索的广度比较大（阅读更多产品页面）。

从产品消费的功能与利益视角来看，产品相关信息可以根据抽象水平的不分为物理属性和抽象属性。抽象属性是指一个与消费者利益直接相关的较高水平的属性。研究者区分了两类抽象属性：一类与产品的功能质量相关，称为功能属性；一类与产品的享乐利益相关，称为享乐属性（Snelders and Schoormans, 2001）。功能属性通常是产品或服务带来的实用利益，是工具性的、实际的；享乐属性通常是与审美相关的、体验的、享受的（Chitturi et al., 2007；Chitturi et al., 2008）。研究者关心的问题主要是：在产品设计上，如何突出产品的享乐属性或者功能属性；在不同条件下，消费者在享乐属性和功能属性之间会有怎样的抉择和权衡。当信息的处理程度加大时，容易想象的属性对产品评价的影响效果增强。由于享乐属性更加具有感官性，更能激发想象，这时享乐属性较强的产品吸引力更强（Dhar and Wertenbroch, 2000）。Chitturi等（2007）的研究发现，当待选产品都达到功能和享乐的需求临界值时，消费者更倾向于选择享乐属性较强的产品，称为"享乐优先原则"；在选择实验中，消费者更倾向于选择功能属性较强的产品；但是在支付意愿的实验中，消费者对于享乐属性较强的产品支付意愿更高。在广告信息呈现的研究中，Khan 和 Dhar（2010）在享乐品和实用品捆绑销售的背景下发现，将打折信息以享乐品为对象来陈述比将打折信息以实用品为对象来陈述更加有利。此外，也有研究发现，增加属性数目对于促进消费者选择享乐品更加有利，这是因为属性数目作为外围线索，可以提高消费者对产品有用性的感知（Sela and Berger，2012）。

从消费者对产品类别的认知图式视角来看，一个产品有多种属性特征，但是每种属性特征对于定义此产品的地位不同，因此产品属性可划分为中心属性和外围属性。根据心理学本质主义的观点，有些属性和特征对人们定义概念和类别更加重要或起着更重要的作用。某一特征的中心性是"某一特征对于心理再现某一对象不可或缺的程度，以及它对形成完整概念的影响程度"（Sloman et al.，1998）。某一特征或属性的中心性越强，它就对分类某个对象的重要性和诊断性更强。中心属性通常是对于定义某一类别不可更改的（immutable）。中心属性能改变消费者对产品整体的看法，Gershoff 和 Frels（2015）的研究就证明了，增加产品中心属性的绿色元素比增加产品外围属性的绿色元素更有利于提高消费者对产品绿色环保的认知，促进消费者购买。

在不同情境下，消费者对不同类别属性的关注程度是不同的。消费者面临属性之间的权衡取舍（Luce et al.，2001），例如是购买一个功能属性更强的产品，还是购买一个外观比较好的享乐属性比较强的产品，即消费者对于不同的产品属性也有着个人异质性的偏好。因此，根据消费者对产品属性的偏好是否一致，产品属性可划分为垂直属性和水平属性。垂直属性指的是消费者有着明显的偏好一致性的属性，例如相机的像素、续航时间等；而水平属性指的是消费者没有一致性偏好的属性，例如相机的颜色、外观等（Wattal et al.，2009；Kwark et al.，2014；Sun，2011）。研究者关心的问题主要是：水平属性和垂直属性差异化对厂商竞争的影响；最优的水平差异化和垂直差异化决策，包括信息公布；水平属性和垂直属性相对重要性的变化。例如，在变动成本较低的情况下，厂商应实行水平差异化；在变动成本比较高的情况下，厂商应实行垂直差异化（Lacourbe et al., 2009）。Kwark 等（2014）的研究发现，消费者评论会使得垂直属性的评价趋同，进而使厂商竞争加剧，有利于零售商的发展；但是消费者评论也会使水平属性的评价差异拉大，降低厂商竞争，不利于零售商的发展。但是以往关于垂直属性和水平属性的研究缺乏消费者对水平属性和垂直属性的信息认知方式的研究。有相关研究表明水平属性和垂直属性对消费者的影响机制是不一样的，不同于其他的属性分类，如搜索属性和体验属性是基于消费者信息获取和信息处理视角；功能属性和享乐属性是基于产品消费的功能与利益视角；中心属性和外围属性是基于消费者对产品类别的认知图式视角，而水平属性和垂直属性能充分体现出消费者偏好的异质性。因此，本研究围绕垂直属性和水平属性，探究广告信息呈现中消费者的信息认知处理机制，从而揭示对于企业和消费者而言何种信息呈现方式是更加有效的。

13.3　可接近性 - 可诊断性理论

已有研究发现，在购买决策评价过程中，消费者会根据对产品属性的评价，形成对产品的整体认知判断，进而影响其购买意愿（Mazis et al., 1975）。不同属性的信息如何进入消费者的评价过程取决于信息的可接近性和可诊断性，即可接近性 – 可诊断性理论（the accessibility–diagnosticity model）。该理论整合了社会认知、认知心理学和行为决策理论的相关内容，认为信息被用于认知评价的可能性由信息的可接近性和可诊断性决定（Lynch et al., 1988）。具体而言，某一信息多大可能会被用于后续的认知评价过程主要取决于 3 个因素：信息的可接近性、信息的可诊断性、信息的相对可接近性。

信息的可接近性指信息从记忆中被提取出来并加以运用的难易程度。这意味着，基于记忆做出的选择，会随着信息可接近性的提高而发生积极的变化。保持信息的可诊断性或者感知相关性以及替代信息的可接近性不变，任何影响信息输入可接近性的因素（如干扰、自生和外部生成的信息线索）都会影响信息的使用。

较近接触的信息或者频繁使用的信息更容易从记忆中提取出来。信息本身的特征，例如描述是否概括、语言是否生动或者抽象等也会影响消费者感知到的信息可接近性。例如，与整体评估的信息相比，具体信息更不容易被记住，且更容易受到相互影响（Alba and Marmorstein, 1987；Biehal and Chakravarti, 1987；Bettman and Sujan, 1987）。信息的可诊断性指信息被用于认知处理和决策判断的有效性程度。某一信息如果与目标决策的相关程度较高，那么该信息在决策判断过程中产生的影响也就会更大，即可诊断性就会越高。个体认为目前已有的信息可以充分用于决策判断，即其可诊断性达到一定程度时，就不会从长期记忆中检索并提取其他信息了（Schuman and Ludwig, 1983）。当存在多个可提取的信息时，由于个体的注意力资源是有限的，如果某一信息的可诊断性足够高，那么相对而言其他信息的可诊断性就会显得更低，甚至可能会被忽略。信息的相对可接近性指相对于其他的信息，某一信息是否更容易被个体所提取。由于存在着干扰效应，如果某一信息的可接近性增加，那么其他信息的可接近性会降低（Feldman and Lynch, 1988；吴剑琳, 2017）。

已有关于可接近性 – 可诊断性理论的研究发现，信息在触达个体后，基于可接近性首先会通过情境直接提供或者从记忆中提取。在此过程中，个体的重要差异，例如个体自上一次激活该信息认知距今的时间间隔、专家知识、初始编码时的动机和目标、关心的焦点、情感（Wyer and Srull, 1986）等，将会造成个体对情境的敏感性不同，从而导致提取的信息不同。此外，信息本身的特征也会影响其可接近性。信息提取时干扰信息越多，提取难度越大（Keller, 1987）。整体评价性信息、抽象概括性信息以及其他高层次的信息一旦经过编码形成之后，个体无须通过回忆之前的编码过程和所涉及的具体细节信息，可以直接将这种信息用于认知评价过程。此外，随着时间的推移，此类信息的变化也不会很大，更容易从记忆中进行提取。以上这些因素都会影响任何先前形成的认知将被用作判断信息而提取的可能性。信息被提取完成后，根据其可诊断性的高低会被用于个体后续的认知评价过程中。如果某一信息与目标决策的关联程度高，对于评价或者决策过程的影响较大，那么在个体感知中该信息的可诊断性也会越高，即更有可能被用于后续的认知评价过程中。在这一过程中，由于可诊断性是由个体主观所感知的，个体的特征因素会影响哪些信息被选择，例如对评价对象的认知、个体的卷入度和责任心等（Lynch et al., 1988）。此外，当认知情境较为模糊或者个体对认知对象缺乏相关知识时，信息的可诊断性也会提高（Zou et al., 2011）。因此，本研究认为，企业发布的产品广告信息如何进入消费者的购买评价过程，也会受信息的可接近性和可诊断性的影响。可接近性越高或者可诊断性越高的信息被用于消费者决策判断的可能性也就越大，对消费者的广告及产品态度及后续购买行为的影响也更大。可接近性 – 可诊断性理论为本研究探究不同的广告信息呈现方式与产品属性的匹配效应及其内在作用机制提供了基础的理论支撑。

13.4　信息流畅性

信息流畅性起源于心理学中对认知的相关研究。认知是个体对刺激线索的获取、处理、储存和提取使用的整个过程（Neisser, 1967；彭解龄和张必隐，2004）。个体通过视觉、听觉、触觉等感官获取外部的刺激线索，成为输入的信息源。信息经过精简、转化等处理后逐渐内化为个体的观念和知识并被存储下来。当遇到新的相关刺激线索时，个体又会经过一系列的转化将内部的观念或知识通过语言或者行为的方式呈现出来，成为信息的输出，从而形成个体对外部刺激的反应。这种从信息的输入到内部存储再到输出的整个过程，即个体认知过程，也被称为信息加工过程（Hilgard, 1980）。在个体对信息进行加工的过程中，信息线索通过激发与其相关的概念能够提升个体对信息的识别，从而使个体对信息的处理过程更为流畅。这种对于客观信息的处理主观感知到的难易程度，就被称为信息流畅性（Novemsky et al., 2007）。当个体付出较少的认知努力，保有较快的处理速度，主观感受到信息处理越容易，则信息流畅性越高（Alter et al., 2009；Winkielman et al., 2003）。例如，字体大小和清晰度会影响消费者对信息认知的流畅性。相较于较小字体和模糊字体，较大字体和清晰字体的信息流畅性更高。当品牌 Logo 残缺且模糊的时候，消费者在识别 Logo 信息时就需要付出更大的认知努力，因此感知到的信息流畅性较低

（Oppenheimer，2009）。相较于复杂的标签，整体颜色、形状和文字均较为单一的标签更能引起消费者的喜欢，因为视觉复杂性高的标签需要消费者在认知过程中付出更多的时间、努力，从而导致消费者对标签信息的加工流畅性降低，降低了其对标签的整体评价和偏好程度（贾佳等，2016）。此外，增加曝光次数，加强消费者对刺激物的熟悉程度也能有效地提升信息流畅性（Miceli et al.，2014）。信息数量也会对信息流畅性产生影响。相较于密集的文字，消费者更容易辨识文字较少的内容，同时表现出更高的偏好（Wang et al.，2015）。

消费者行为领域的研究发现，信息流畅性会对消费者的认知评价和决策行为产生重要影响，这也是本研究的重点。如果消费者在决策过程中能够流畅地对产品或者广告信息进行解读，那么信息的说服力就会增强（Cesario et al.，2004；Cesario and Higgins，2010；Reber et al.，2004），消费者对产品或者广告的态度也会更加积极（Lee and Labroo，2004），也更可能将感知到处理流畅的目标对象作为选择产品（Shapiro，1999）。在信息处理过程中，如果消费者感到对信息的处理较为流畅，则会对认知对象产生积极的态度；如果感到对信息的处理不顺畅，那么对认知对象的积极态度就会减弱（Brennan et al.，2004；Novemsky et al.，2007）。为什么较高的信息流畅性会导致消费者对目标对象产生更高的评价和偏好，因为较高的信息流畅性会给消费者带来积极的主观感受，从而有利于其产生正面的评价（Winkielman and Cacioppo，2001）。在认知过程中，个体首先会直观地感受到刺激对象的难易程度，然后会将认知体验归因于评价过程。例如，个体对刺激对象感知到处理较为容易或者轻松时，会对评价过程产生愉悦体验，然后会归因到对刺激对象本身的愉悦感受，即对目标对象产生偏好。例如，Winkielman等（2015）用生理实验的方法验证了人的面部特征与加工流畅性有相关关系，个体的面部表情会随着加工流畅性的提升而更加愉悦。在对不同复杂程度的消费者网上购物体验的研究中发现，信息的加工流畅性对消费者的愉悦感受确实有着直接影响（Im et al.，2010）。这种流畅性–情绪联结模型（Bornstein and Paul R D'Agostino，1994）反映了个体在信息处理过程中，错误地将信息流畅性的主观体验所带来的积极感受归因于刺激对象，因而提升了对刺激对象的评价。

也就是说，提高信息流畅性会促使个体产生对刺激对象更为有利的评价判断。运用到广告和产品信息呈现领域，已有研究证明提高信息流畅性会对整体产品评价产生积极影响。例如，当产品信息以易于阅读的字体显示时，消费者会更容易地处理产品信息，这会使他们表现出较少的选择延迟（Novemsky et al., 2007）。消费者之前接触过品牌或产品包装也可以提高信息流畅性，从而做出更有利的产品评价（Janiszewski Chris, 1993）。当消费者稍后评估广告产品时，先前对产品广告故事板的曝光也会促使消费者做出更有利的评估（Lee and Labroo, 2004）。

综上所述，本研究认为，消费者在面临企业发布的不同呈现形式的广告信息时，其对信息的认知处理过程也会有所差异，因而信息流畅性及由此引发的广告态度也会不尽相同。通过探究消费者在信息处理过程中信息流畅性的内在作用机制，可以解释企业不同的广告信息发布策略对消费者广告态度的影响。具体而言，Benjamin 和 Bjork（1996）将信息流畅性分为提取流畅性和加工流畅性两种类型。提取流畅性指的是从记忆中检索相关信息时的感知流畅程度，是个体在信息接触过程中生成与目标对象相关联的信息的感知容易程度。提取流畅性越高，消费者付出较少的努力就能获得与目标对象相关的信息，以提升信息的认知和处理效率。Petrova 和 Cialdini（2005）提出了一个类似的观点，即消费形象的流畅性：他们要求研究参与者阅读度假广告，将度假形象化，然后评价其形象化的难易程度。结果表明，当人们观看一个特别指示他们想象的广告（例如，"想象你自己在这里"）并以生动的图片为特征时，消费形象的流畅性要高于没有此类指示的广告或以不那么生动的图片为特征的广告。加工流畅性指的是在处理外界信息时的感知流畅程度，包括个体理解信息并将信息用于决策判断的难易程度。个体为了理解刺激信息，有必要确定事件背后的目标，了解事件可能的结果，并推断事件之间的因果关系。在对叙述性广告的研究中，Chang（2009）发现为了提升多样性和减少无聊，在特定的促销活动中，叙述性广告可能会改变其情节和人物。消费者更难理解不同情节的广告系列，可能是因为他们在努力理解叙述时，会将所描绘的事件与他们现有的叙述表现联系起来。在促销活动中，预先接触过其他广告可能会使特定信息更容易提取，而在同一活动中使用不同特征的新广告则意味着激活的、高度可提取的现有信息会干扰对待定信息的处理。Chang（2009）的研究表明，加工流畅性会影响消费者对广告和品牌的态度。本研究在已有研究的基础上，基于可接近性–可诊断性理论，从提取流畅性和加工流畅性出发，探究不同的广告信息呈现方式对消费者广告态度影响的内在作用机制。

第14章 研究假设

本研究旨在探究广告信息呈现方式和产品属性的匹配效应对消费者广告态度的影响及其内在作用机制。模糊导向和精确导向的信息呈现方式与产品的垂直属性和水平属性之间的匹配效应会影响消费者的广告态度。基于可接近性-可诊断性理论可知，这种影响是通过信息流畅性，具体来说是提取流畅性和加工流畅性来产生作用的。本研究的研究框架如图14-1所示。

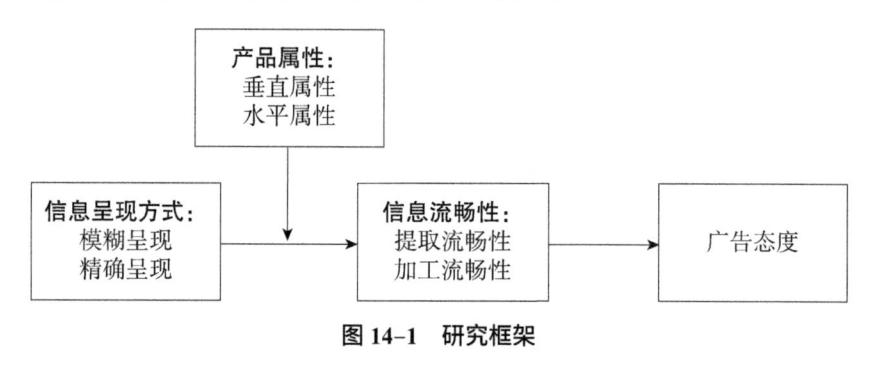

图 14-1 研究框架

14.1 信息呈现方式和产品属性的匹配效应

在广告传播中，信息的呈现方式和传播内容影响着消费者对广告和产品的认知（Petty et al., 1983）。根据信息导向的抽象程度（Kim et al., 2009），广告中产品信息呈现方式可区分为模糊呈现和精确呈现两种类型。其中，模糊导向的信息呈现方式强调个体使用某种产品能够获得的价值以及使用该产品所能达到的最高层次的目的，即主要强调"为什么"（why），表达的是抽象宏观的信息，通常侧重于用抽象的描述方式表达整体评价，弱化对产品细节的精确刻画；精确导向的信息呈现方式则关注产品的可用性（feasibility）方面，即个体如何通过使用该产品达到某个目的，如何通过使用该产品达到其所诉求的价值内容，强调过程和方法，即"如何"（how），表达的是具体的信息，通常侧重于通过明确的产品技术指标、细节特性的呈现来表明产品如何实现价值目标。信息呈现方式的不同会引发消费者信息认知和处理模式的差异。根据可接近性-可诊断性理论，不同属性的信息如何进入消费者的评价过程取决于信息的可接近性和可诊断性。相较于精确导向的信息呈现方式，模糊导向的信息呈现方式表达抽象信息，关注产品的整体评价和目标价值，相关信息更容易从情境或记忆中进行提取（Chattopadhyay，1986），即可接近性更高。与此同时，相较于模糊导向的信息呈现方式，精确导向的信息呈现方式描述的通常为具体信息，关注产品如何实现消费者的价值目标，信息被用于决策判断的作用更加突出，即可诊断性更高。对于同一广告信息，无论是模糊呈现还是精确呈现，均会对消费者态度产生积极影响（纪文波和彭泗清，2011）。然而，在企业资源有限的营销情境中，对于同一产品信息，企业到底应该采用何种信息呈现方式呢？对广告信息呈现方式与内容的现有研究主要从产品类别（黄静等，2016）、消费者个人特质（文思思等，2017）等角度进行了探讨，鲜有从产品本身，例如产品属性特征来进行更为具体的研究。

产品是由一系列的属性组成的（Kim and Chhaje, 2002），由于消费者对不同的产品属性具有不同的偏好评价标准，基于消费者对产品属性的偏好是否具有一致性，产品属性可分为垂直属性和水平属性。具体来说，垂直属性（vertical attributes）是指消费者有着明确的、一致的偏好评价标准的产品属性，一般也可以称为质量属性。水平属性（horizontal attributes）是指消费者没有一致的偏好评价标准的产品属性，通常来说会根据个体的主观感受和个人偏好而有不同的评价标准，也可以称为匹配属性（Kwark et al., 2014）。已有研究指出，垂直属性信息和水平属性信息在消费者的购买评价过程中发挥着不同的作用（黄敏学等，2017）。这是因为，产品信息的垂直属性涉及产品质量和功能利益，消费者对其具有统一的标准，有质量上的高低、好坏偏好标准，例如手机的运行速度等；而产品信息的水平属性涉及消费者偏好的异质性，大多数属于消费者体验型的特征，消费者的偏好标准不一致，例如手机的外观设计等。

　　消费者会选择与其个体水平相匹配的信息来影响自身的判断和决策，即与个体目标、态度以及信息处理方式相匹配的信息，这样的信息也被认为更有影响力（Kim and John, 2008）。产品的垂直属性信息多涉及产品的质量和功能利益，消费者对其具有统一的偏好标准，例如手机的续航时间越长越好、运行速度越快越好等，通常是易于判断的。与此同时，心理学的研究表明，消费者对产品的垂直属性要求呈现出边际递减的特征，也就是说垂直属性上的逐步提升会使消费者的积极反应逐步减弱，尤其是当垂直属性超出消费者的基本需求时（Sela and Berger, 2012）。除此之外，产品的垂直属性属于质量属性，更多涉及相关的产品专业知识，例如手机电池的 mAh 值等。产品广告在传播信息有限的前提下，需要帮助消费者快速形成对产品的态度，以帮助消费者进行后续的评价和决策。因此，根据可接近性–可诊断性理论，针对产品的垂直属性信息，采用抽象和整体评价的模糊呈现更有利于消费者进行快速提取（Lichtenstein and Srull, 1985），形成对产品的整体质量属性感知，即可接近性更高。在消费者预期大部分产品基本的垂直属性能够满足其基本需求时，这种模糊的垂直属性信息呈现有利于消费者完成评价或决策任务。反之，对垂直属性信息采用过于具体化的精确呈现会加大普通消费者的认知难度，增加消费者的认知负荷（丁道群和罗扬眉，2009），导致个体在记忆中难以启动对目标对象的认知和处理，尤其是对目标对象进行有意识的加工处理（Schnotz and Kürchner, 2007）。产品的水平属性信息大多数属于消费者的主观体验，并且水平属性信息通常涉及消费者偏好的异质性，即消费者的偏好标准不一致，例如对于手机的颜色设计，有的消费者偏爱低调的基础色（如黑色、银色等），有的消费者热衷新潮的流行色（如樱粉金、极光色等）。基于消费者偏好异质性的水平属性信息，相对于垂直属性信息会更为丰富，会增加消费者对相关信息的提取（Lynch et al., 1988）。采用精确的信息呈现方式，消费者仍能从记忆中提取相关信息，即相对可接近性更高。此外，精确呈现信息与消费者的判断决策关联程度更高，更有利于消费者对产品信息进行匹配性评价，从而做出购买决策，即在可接近性相对一致的情况下，对水平属性采用精确呈现会使信息的可诊断性更高。反之，模糊的呈现方式会导致消费者难以对其偏好的满足程度进行判断，可诊断性相对较低，从而导致风险意识增加，减弱对广告及产品的积极态度（Petersen and Kumar，2015）。综上所述，本文认为广告的产品属性和信息呈现方式之间存在着匹配效应。因此，本文提出如下假设：

H1：广告中信息呈现方式与产品属性的匹配效应正向影响消费者的广告态度。

H1a：相较于产品的水平属性信息，对垂直属性信息采用模糊呈现方式，能让消费者产生更积极的广告态度。

H1b：相较于产品的垂直属性信息，对水平属性信息采用精确呈现方式，能让消费者产生更积极的广告态度。

14.2 信息流畅性的中介机制

信息流畅性是指当从外界刺激物中获取客观信息时，个体主观所感知到的信息认知的难易程度（Reber et al.，1998）。通常来说，信息流畅性越高，人们在处理信息时更容易获取和理解（Novemsky et al.，2007）。Benjamin和Bjork（1996）将信息流畅性分为提取流畅性和加工流畅性两种类型。具体来说，提取流畅性指的是从记忆中检索并提取相关信息时的感知流畅程度，是个体在信息接触过程中生成与目标对象相关联的信息的感知容易程度；加工流畅性指的是在处理外界信息时的感知流畅程度，包括个体在理解信息并将信息用于决策判断的难易程度。结合可接近性 – 可诊断性理论，信息的可接近性越高，其越容易从情境或回忆中被提取出来，则其提取流畅性越高；信息的可诊断性越高，其与决策的相关程度越高，用于决策判断时的作用越大，更有利于个体对外界信息进行加工处理，则其加工流畅性越高。根据流畅性 – 情绪联结模型，个体在信息处理过程中，高流畅性会为个体带来积极的情绪体验，这种积极的情绪体验被用于后续的认知评价过程中，个体会将这种积极的情绪体验归因于目标对象，从而使个体对目标对象产生积极的认知评价（Lee and Labroo，2004；Winkielman et al.，2003）。

已有研究表明，广告信息的匹配性会让消费者在处理信息时感到流畅性更高（Cho，2006）。一般来说，感知流畅性越高，消费者的行为和态度越积极，如消费者的购买意愿更强、对品牌评价更高、对产品的熟悉度更高等（Nenkov et al.，2014）。在本研究中，当产品属性与信息呈现方式的匹配程度较高时，消费者就会感知到较高的信息流畅性，并由此产生积极的主观感受。消费者会错误地认为这种积极的主观感受是由广告所引起的，因而会对广告及广告产品产生积极的认知评价。

具体而言，对于产品的垂直属性信息，消费者有着明确且一致的评价标准，模糊导向的信息呈现方式强调产品的价值所在，是一种渴望性（desirability）目标，这种整体、抽象的信息认知过程容易启动消费者的整体思维（McCrea et al.，2012）。整体思维下，消费者关注事物之间的相似性，认为具体信息反而会加重认知负担，造成选择障碍（Goodman and Malkoc，2012）。因此消费者更倾向于使用强调速度的探索性信息加工方式，即消费者更倾向于从已有经验记忆中提取相关信息来形成对产品的认知和判断，对信息的可接近性需求更高。例如，对于手机的电池续航这一垂直属性，相较于精确的信息呈现（如小米 Max 3：5500mAh 大容量电池，支持快充 3.0，并行充电效率更高，标配 9V / 2A 18W 快充，够不够满足你？），模糊的信息呈现（如红米 Note 4X：不插电导航，你的手机能带你走多远？这次，我们带着 4100 mAh 超大电量的红米 Note 4X，在台湾省环绕了一圈，猜猜最后还有多少电？）更容易引发消费者的感知联想，使消费者对信息的提取更为流畅。过于具体化的产品信息反而增加了消费者的认知负荷（丁道群和罗扬眉，2009），导致个体在记忆中难以启动对目标对象的认知和处理，尤其是对目标对象进行有意识的加工处理（Schnotz and Kürchner，2007），阻碍了消费者对信息处理的流畅感知。

对于产品的水平属性信息，消费者没有统一的偏好标准，精确导向的信息呈现方式主要强调产品的可用性（feasibility），容易启动消费者的局部思维。局部思维下，消费者更关注事物之间的相异性，更倾向于使用谨慎的信息加工方式，并且更加强调准确，即消费者更倾向于对产品信息进行系统加工，帮助其进行产品判断和购买决策。例如对于手机的外观颜色这一水平属性，相较于模糊的信息呈现（如小米 5X：高颜值设计，圆润的弧形腰线，恰好贴合掌心。经典三色，选哪款都惊艳！），精确的信息呈现（如红米 Note 4X：让每个人都能找到属于自己的颜色。①初音未来"专属配色"，对未来充满期待；②"樱花粉"，如此美好；③"香槟金"，不浓不烈；④"铂银灰"，大方时尚）为消费者提供了更为详尽的可用性信息来帮助其进行购买决策，信息的可诊断性更高。消费者对信息进行处理时感知到的加工流畅程度越高，则其广告态度越积极。综上所述，本研究提出如下假设：

H2：信息呈现方式与产品属性的匹配效应是通过影响消费者的信息流畅性影响其广告态度。

H2a：对于垂直属性信息，模糊呈现方式通过提升消费者的提取流畅性正向影响其广告态度。

H2b：对于水平属性信息，精确呈现方式通过提升消费者的加工流畅性正向影响其广告态度。

第 15 章　实证部分

15.1　预研究

预研究基于真实的二手数据，收集企业在微博中发布的广告文本信息及互动数据（包括点赞量、评论量、转发量等）。通过对文本信息编码以识别信息呈现方式和产品属性，初步探究其匹配效应对用户互动行为的影响，为本研究提供二手数据的支持。

15.1.1　数据收集

针对广告信息的呈现方式和产品属性，本研究选用微博作为研究的数据来源。在考虑产品对象时，本研究以智能手机作为二手数据研究对象，主要是出于如下考虑：一是从消费者角度来看，智能手机作为消费者日常生活中接触频繁的必需品，消费者对其熟悉程度较高，将其作为研究对象，便于后续继续通过场景实验的方法对本研究的研究问题进行深入探究；二是从企业角度来看，智能手机市场稳步发展且竞争日趋激烈，企业在广告传播中的营销投入不容忽视，本研究以智能手机为研究对象对于企业在营销实践中的广告发布策略有着积极的现实意义；三是从智能手机本身角度来看，智能手机这一产品具有明显的垂直属性和水平属性，契合本研究的研究主题，便于对产品属性进行区分。在考虑具体的智能手机品牌时，本研究选取了 2018 年上半年手机销量前 5 位的品牌，分别为华为、vivo、Apple、OPPO 和小米。在对各品牌的微博信息和互动数据进行初步筛选后，最终确定"小米手机"作为本研究的研究对象，因为小米手机的微博信息中涉及产品信息的博文较多，且消费者互动总体更为活跃，为本研究的二手数据研究提供了客观基础。为了保证二手数据的数据量和稳定性，我们抓取了"小米手机"在2016年1月1日—2017年12月31日期间发布的所有涉及产品信息描述的博文，合计153条，包括微博内容、发布时间、转发量、评论量、点赞量等数据。已有研究表明，消费者的互动行为与广告态度之间存在显著正相关关系（Lee，2007），因此本文以转发、评论和点赞3类互动行为间接佐证信息呈现方式和产品属性的匹配程度对广告态度的积极影响。

首先由4名营销专业的研究生组成研究小组，研究小组通过文本分析与编码的方式对抓取的博文进行分类，将所有的博文按照信息呈现方式（模糊呈现/精确呈现）和产品属性（垂直属性/水平属性）进行分类，对其中涉及多种产品属性或者对内容分类争议较大的博文进行剔除。随后邀请2名营销专业的研究生对初步分类编码后的博文进行二次编码，最终确定了筛选后的博文所对应的信息呈现方式和产品属性。

根据对样本分类的描述性统计分析结果，本研究最终共保留了80条手机产品信息博文。具体来说，在描述手机产品垂直属性的博文中，有24条博文采用了精确的信息呈现方式，有22条博文采用的是模糊的信息呈现方式；在描述手机产品水平属性的博文中，有16条博文采用了精确的信息呈现方式，有18条博文采用的是模糊的信息呈现方式。产品属性和信息呈现方式的匹配数量统计如表15-1所示。

表15-1 产品属性和信息呈现方式的匹配数量

产品属性	信息呈现方式	代表博文数量
垂直属性	精确呈现	24
垂直属性	模糊呈现	22
水平属性	精确呈现	16
水平属性	模糊呈现	18

表15-2中列举了部分博文，代表了手机产品信息博文中信息呈现方式（精确呈现/模糊呈现）和产品属性（水平属性/垂直属性）的匹配内容。

表 15-2 博文示例

产品	信息呈现方式	产品属性	微博内容
小米 MIX 2	精确呈现	垂直属性	【#小米 MIX 2#，通话与商务体验的进化】① 导音式微型听筒设计，通话音质更好；② LTE 4 路天线技术，增强 4G 接收能力和网络稳定性，网速提升高达 100%；③ 支持 6 模 43 频全球频段，沙漠中的金字塔也有信号；④ 专业录音笔技术，双 ADC 高清录音，远处、近处每个字都清晰
红米 Note 4X	精确呈现	水平属性	【多彩金属#红米 Note 4X# 2.14 情人节首发】让每个人都能找到属于自己的颜色。①初音未来"专属配色"，对未来充满期待；②"樱花粉"，如此美好；③"香槟金"，不浓不烈；④"铂银灰"，大方时尚
小米 5	模糊呈现	垂直属性	如果说处理器是手机的"大脑"，那么屏幕应该就是手机的"门面"。#小米 5#多达 6 种屏幕科技，打破「高饱和度难以做高亮度」定律，进一步改善画质，带来更鲜艳、通透的观看体验
小米 Note 2	模糊呈现	水平属性	#梁朝伟#说，小米 Note 2 就像他的电影，一面《一代宗师》，一面《花样年华》。一组工艺美图奉上

15.1.2 数据分析

为了检验信息呈现方式和产品属性的交互作用，本研究将所有的样本博文分为了垂直属性 × 精确呈现、垂直属性 × 模糊呈现、水平属性 × 精确呈现和水平属性 × 模糊呈现 4 组，并选择博文的转发量、评论量和点赞量作为结果指标，进行分组的均值效应分析，结果如图 15-1 所示。结果表明，对于垂直属性信息，模糊呈现的转发量 [$M_{精确}$ = 168.375 < $M_{模糊}$ = 636.318，$F(1, 46)$ = 4.08，p = 0.0496]、评论量 [$M_{精确}$ = 305.333 < $M_{模糊}$ = 429.727，$F(1, 46)$ = 4.119，p = 0.0485] 和点赞量 [$M_{精确}$ = 644.708 < $M_{模糊}$ = 916，$F(1, 46)$ = 7.995，p = 0.007] 均显著高于精确呈现；对于水平属性信息，精确呈现的转发量 [$M_{精确}$ = 535.188 > $M_{模糊}$ = 179.889，$F(1, 34)$ = 5.502，p = 0.025]、评论量 [$M_{精确}$ = 786.625 > $M_{模糊}$ = 356.889，$F(1, 34)$ = 4.493，p = 0.0419] 和点赞量 [$M_{精确}$ = 1065.75 >

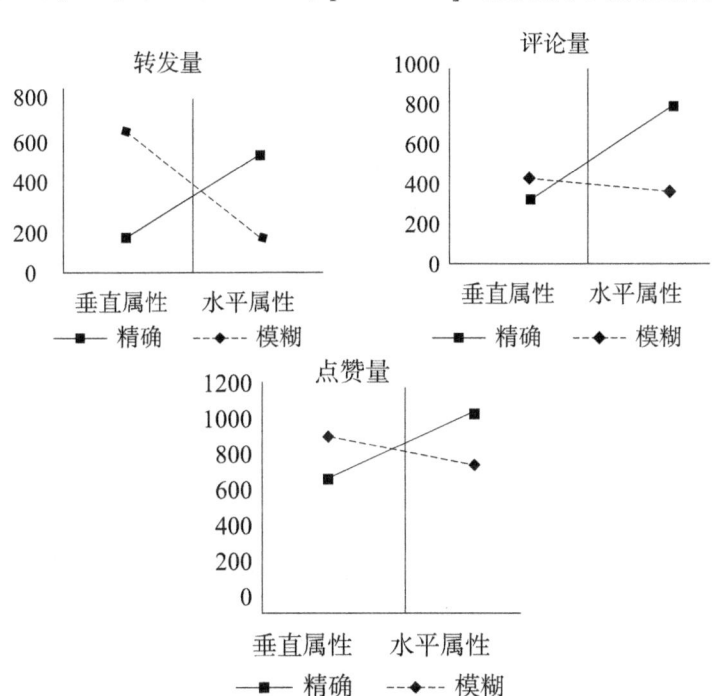

$M_{模糊} = 737.889$，$F(1，34) = 5.934$，$p = 0.0206$]均显著高于模糊呈现。

图15-1　信息呈现方式和产品属性的交互作用

15.1.3　结果讨论

本研究通过微博二手数据的分析发现，无论是博文的转发量、评论量还是点赞量，对水平属性信息采用精确呈现的博文的各项数据均显著高于采用模糊呈现的博文，对垂直属性信息采用模糊呈现的博文的各项数据均显著高于采用精确呈现的博文。也就是说，对于产品的水平属性信息，采用精确的信息呈现方式更能引起消费者的积极互动行为；对于产品的垂直属性信息，采用模糊的信息呈现方式更能引发消费者的积极互动行为。本研究初步验证了信息呈现方式和产品属性的交互作用，通过二手数据分析初步证明了假设H1、H1a和H1b。但是二手数据分析也存在一定的局限性，例如二手数据分析中选用的转发量、评论量和点赞量无法完全衡量消费者对博文的态度，即消费者的广告态度。因此，接下来将通过情景实验进一步探讨信息呈现方式和产品属性的匹配效应及其内在作用机制，以验证结果的稳健性。

15.2 实验一

预研究通过微博的二手数据分析初步验证了广告信息呈现方式和产品属性的匹配效应，即对于产品的垂直属性信息采用模糊的呈现方式，对于产品的水平属性信息采用精确的呈现方式，其互动效果会更为积极。本研究主要通过情景实验的方法，在重复检验预研究结果的基础上，进一步探讨信息流畅性的中介机制。

15.2.1 研究设计与数据收集

本研究采用2（信息呈现方式：模糊呈现/精确呈现）×2（产品属性：水平属性/垂直属性）的组间因子设计，通过网络问卷平台发放120份实验问卷，参与者被随机分配到上述4种情境中。在对未按照实验说明完成、不符合实验要求的9位参与者进行删除之后，有效样本量为111人，其中男性占比41.44%，女性占比58.56%；18~25岁占比67.57%，26~30岁占比17.12%，31~35岁占比15.31%；本科生占比42.34%，研究生占比54.05%，博士生占比3.61%。

本研究选取智能手机为实验刺激物，主要有以下3个方面的原因：①智能手机是日常生活必备品，被试对其熟悉程度较高，对其广告信息的理解程度较高；②被试选购智能手机时对广告信息比较重视，更能契合企业的营销实践；③智能手机是搜索品，垂直属性和水平属性较多且这两类属性有着明显区别，便于通过情景实验对垂直属性和水平属性进行操控。参考黄敏学等（2017）的研究，外观设计偏好因为个体的差异而不一致，而摄影功能有着明显的高低、好坏之别。本研究分别选取外观设计和摄影功能代表手机产品的水平属性和垂直属性。

实验采用假想场景，假定参与者需要购买一款智能手机，"您的手机已经用了好长一段时间，外观设计（摄影功能）完全无法满足您的需求，现在您正考虑购买一部新手机。浏览了很多手机产品的信息，您中意了其中一款手机，该手机的广告信息如下所示（鉴于篇幅有限，仅随机截取其中一部分）"。不同组的参与者看到的手机产品信息存在差异，通过不同的广告标题和内容来操控产品信息呈现方式（Förster and Dannenberg，2010；纪文波和彭泗清，2011）。在模糊呈现方式中，广告标题突出"为何"（Why），内容是有关外观设计（摄影功能）的整体体验和艺术价值；在精确呈现方式中，广告标题突出"如何"（How），内容是有关如何达成外观设计（摄影功能）的具体参数和实现过程。4组广告文案均改编自购物平台上新款手机的产品信息描述。为了降低产品品牌等因素对消费者态度和行为可能造成的影响，本研究隐去了产品品牌和图片等广告信息，如图15-2和图15-3所示，见附录3"实验一：实验材料"。

#创造着艺术，为何成就艺术本身#	#手机摄影，为何艺术不凡#
设计师从光中汲取灵感，将结构色 融于设计语言 不经意间，便会在这纤薄方寸间流连忘返 全新工艺，多色可选让你一眼就 沉醉的艺术佳品	搭载新一代徕卡双镜头和AI芯片 停留刹那美好，捕捉灵感之美 由你随心诠释，赋予你无尽的创作空间 只需轻点指尖，就能用你独特的视角记录世界

图15-2　模糊呈现广告（水平属性/垂直属性）

#创造着艺术，如何成就艺术本身#	#手机摄影，如何艺术不凡#
变色极光镀膜工艺，36个光色检测面 19∶9新全面屏，百级无尘车间 极光蓝、香槟金、樱花粉、幻夜黑 让你一眼就沉醉的艺术佳品	搭载前后2000万像素和4D预测追焦 1.55μm大像素尺寸传感器，$f/1.8+f/1.6$大光圈 智能识别22类标签和500多种场景 只需轻点指尖，就能用你独特的视角记录世界

图15-3　精确呈现广告（水平属性/垂直属性）

随后，参与者回答了对产品信息的提取流畅性感知和加工流畅性感知，填写了对产品信息描述的模糊和精确程度的感知（"我觉得这款产品信息的描述是模糊的/精确的"，1=非常不同意，7=非常同意），作为操控检验（见附录3）。

15.2.2　数据分析

（1）操控检验：操控检验结果发现，产品信息的模糊呈现和精确呈现存在显著差异。模糊呈现广告分组中，参与者感知广告信息描述的模糊程度显著

较高 [$M_{模糊}$=5.30，SD=1.36；$M_{精确}$=2.69，SD=1.37；$F(1,111)$=101.41，$p<0.001$]；精确呈现广告分组中，参与者感知广告信息描述的精确程度显著较高 [$M_{模糊}$=2.70，SD=1.35；$M_{精确}$=4.87，SD=1.36；$F(1,111)=70.24$，$p<0.001$]。与此同时，相较于精确呈现的广告信息，参与者认为模糊呈现的广告信息更加强调价值与目标 [$M_{模糊}$=5.36，SD=1.32；$M_{精确}$=3.98，SD=1.31；$F(1,111)$=28.82，$p<0.001$]；相较于模糊呈现的广告信息，参与者认为精确呈现的广告信息更加强调过程和行为 [$M_{精确}$=4.80，SD=1.86；$M_{模糊}$=3.95，SD=1.53；$F(1,111)=6.85$，$p<0.05$]。因此，本文对于两种信息呈现方式的操控是成功的。

（2）产品属性对信息呈现方式的调节效应：为了验证产品属性和信息呈现方式的匹配效应对广告态度的影响，用单因素 F 检验的方法来进行检验，将"产品属性"和"信息呈现方式"作为固定因子，以"广告态度"作为因变量，数据分析结果 如表 15-3 所示。数据分析结果表明，产品属性和信息呈现方式的交互效应显著 [调整后 $R^2=0.244$，$F(1,111)=37.72$，$p<0.001$]。对于产品的水平属性信息，精确呈现方式对广告态度的影响显著高于模糊呈现方式（$M_{精确}$=5.08，SD=1.10；$M_{模糊}$=3.59，SD=1.45；$p<0.001$）；对于产品的垂直属性信息，模糊呈现方式对广告态度的影响显著高于精确呈现方式（$M_{模糊}$=5.13，SD=1.70；$M_{精确}$=3.33，SD=1.28；$p<0.001$），如图 15-4 所示。综上所述，假设 H1、H1a 和 H1b 得到验证。

表 15-3　信息呈现方式和产品属性的匹配效应对广告态度的影响

来源	III类平方和	自由度	均方	F	显著性
修正模型	76.397^a	3	25.466	12.862	<0.001
截距	2025.127	1	2025.127	1022.829	<0.001
产品属性	0.324	1	0.324	0.164	0.687
信息呈现方式	0.649	1	0.649	0.328	0.568
产品属性×信息呈现方式	74.683	1	74.683	37.720	<0.001
误差	211.852	107	1.980		

续表

来　源	III类平方和	自由度	均　方	F	显著性
总计	2285.374	111			
修正后总计	288.249	110			

注：a 表示 $R^2 = 0.265$（调整后 $R^2 = 0.244$）。

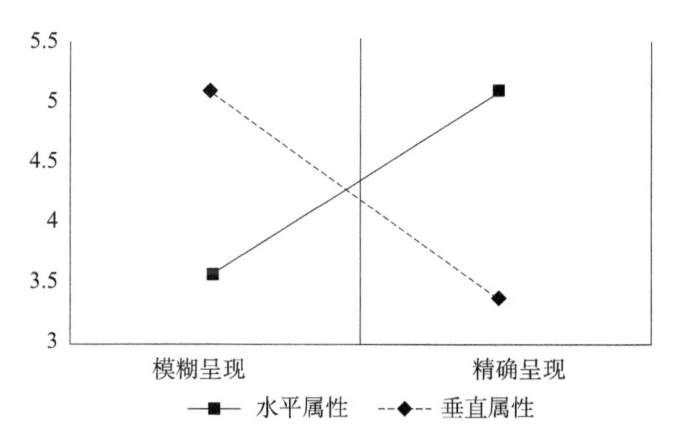

图 15-4　信息呈现方式和产品属性的匹配效应对广告态度的影响

（3）中介效应检验：本研究采用温忠麟等（2004）的方法进行回归分析来检验中介效应，随后利用 Process 插件中的 Bootstrap 程序再次对中介效应进行分析检验（Zhao et al., 2010；Hayes，2013）。

① 提取流畅性的中介效应检验：首先，用模糊信息呈现、产品属性、模糊信息呈现 × 产品属性对广告态度进行回归分析，得出模糊信息呈现 × 产品属性系数显著（$\beta = -0.671$，$p < 0.05$）；其次，用模糊信息呈现、产品属性、模糊信息呈现 × 产品属性对提取流畅性和加工流畅性分别进行回归分析，发现模糊信息呈现 × 产品属性对提取流畅性的系数显著（$\beta = 0.738$，$p < 0.05$），模糊信息呈现 × 产品属性对加工流畅性的系数不显著（$\beta = 0.032$，$p > 0.05$），根据温忠麟等（2004）的中介检验程序，表明加工流畅性在该模型中的中介效应不存在，在后续分析中未对加工流畅性进行进一步的分析和呈现；最后，用模糊信息呈现、产品属性、模糊信息呈现 × 产品属性和提取流畅性对广告态度进行回归分析，

得出提取流畅性与广告态度正相关（$\beta = 0.258$，$p < 0.05$），在模糊信息呈现与产品属性交互影响广告态度的过程中起到部分中介作用，如表15-4所示。

表15-4 提取流畅性的中介效应检验结果

变　量	模型1 广告态度	模型2 提取流畅性	模型3 加工流畅性	模型4 广告态度
模糊信息呈现	−0.305	−0.558*	−0.593**	−0.162
产品属性	0.862**	−0.304	0.078	0.941**
模糊信息呈现 × 产品属性	−0.671*	0.738*	0.032	−0.861**
提取流畅性				0.258*
调整后的 R^2	0.583	0.325	0.363	0.620

注：* 表示 $p < 0.05$，** 表示 $p < 0.01$，*** 表示 $p < 0.001$。

接着，本研究采用Process插件中的Bootstrap分析，将重复抽取的样本数设置为5000，置信度设置为95%（Hayes，2009），如果0不包含在置信区间内，说明提取流畅性在产品属性和信息呈现方式对广告态度的影响过程中起到中介作用。分析结果进一步显示，有调节效应的中介效应的区间不包括0（LLCL = 0.0587，ULCL = 0.2928），表明提取流畅性的中介效应存在。

② 加工流畅性的中介效应检验：首先，用精确信息呈现、产品属性、精确信息呈现 × 产品属性对广告态度进行回归分析，得出精确信息呈现 × 产品属性系数显著（$\beta = 0.875$，$p < 0.001$）；其次，用精确信息呈现、产品属性、精确信息呈现 × 产品属性对提取流畅性和加工流畅性分别进行回归分析，发现精确信息呈现 × 产品属性对提取流畅性（$\beta = 0.678$，$p < 0.05$）和加工流畅性（$\beta = 0.626$，$p < 0.05$）的系数均显著；最后，用精确信息呈现、产品属性、精确信息呈现 × 产品属性、提取流畅性和加工流畅性对广告态度进行回归分析，得出加工流畅性与广告态度正相关（$\beta = 0.295$，$p < 0.01$），在精确信息呈现与产品属性交互影响广告态度的过程中起到部分中介作用，如表15-5所示。

表 15-5　加工流畅性的中介效应检验结果

变量	模型 1 广告态度	模型 2 提取流畅性	模型 3 加工流畅性	模型 4 广告态度	模型 5 广告态度
精确信息呈现	−0.154	−0.352*	−0.068	−0.080	−0.134
产品属性	−1.326***	−0.905**	0.950***	−1.137***	−1.046***
精确信息呈现 × 产品属性	0.875***	0.678*	0.626*	0.734**	0.691**
提取流畅性				0.209	
加工流畅性					0.295**
调整后的 R^2	0.486	0.238	0.219	0.510	0.545

注：* 表示 $p < 0.05$，** 表示 $p < 0.01$，*** 表示 $p < 0.001$。

接着，本研究采用 Process 插件中的 Bootstrap 分析，将重复抽取的样本数设置为 5000，置信度设置为 95%（Hayes，2009），如果 0 不包含在置信区间内，说明加工流畅性在产品属性和信息呈现方式对广告态度的影响过程中起到了中介作用。分析结果进一步显示，有调节效应的中介效应的区间不包括 0（LLCL = −0.1731，ULCL = −0.0033），表明加工流畅性的中介效应存在。综上所述，假设 H2、H2a 和 H2b 得到验证。

15.2.3　结果讨论

实验一再次验证了，信息呈现方式和产品属性之间存在着匹配效应：对于垂直属性信息，模糊呈现相较于精确呈现更能引发消费者积极的广告态度；对于水平属性信息，精确呈现相较于模糊呈现更能引发消费者积极的广告态度。产品属性对信息呈现方式与广告态度间的调节作用显著，因此研究结果支持假设 H1、H1a 和 H1b。

在此基础上，实验一还验证了信息流畅性的中介机制，结果表明：对于垂直属性信息，提取流畅性是模糊信息呈现方式对广告态度的中介变量信息；对于水平属性，加工流畅性起中介作用。因此研究结果支持假设 H2、H2a 和 H2b。综上所述，本研究提出的研究假设均得到验证。

15.3　实验二

预研究和实验一通过二手数据分析和场景试验（搜索品：智能手机）验证了信息呈现方式和产品属性的匹配效应对消费者广告态度的影响，且这种影响是通过信息流畅性作为中介的。为了消除产品类型的差异对研究结果的影响，本研究通过场景实验的方法，选取餐饮美食这一体验品作为实验刺激物，进一步提高广告传播中信息呈现方式和产品属性的匹配效应及其中介作用机制的稳定性和适用性。

15.3.1　实验前测

在研究信息呈现方式和产品属性的匹配效应时，不同产品类型可能对研究结果造成不容忽视的差异影响。产品通常可以分为搜索品和体验品。具体来说，搜索品指的是在购买决策之前消费者能够通过信息来对产品的质量进行判断评价的产品，例如智能手机等；体验品指的是在购买决策之前消费者无法判断，需要购买或者体验之后才能对产品的质量进行判断评价的产品，例如餐饮美食等（Nelson，1970）。本研究以餐饮美食为实验刺激物，主要基于以下 3 点考虑：①有别于实验一中的智能手机（搜索品），不同类型的产品可以剔除产品类型可能对实验结果造成的影响，使本研究假设的论证更为可靠；②餐饮美食作为体验品，广告信息是影响消费者广告态度和购买决策的重要因素；③餐饮美食同样包含明显的水平属性和垂直属性，有利于验证产品属性的调节作用。

首先，我们从某美食推荐类 App 中选取了排名前 10 位的餐饮美食类型，分别是小吃快餐、火锅、自助餐、饮品、烧烤、川菜、面包甜点、西餐、韩国料理、水果生鲜。其次，我们通过随机编码形成餐饮美食偏好程度排序问卷，由 50 位随机被试从中选出偏好排名前 3 位的餐饮美食类型，按照被选类型的频次，最终确定了本次实验的刺激物为火锅（$P=40$）。参考黄敏学等（2017）的研究，口味和菜品偏好因个人的差异而不一致，而环境和服务则是有高低和好坏之分的。因此本文选取火锅作为实验刺激物，口味和菜品代表水平属性，环境和服务代表垂直属性。

15.3.2 研究设计与数据收集

本实验采用2（信息呈现方式：模糊呈现/精确呈现）×2（产品属性：水平属性/垂直属性）的组间因子设计。240名被试参与了实验，参与者被随机分配到上述4种情境中。在剔除没有按照实验说明完成实验的17位参与者之后，有效样本量为223人，其中男性占比51.6%，女性占比48.4%；18~25岁占比43.5%，26~30岁占比34.5%，30岁以上占比22.0%；占比前3位的职业分别为销售人员（占比30.9%），市场/公关人员（占比27.8%），全日制学生（占比22.0%）。

实验采用假想场景，假定参与者正考虑外出就餐，在某美食推荐类App上搜索美食信息，"您现在肚子很饿，正准备外出用餐，天气很冷，您今天特别想吃火锅。在某美食推荐类App上，您浏览了很多火锅店的信息，突然看到了一家名为'恰顿'的火锅店。恰顿火锅是一家大型跨省直营餐饮品牌火锅店，口味地道、菜品丰富、环境整洁、服务周到。您看到的该火锅店的广告信息如下所示（鉴于篇幅有限，仅随机截取其中一部分）"。不同组的参与者看到的火锅店广告信息存在差异，同样通过不同的广告标题和内容来操控产品信息呈现方式。在模糊呈现方式中，广告标题突出"为何"（Why），内容是有关口味和菜品（环境和服务）的整体描述和体验；在精确呈现方式中，广告标题突出"如何"（How），内容是有关如何实现描述中口味和菜品（环境和服务）的具体细节过程。4组广告文案均改编自某火锅店的广告信息描述。为了降低产品品牌等因素对消费者态度和行为可能造成的影响，本研究均隐去了产品品牌和图片等广告信息，如图15-5和图15-6所示，见附录3"实验二：实验材料"。

```
#恰顿火锅，为何让生活更美好#
   三大招牌锅底，满足你的专属品味
   丰富食材，匠心品质，想吃啥就吃啥
   舌尖味蕾的奇幻旅程，一锅遍尝极致美味
   生活再累，没有什么是恰顿火锅不能解决的
```

```
#恰顿火锅，为何让生活更美好#
   温馨柔和的灯光，分隔出专属于您的用餐空间
   整洁明净的餐桌，精心摆放的餐具
   专业服务人员随侍左右，为您带来家人般的关怀
   我们不仅填满您的胃，也温暖您的心
```

图15-5 模糊呈现广告（水平属性/垂直属性）

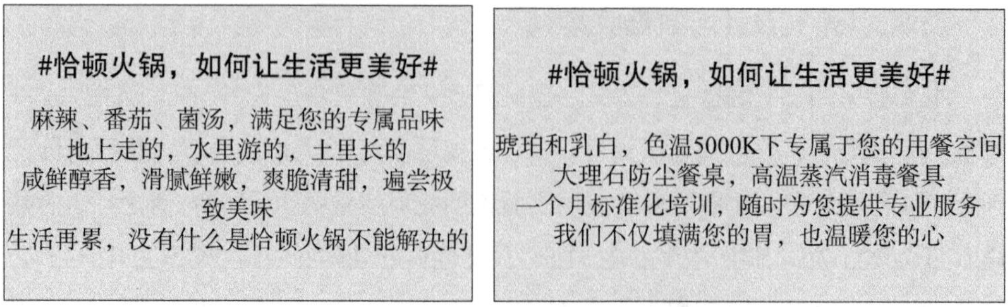

```
#恰顿火锅，如何让生活更美好#
麻辣、番茄、菌汤，满足您的专属品味
地上走的，水里游的，土里长的
咸鲜醇香、滑腻鲜嫩、爽脆清甜，遍尝极
致美味
生活再累，没有什么是恰顿火锅不能解决的
```

```
#恰顿火锅，如何让生活更美好#
琥珀和乳白，色温5000K下专属于您的用餐空间
大理石防尘餐桌，高温蒸汽消毒餐具
一个月标准化培训，随时为您提供专业服务
我们不仅填满您的胃，也温暖您的心
```

图 15-6　精确呈现广告（水平属性/垂直属性）

随后，参与者回答了关于广告信息的提取流畅性和加工流畅性感知，填写了对于该广告信息描述的精确程度感知（1表示模糊的，7表示精确的），作为操控检验（见附录3）。

15.3.3　数据分析

（1）操控检验：操控检验结果发现，产品信息的模糊呈现和精确呈现存在显著差异。模糊呈现广告的参与者感知到广告信息的精确程度显著低于精确呈现广告 [$M_{模糊}$=3.16, SD=1.47; $M_{精确}$=5.64, SD=1.25; $F(1, 223)$=4.775, $p < 0.05$]。因此，本文对于模糊呈现和精确呈现这两种信息呈现方式的操控是成功的。

（2）产品属性对信息呈现方式的调节效应：为了验证产品属性和信息呈现方式的匹配效应对广告态度的影响，用单因素 F 检验的方法来检验调节效应，将"产品属性"和"信息呈现方式"作为固定因子，以"广告态度"作为因变量，数据分析结果如表15-6所示。分析结果表明，产品属性和信息呈现方式的交互效应显著 [调整后 R^2 = 0.176, $F(1, 223)$ = 48.425, $p < 0.001$]。对于产品的水平属性信息，精确呈现方式对广告态度的影响显著高于模糊呈现方式（$M_{精确}$ = 4.38, SD =1.31; $M_{模糊}$ = 3.40, SD = 1.00; $p < 0.05$）；对于产品的垂直属性信息，模糊呈现方式对广告态度的影响显著高于精确呈现方式（$M_{模糊}$ = 4.26, SD =1.33; $M_{精确}$ = 3.06, SD = 0.95; $p < 0.05$），如图15-7所示。综上所述，假设H1、H1a 和 H1b 得到验证。

表 15-6 信息呈现方式和产品属性的匹配效应对广告态度的影响

来源	III类平方和	自由度	均方	F	显著性
修正模型	68.456^a	3	22.819	16.806	<0.001
截距	3171.013	1	3171.013	2335.509	<0.001
产品属性	2.853	1	2.853	2.101	0.149
信息呈现方式	0.723	1	0.723	0.532	0.466
产品属性 × 信息呈现方式	65.748	1	65.748	48.425	<0.001
误差	297.345	219	1.358		
总计	3565.813	223			
修正后总计	365.801	222			

注：a 表示 $R^2 = 0.187$（调整后 $R^2 = 0.176$）。

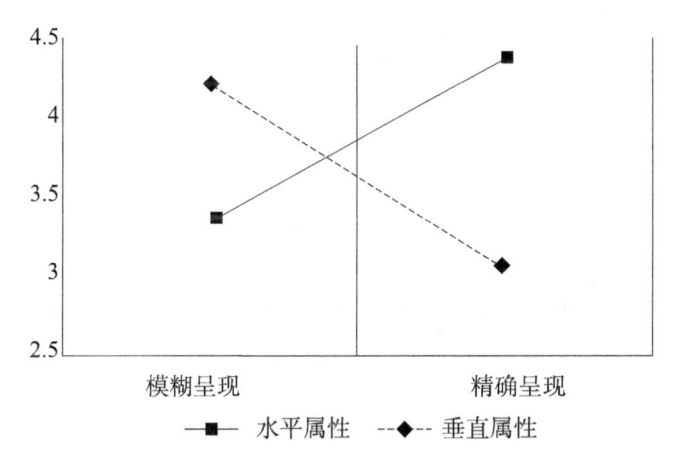

图 15-7 信息呈现方式和产品属性的匹配效应对广告态度的影响

（3）中介效应检验：本研究借鉴 Zhao 等（2010）提出的中介效应检验方法，使用 Process 插件中的 Bootstrap 程序，选择模型 8，样本量选择 5000。提取流畅性和加工流畅性的中介效应检验分别如图 15-8 和图 15-9 所示。当产品属性为垂直属性时，提取流畅性的间接效应为 −0.0417（95%CI: LICI = −0.0930，ULCI = −0.0060），区间不包含 0，说明间接效应显著，即对于产品的垂直属性，提取流畅性起中介作用，而加工流畅性不显著。当产品属性为水平属性时，加工流畅性的间接效应为 −0.0445（95%CI: LICI = 0.0112，ULCI = 0.0885），区间不包含 0，说明间接效应显著,即对于产品的水平属性,加工流畅性起中介作用,而提取流畅性不显著。综上所述,假设 H2、H2a 和 H2b 得到验证。

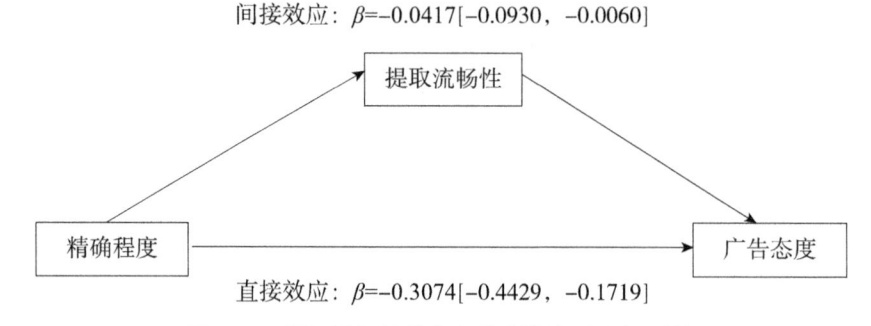

间接效应:$\beta=-0.0417[-0.0930,-0.0060]$

直接效应:$\beta=-0.3074[-0.4429,-0.1719]$

图 15-8　提取流畅性的中介效应检验(垂直属性)

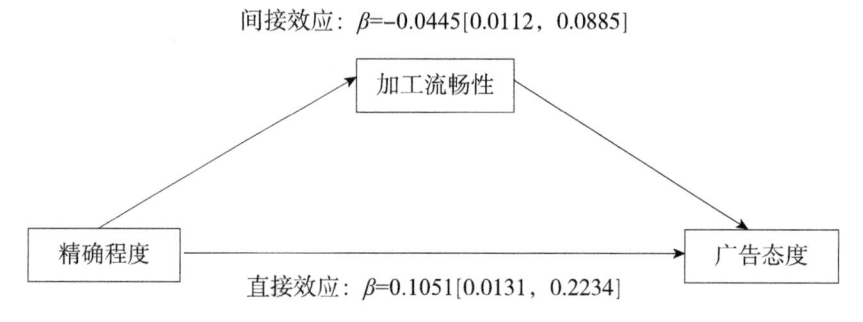

间接效应:$\beta=-0.0445[0.0112,0.0885]$

直接效应:$\beta=0.1051[0.0131,0.2234]$

图 15-9　加工流畅性的中介效应检验(水平属性)

15.3.4　结果讨论

实验二再次验证了信息呈现方式和产品属性之间的匹配效应及其中介作用机制。具体来说,对于垂直属性信息,采用模糊呈现方式可以提高消费者的提取流畅性,进而积极影响广告态度;对于水平属性信息,采用精确呈现方式可以提高消费者的加工流畅性,从而积极影响广告态度。至此,本研究提出的研究假设均得到验证。此外,实验二通过选取火锅这一体验品作为实验刺激物,消除了不同产品类型可能会对实验结果造成的影响,提高了本文研究结果的稳定性。

第16章 结 论

16.1 结果讨论

广告作为企业重要的营销传播途径，广告信息的呈现形式和传播内容对于广告效果的影响至关重要。以往研究从不同角度探讨了与广告信息描述相匹配的变量，但忽略了产品本身的属性。本文基于可接近性—可诊断性理论，以产品属性为切入点，探讨了信息呈现方式（模糊呈现和精确呈现）和产品属性（垂直属性和水平属性）的匹配效应对广告态度的影响及其内在作用机制。

本研究通过二手数据与场景实验相结合的研究方法对研究假设进行了验证。具体来说，预研究抓取了微博中发布的有关产品信息的博文文本信息及互动数据，并对其进行了分组的均值效应分析，结果表明广告信息呈现方式和产品属性之间确实存在匹配效应，相较于水平属性（垂直属性），对垂直属性（水平属性）采用模糊（精确）的信息呈现方式能使消费者的互动积极性更高。通过真实的二手数据分析，初步验证了本篇的研究假设 H1、H1a 和 H1b，即广告中信息呈现方式与产品属性的匹配效应正向影响消费者的广告态度。实验一通过场景实验的方法，采用 2（信息呈现方式：模糊呈现/精确呈现）×2（产品属性：水平属性/垂直属性）的组间因子设计，验证了信息呈现方式和产品属性之间存在着匹配效应：对于垂直属性信息，模糊呈现相较于精确呈现更能引发消费者积极的广告态度；对于水平属性信息，精确呈现相较于模糊呈现更能引发消费者积极的广告态度。在此基础上，实验一还验证了信息流畅性的中介作用机制，结果表明：对于垂直属性信息，提取流畅性是模糊信息呈现方式对广告态度的中介变量；对于水平属性信息，加工流畅性起中介作用。但是由于实验一采用智能手机这一搜索品作为实验刺激物，在探究信息呈现方式和产品属性的匹配效应时，不同产品类型的差异可能造成的影响不容忽视。因此实验二选取了火锅这一体验品作为实验刺激物，结果再次验证了不同产品类型下信息呈现方式和产品属性之间的匹配效应，提高了研究的外部效度。至此，本研究的所有研究假设都得到了验证。综上所述，本研究基于可接近性－可诊断性理论，从信息呈现方式和产品属性的匹配视角，探讨了不同产品类型下广告信息发布策略对消费者广告态度的影响及其内在作用机制。

16.2 理论贡献

本研究基于可接近性－可诊断性理论，从信息呈现方式和产品属性视角探讨了企业广告信息发布中的匹配效应及其内在作用机制。总的来说，本研究的理论贡献主要体现在以下3个方面。

第一，以往关于企业广告信息发布和传播中匹配效应的研究，鲜有围绕产品本身，将产品属性和信息呈现方式相联系。诸多学者探讨了企业在广告信息传播中应该如何采取更优的发布策略以积极影响消费者的态度评价及购买决策，但往往容易忽视产品本身。而产品是广告信息发布的基础，同时产品包含着一系列不同的属性。通过引入体现消费者异质性偏好的垂直属性和水平属性，结合产品信息的呈现方式，本研究融合了产品属性可能对消费者产生的影响，探究了产品属性和信息呈现方式的匹配效应对消费者广告态度的影响。

第二，本研究基于可接近性－可诊断性理论，深入探究了信息呈现方式和产品属性的匹配效应及其内在作用机制，丰富了该理论在消费者行为领域的应用。经研究指出，消费者在进行购买评估时会对产品属性进行评价，从而达成最后的购买决策。而不同属性的信息如何进入消费者的评估过程则取决于信息的可接近性和可诊断性。以往关于广告传播中的消费者行为研究较少运用此理论来解释消费者行为的内在影响机制。本研究则结合可接近性－可诊断性理论，深入探究了消费者在面临不同的信息呈现方式和产品属性信息时广告态度上存在差异的内在机制——可接近性和可诊断性不同的信息流畅性感知难易程度不同，扩展了该理论在信息传播和消费者行为领域的研究应用，为以后的相关研究提供了新的理论视角。

第三，本研究借鉴 Benjamin 和 Bjork（1996）对信息流畅性的研究将信息流畅性分为提取流畅性和加工流畅性两种类型，并通过真实的二手数据分析和场景实验验证了这两种流畅性在广告传播中对消费者广告态度的积极作用。以往对于信息流畅性的研究，大多从整体的流畅性出发，或者选取流畅性中的某一类型，对消费者行为进行解读。本研究从提取流畅性和加工流畅性两个角度出发，完善了利用信息流畅性解释消费者行为机制的相关研究，进一步丰富了目前学者有关流畅性的相关研究。

16.3 管理意义

在营销实践中，本研究为企业在广告信息发布中如何更积极地影响消费者的广告态度提供了参考依据。总的来说，本研究的管理意义主要体现在以下两个方面。

第一，企业在发布广告信息时，可以结合不同的产品属性采取模糊呈现或精确呈现方式，有助于企业实现更好的广告信息传播效果。社会化媒体的发展使企业在发布广告信息时可以采取更为灵活的形式和更为多样的内容，但是如何在众多的信息中吸引消费者的注意，通过广告信息给消费者留下积极印象，更加值得企业关注和思考。本研究证明了，信息呈现方式和产品属性的匹配效应会对消费者的广告态度产生影响：相较于精确呈现方式，对产品的垂直属性信息采用模糊呈现方式更能提升消费者的广告态度；相较于模糊呈现方式，对产品的水平属性信息采用精确呈现方式则更为有效。针对不同的产品属性，采取不同的信息呈现方式，激发消费者对广告的积极态度，可以使企业的广告传播营销更为有效。

第二，企业可以结合产品的优势属性，通过广告传播为企业创造主观的差异化优势。随着市场竞争日趋激烈，产品差异化对于企业市场营销成功的重要性越来越突出。一般而言，产品差异化可以分为水平差异化和垂直差异化，是企业产品竞争的重要方式。水平差异化是生产出与竞争对手具有不同特性的产品；垂直差异化是指生产出比竞争对手质量更好的产品。而已有研究表明，通过广告能够为企业创造出主观的差异化优势。企业在资源有限的情况下，针对自身产品的优势属性，进行有差异的广告信息呈现，可以使企业在激烈的市场竞争中获得差异化的优势，从而利用自身有限的资源最大化营销传播效果。

16.4　研究局限与未来研究方向

本研究关于企业广告发布策略的研究虽然得出了一些结论，但仍然存在一定局限。首先，本研究在二手数据的样本选取和数据量上存在局限。本研究虽然在综合考虑之下选取智能手机作为二手数据的研究对象，收集了小米手机2016年1月1日—2017年12月31日的博文文本信息和互动数据，但在样本选择和数据量上仍存在一定的局限性，未来研究或可以考虑其他行业或者其他数据平台，以增强研究结果的稳健性。其次，考虑到其他的广告干扰因素对消费者的态度和行为可能造成影响从而会导致实验结果产生误差，为了降低实验误差，本研究在实验设计中仅通过文本信息的呈现来对广告传播中信息呈现方式（精确呈现/模糊呈现）进行操控，但是在广告实践中，企业可以通过视频、图片等多样的形式对广告内容进行呈现，因此未来研究可以考虑更丰富的广告形式。

基于本研究的局限性，未来研究可以从以下4个方面进行更为深入的探讨。一是本研究中模糊和精确导向的信息呈现方式目前局限于文本信息的呈现，没有对图片、视频等其他的广告形式进行深入探讨，未来研究可以从不同的广告形式探究模糊呈现与精确呈现对消费者广告态度的影响，在本研究的基础上继续丰富研究。二是本研究以产品本身的垂直属性和水平属性为切入点，研究了信息呈现方式和产品属性的匹配效应，未来研究可以从产品本身的其他特点出发，例如基于产品分类（如实用性产品和享乐性产品等）(Simona and Mcgill, 2011)继续探讨其与信息呈现方式的匹配效应对消费者广告态度的影响。三是本研究基于可

接近性 – 可诊断性理论，研究了模糊导向和精确导向的信息呈现方式，未来研究可以基于产品属性继续探讨其他信息呈现方式（例如理性诉求和感性诉求等）（Aguirre-Rodriguez，2013）在广告信息发布中的影响。四是本研究探讨了产品属性和信息呈现方式的匹配效应对消费者广告态度的影响，未来的研究可以继续研究其他结果变量，探讨其匹配效应对消费者购买意愿、口碑行为等方面的影响，丰富广告传播中对消费者行为意愿的影响研究。

第四篇

品牌传播内容与关系范式的匹配

第 17 章 引 言

17.1 问题提出

在竞争激烈和阅读趋于碎片化的今天，正能量受到人们的青睐。然而，正能量与焦虑并存。正能量的特质包括激情、努力、勇气等（山郁林，2013；何原秋，2014）。正能量语句浅显易懂，极具激励性。根据《第一财经周刊》发布的《都市人压力调查报告》显示，超过三成的受访者每天感受到多层压力。正能量无法缓解人们的压力，是因为其夸大了个人主观意识对于改变命运路径的作用，而无视环境、偶然性等外界因素，造成人人都能成功的幻觉。同时，正能量中描述的成功必要因素，有的是一些具有正面色彩而不具备真实含义的词汇，毫无实践意义，有时加深了人们的困惑，加上这些内容同质化，人们对于正能量传播的态度越来越冷漠（山郁林，2013）。

在这样的背景下，负能量语句在网上出现。例如"不顺利吗？多照照镜子，很多事情你就明白原因了""虽然已经失去了很多宝贵的东西，但不要难过，因为以后会失去更多"等在网络上广泛流传。这些逆主流的语句都来源于国外社交平台 Facebook 上一个叫作"每天来点负能量"的版块。该版块的版主每天都发布一条负能量语句帖，借此在一年内迅速收获了 60 万粉丝，平均每条负能量语句帖的点赞量为 1000 次左右。粉丝留言表示这些负能量语句使他们感到释然、冷静和放松。嗅觉灵敏的营销人员将负能量语句运用于社会化媒体传播、产品包装和广告之中。例如，某品牌无糖咖啡与该版块的版主合作，推出了负能量海报，将负能量语句与产品本身"无糖""都市白领"等性质结合，如

"为什么上班时间看其他东西,因为给的薪水不够让人专心""如果你觉得自己一整天累得跟狗一样,你真是误会大了,狗都没你那么累"等广告语,令人耳目一新。"负能量"广告的传播无疑为这些品牌带来了正面的效应,包括品牌知名度和消费者品牌态度的提升,也为营销人员提供了新的营销思路,众多品牌纷纷效仿。

这一现象引发人们对"正能量"广告的反思。以往大多数品牌传达的都是正面情感,通过诱发消费者的积极情绪,使消费者产生积极的品牌态度(汪涛等,2014)。有研究显示,"正能量"广告能增加消费者对企业产品的好感度(周游和张春兰,2014),而"负能量"广告会降低消费者对企业产品的好感度。现有的关于情感广告的研究也表明:积极情感诉求可能诱发积极的广告态度和品牌态度,消极情感诉求则可能导致消极的广告态度和品牌态度的产生。那么负能量语句的传播是不是一个例外呢?其作用机制又是什么呢?

通过对负能量语句的分析,我们发现负能量语句大致可以分成两种类型。一种是传递一种对未来坏结果的期望,如"虽然已经失去了很多宝贵的东西,但不要难过,因为以后会失去更多"这类表述;另一种是引导人们将现有不好的事发生的原因,归于自身稳定的缺陷,如"不顺利吗?多照照镜子,很多事情你就明白原因了"这类表述。这引发了进一步思考,什么样的"负能量"广告才能带来正面的品牌态度呢?这便是本研究想要探讨的问题。

目前学术界对品牌传播的负能量还没有明确的定义。通过对品牌传播采用的负能量语句进行观察和分析,认为用于品牌传播的负能量,大部分与悲观的态度相关。根据不同的理论,研究者对悲观的概念做出了不同的定义,主要包括气质论和解释风格论。气质论由 Scheier 等(1986)根据期望价值理论提出,认为气质型悲观是对未来坏结果的总体期望;解释风格论由 Seligman 等(1993)根据归因理论提出,认为悲观是一种解释风格。悲观的解释风格倾向于将好事件归因于外部的、不稳定的、具体的原因,将坏事件归因于内部的、稳定的、普遍的原因(温娟娟等,2007)。这与我们对负能量语句的观察和分析结论十分吻合,因此本研究将研究对象界定为"悲观"这一类负能量(后文所说的负能量均限于品牌传播内容），并将品牌传播的悲观内容分为气质型悲观内容和解释风格型悲观内容分别进行研究。

品牌情感内容的传播通过作用于消费者的情绪对消费者品牌态度造成影响（Holbrook and Batra，1987）。根据自我差异理论，我们推测这两种类型的悲观内容的传播均会激活消费者的自我差异，导致沮丧情绪的产生，对品牌态度造成负面影响；同时，气质型悲观内容可能被消费者感知为防御型悲观策略，而解释风格型悲观内容的传播可能令消费者感知到相似性，这两种类型的传播内容都会使消费者产生舒缓情绪，对品牌态度产生正面影响。此外，品牌不同类型的沟通传播，其效果往往与品牌和消费者之间的关系类型相关（Aggarwal，2004）。因此我们需要以这个因素作为区分，进一步探讨负能量传播的作用。根据关系范式理论，品牌与消费者的关系分为交易关系和共有关系两类（Clark and Mils，1993）。关系范式的不同会使消费者在面对企业的某些营销策略时，因心理机制的差异而采取不同的行为模式。因此本研究引入关系范式作为调节变量，力求探讨在不同关系范式和悲观传播内容的组合下，负能量营销对消费者品牌态度的影响。

综上所述，本研究将研究对象界定为品牌悲观传播内容，并基于悲观理论将悲观的传播内容分为气质型悲观内容和解释风格型悲观内容，探究悲观的传播内容相较于非悲观的传播内容对消费者品牌态度的影响。在此基础上，进一步基于关系范式理论，将企业与消费者的关系分为交易关系和共有关系，探究悲观传播内容与关系范式的匹配效应对消费者品牌态度的影响及其内在作用机制，希望能够为有意采用负能量营销策略的品牌带来一些启示。

17.2 研究意义

17.2.1 理论意义

本研究将悲观的相关研究应用到品牌的内容营销中，通过借鉴人格特质中的悲观分类进一步深化了"关于企业如何运用负面情感进行品牌传播"的相关研究。在此基础上，本研究进一步基于关系范式理论，探究了在不同关系范式下企业不同类型的悲观传播内容对消费者品牌态度的影响,并根据自我差异理论对其中的心理机制进行了解释。本研究的理论贡献主要体现在如下方面。

(1)本研究借鉴了人格研究中的悲观理论,首次将悲观态度作为品牌传播内容进行研究,丰富了悲观研究领域和品牌传播领域的研究。在负能量营销兴起之前,人们一般认为正面情感的传播会产生正面的品牌印象,因此现实中品牌传播的都是传统意义上的正面信息和情感,包括美好的未来、奋斗、爱等。而学术界对于品牌情感广告的研究,也多集中于某些正面情感,少量关于消极情感诉求的研究则集中于恐惧、厌恶等。然而,人们的情感诉求会随时代的变化而发生改变。在正能量与巨大压力并存的时代背景下,品牌传播负能量也有为品牌带来正面效应的可能,但学术界对于相关传播内容的研究仍处于空白阶段。此外,以往关于悲观的研究,往往集中于研究个人悲观对自身的影响,如个人幸福感、生活满意度等(Schweizer and Koch,2001;Scheier and Carver,1992),少有文献对传播悲观情感和态度对他人的影响进行探究。根据不同的理论,研究者对悲观的概念做出了不同的定义,主要包括气质论和解释风格论。本研究通过借鉴人格研究中的悲观分类,将品牌传播的悲观内容分为气质型悲观内容和解释风格型悲观内容,并探讨了不同类型的悲观传播内容对消费者品牌态度的影响,进一步丰富了悲观理论领域的研究。同时,本研究将悲观这一负面的态度与品牌传播相结合,丰富了品牌传播领域的研究,为品牌内容营销提供了新的视角。

(2)本研究基于情绪的双变量模型,研究悲观传播内容对消费者品牌态度的影响机制,为理解某些复杂情感传播对消费者品牌态度的作用机制提供了一个可参考的方法。本研究通过理论推导和实验研究验证了悲观情感的传播能让消费者同时产生沮丧情绪和舒缓情绪。这两种情绪具有相反作用,会对消费者品牌态度造成影响。未来对于复杂情感传播的研究,也可以考虑将复杂的过程分解为多种简单过程的组合,以便更好地理解其中的作用机制。

(3)本研究引入企业与消费者的关系范式作为调节变量,进一步拓展了不同类型的悲观传播内容发挥作用的边界条件。企业与消费者的关系包括共有关系和交易关系。研究表明,关系范式的不同会使消费者在面对企业的某些营销策略时,因心理机制的差异而采取不同的行为模式。以往关于关系范式的研究多集中于站在消费者的视角，探究关系范式如何影响企业的某些行为与策略对消费者的作用效果（Goodwin，1996；Wan et al.，2001）。本研究从企业的角度出发，考虑传播内容类型与关系范式的不同匹配对消费者品牌态度的影响，拓展了关系范式领域的相关研究。

17.2.2 实践意义

品牌传播是企业营销的一个重要方面。有效的品牌传播可以提升目标受众对品牌的理解、认可、信任和体验，从而增加品牌资产（张树庭和吕艳丹，2008；Duncan and Moriarty，1998）。随着科技和市场的发展，社会化媒体传播成为传统品牌传播手段之外的一种全新的方式。其因简短、碎片化、去中心化特质的传播内容以及瞬间形成强大舆论波的传播效果，受到各大品牌的青睐（张美玲和罗忆，2011），各大品牌纷纷开通了自己的微博账号、微信公众号等。与此同时，品牌传播内容也在发生改变，传统的品牌传播内容主要包括品牌名称、利益等信息。如今，品牌传播内容更重视符号化的消费者价值观和生活方式，其具体表现之一就在于品牌传播内容中加入了更多的情感元素（Tan and Ming，2003）。然而随着时代的变化，消费者的情感诉求也在发生改变。在这样的情景下，研究品牌能否和如何通过传播负能量情感达到有效的品牌传播目的，具有重大的实践意义，具体表现为以下方面。

（1）本研究通过相关文献研究，解释了正面情感传播失效的原因，促使营销人员对传统内容营销进行反思。营销人员往往认为正面情感的传播，会促使消费者产生正面的品牌态度，因此大多数品牌传达的都是正面的态度和情感，如成功、理想、努力等，导致市场上正面情感广告泛滥，却收效甚微。本研究表明，经济的快速发展导致了收入差距的加大，人们的焦虑情绪也与日俱增。在这样的时代背景下，正能量的传播不但不会引发人们的共鸣，反而会因其夸大个人主观意识对成功的影响作用，同时只提供一些不具备实践意义的正面色彩词汇，而加重人们的焦虑情绪。加之几乎所有品牌均传播正面情感广告，内容同质化严重，人们逐渐对这种类型的广告表现出冷漠态度。营销人员应该意识到人们情感诉求的变化，以对营销策略做出对应的调整。

（2）本研究为品牌情感内容的传播提供了一个全新的思路，即悲观内容的传播。当人们不断被灌输正能量，又一次次受到复杂现实世界的残酷打击时，相比催人向上的鼓励，他们更需要一个宣泄和减压的出口。本研究表明，悲观的情感和态度，通过展现残酷的现实、未知的未来及不完美的个体，能够给人们带来情感上的共鸣，使他们的焦虑情绪得到缓解，从而增强他们对品牌的好感。同时，悲观作为一种负面情感，在正能量传播泛滥的今天能给消费者带来耳目一新的感觉，引起消费者对品牌的关注。负面情感种类很多，本研究仅就悲观这一类型进行研究，营销人员可以此为参考，尝试更多新的内容营销方式。

（3）本研究为品牌在采取悲观内容传播的具体方式上提供了指导意见。某些品牌负能量营销策略的成功，使得其他品牌也跃跃欲试，然而并非所有负能量的传播都会具有正面效应。本研究证明，关系范式的不同会使消费者在面对企业的某些营销策略时，因心理机制的差异而采取不同的行为模式，因此该营销手段具有一定的风险性。仅在一定的传播内容与关系范式的匹配下，消费者的品牌态度才是正面的。因此，品牌在采取负能量营销方式时，需明确自身与消费者之间的关系类型，并注重传播内容的选择。具体而言，悲观的传播内容可以分为气质型悲观内容和解释风格型悲观内容，而企业与消费者的关系包括共有关系和交易关系，品牌只有保证在自身与消费者的关系是如同朋友般的共有关系的条件下，传播解释风格型悲观内容，才会对消费者的品牌态度带来正面的影响。

17.3　研究思路

本研究通过对相关研究文献的回顾及负能量语句的文本分析，对负能量营销的本质进行了定义，并进行了相关类型的划分。在探究不同类型的悲观内容传播对不同关系范式下消费者品牌态度的影响时，本研究主要通过一个预研究和两个情景实验来达到对应的研究目的。

预研究旨在通过分析社交平台上品牌负能量营销的真实数据，验证在共有关系下，不同类型的悲观内容会为消费者带来不同的情绪反应，从而证明悲观传播内容类型的划分是有意义的。预研究选取了社交平台Facebook的"每天来点负能量"版块作为数据源。该版块中，版主每天会发布一条负能量语句帖，引发网友的广泛讨论和传播，同时由于与网友密切交流，该版主与网友的关系类似于朋友关系。大量品牌也因此被吸引而来，与该版块合作推出具有品牌冠名的负能量语句帖。本研究抓取了该版块中所有具有品牌冠名的负能量帖子（共27个品牌冠名的42条帖子）的内容、点赞数、用户心情按钮点击数（大爱、笑趴、哇、心碎、怒）。为了避免可能的偏差，本研究找来3位不熟悉研究目的的人员，在确定他们对气质型悲观内容和解释风格型悲观内容的定义有所了解后，请他们按照这两类悲观传播内容对负能量帖子进行分类。根据分类结果，本研究剔除语义不明的帖子，并选取至少出现过两次同一分类结果的帖子作为最终分类结果，得到24个品牌冠名的39条帖子。本研究通过方差分析验证了共有关系下不同悲观传播内容对消费者品牌态度的影响，即在共有关系下，消费者对解释风格型悲观内容的态度好于气质型悲观内容。

实验一旨在通过情景模拟实验对具有悲观内容的广告相较于不具有悲观内容的广告对消费者品牌态度的影响进行研究，实验采用组间对比设计，实验组包括3组，其中悲观传播内容2组（气质型悲观内容和解释风格型悲观内容），非悲观传播内容1组。在悲观传播内容组中，将根据预研究中已通过分类分析的负能量语句改编而成的文案作为品牌传播的悲观内容，实现对消费者的情景刺激。最后，被试回答了关于品牌态度方面的问题。通过SPSS22.0进行数据分析，得出以下结论：相较于非悲观的传播内容，两种类型的悲观传播内容对消费者品牌态度的影响均无显著优势。

实验二旨在引入关系范式作为调节变量，采用情景模拟实验的方法，以智能手机作为实验对象，对不同类型的悲观传播内容对不同关系范式下消费者品牌态度的影响及其内在作用机制进行探究。实验二采用2（悲观传播内容：气质型/解释风格型）×2（关系范式：交易关系/共有关系）的因子矩阵设计，并采用情景模拟的方式来激发被试与品牌的不同关系范式状态。同时，将根据预研究中已通过分类分析的负能量语句改编而成的文案作为品牌传播的悲观内容，实现对消费者的情景刺激。最后，被试回答了关于品牌态度等方面的问题。由于被试可能会同时存在沮丧情绪和舒缓情绪，因此研究者对这两类情绪分别取均值以检验这两类情绪对消费者品牌态度的影响。通过对实验数据进行单因素F检验，得出以下结论：在共有关系下，品牌传播解释风格型悲观内容，消费者的品牌态度会显著提升，在这样的组合下，消费者的品牌态度是正面的，此时负能量营销策略的效果最好。同时，实验对中介效应进行了检验，结果表明，舒缓情绪在品牌传播悲观内容类型与消费者品牌态度之间起着中介作用，而沮丧情绪的中介作用不明显。

第 18 章　文献回顾

18.1　负能量与悲观理论

　　国内外尚未有研究对负能量做出准确的定义。英国心理学家理查德·怀斯曼在其专著《正能量》中将负能量定义为"一切存在人体内的消极、被动、悲观、退后的情绪和态度"。由此可见，负能量的含义是十分广泛的，包含所有负面的情绪和态度。那么在负能量营销中，品牌传播的负能量究竟是一种情绪还是一种态度呢？

　　心理学家大多认为，情绪是一种复杂的生物体状态，涉及广泛的身体变化，包括呼吸、脉搏、腺体分泌等，以及在精神方面的一种兴奋或扰动的状态，通常表现为强烈的感觉和一种明确的行为冲动（Hillman，1962）。人的情绪是可以用特定的词汇来描述的。根据 Watson 等（1988）编制的积极情绪与消极情绪量表，描述人们的消极情绪体验的词语包括敌对、急躁、羞愧、有罪、苦恼、烦乱、害怕、紧张等。然而在品牌传播的负能量语句中，我们并没有看到描述这类情绪的词汇，因此我们排除这些品牌在传达一种负面情绪的可能。

　　态度是对某种事物的认知和情感倾向。对于不同的事物，人们往往有不同的态度。但由于个人经历和性格等，人们对待事物的态度常常具有稳定的积极或消极的倾向性。其中积极的倾向性被称为乐观，消极的倾向性被称为悲观。我们进一步考查了研究者对悲观的解释。根据不同的理论，研究者对悲观做出了不同的定义，主要包括气质论和解释风格论。

　　气质论由 Scheier 等（1985）根据自我调节理论提出。该理论认为人们对未来结果的预期会以下列方式影响后续行为：如果预期是有利的，则结果是继续努力；如果预期是不利的，那么结果就是减少努力，甚至完全不再进行进一步的尝试。乐观主义者往往认为事情会按照他们的想法进行，一般认为好事而不是坏事会发生在他们身上；悲观主义者认为事情不会按照他们的想法进行，并倾向于预期不好的结果。此外，这些个体差异在不同时间和环境都是相对稳定的。乐观主义者的积极期望不局限于特定时间和行为领域。同样地，悲观主义者往往表现出普遍的闷闷不乐。总而言之，气质论认为，悲观是一种对未来结果的总体的、稳定的、不好的期望。

解释风格论由 Seligman 等结合习得性无助理论和归因理论提出。习得性无助是指受试者在经受反复痛苦或其他厌恶性刺激而无法逃避或控制时，在动机、情绪和认知上出现的消极心理状态。当受试者具有习得性无助后，在存在厌恶性刺激的情况下，他便接受失去控制的事实并放弃任何尝试，即使在变化的情况下提供了从该刺激中缓解的方法（Carlson，2010；Nolen，2014）。习得性无助理论解释了人们通过学习而来的一种绝望心理，但并不能解释为什么人们的习得性无助行为只在某些情况下才会发生，而且人们对控制感缺失的行为在个体之间也存在差异（Hiroto and Seligman，1975）。可以解释这一现象的有影响力的观点就是归因理论。归因理论认为，人们面对负面事件时，都会将其归为一个原因，这个原因可能是全局的或特定的、稳定的或不稳定的、内部或外部的。具体而言，个体认为负面事件发生的原因在不同背景下是一致的时，就会发生全局归因；而个体认为负面事件发生的原因对于特定情况是唯一的时，就会发生特定归因。个体认为原因在一段时间内保持一致时，就会出现稳定的归因；而个体认为原因特定于某个时间点出现时，就会出现不稳定的归因。外部归因和内部归因则是分别将原因归于情境外部因素和个人内部因素。如何解释负面事件发生的原因，会影响个体获得习得性无助和产生抑郁的可能性（Abramson，1978）。结合以上观点，Seligman 等（1993）认为乐观与悲观是个体在对事件进行归因时一种稳定的具有不同偏向性的解释风格。具有悲观解释风格的人倾向于将负面事件发生的原因视为永久性的（"它永远不会改变"）、个人的（"这是我的错"），并且普遍存在的（"我无法做任何事情改变它")。

在对悲观的定义上,气质论和解释风格论的区别主要在于稳定性和时间维度。在稳定性上,气质型悲观是一种稳定的人格特质,具有气质型悲观的人对于未来的不好的期望是一种泛化的期望,这种泛化的期望不局限在某个特定的时间和事件上,而解释风格型悲观是一种基于事件的认知能力;在时间维度上,气质型悲观偏重于未来,是对未来结果的一种倾向性预期,而解释风格型悲观则偏重于过去和现在,是对已经发生的和正在发生事件的原因的一种倾向性解释(温娟娟等,2007)。

我们对品牌传播的负能量语句进行了观察和分析。网络上流传的负能量语句可以分为两类。一类是促使人认清自身缺陷,对理想和目标产生消极态度的理念和情感,例如"不顺利吗?多照照镜子,很多事情你就明白原因了",这句话将事情进展的不顺,归因于自身长相的缺陷。由于这种缺陷是内在稳定的,因此降低了接受者向上的积极性,这与解释风格型悲观的概念极为相似。另一类是传达一种对现状与未来的消极期望,例如"虽然已经失去了很多宝贵的东西,但不要难过,因为以后会失去更多",这与气质型悲观的概念极为相似。Adler等(1994)的研究表明,在压力剧增的情况下,悲观比乐观的态度对人们的影响更大。因此品牌试图通过传播悲观态度,来迎合当下压力状况下人们的生活和心理现状,以引起共鸣。基于以上分析,我们认为品牌传播的负能量的实质是一种悲观的态度,同时将研究对象界定为"悲观"这一类负能量。

从悲观的定义出发,品牌传播的悲观内容也可以分为气质型悲观内容和解释风格型悲观内容。气质型悲观内容传递一种对未来坏结果的期望,解释风格型悲观内容引导人们将现有不好的事归因于自身稳定的缺陷。因此,为了研究不同负能量传播内容对消费者品牌态度的影响,本研究将负能量的传播内容分为气质型悲观内容和解释风格型悲观内容。

悲观会给人们带来什么样的影响呢?众所周知,悲观在大多数时候对人们是不利的。Schweizer等(2001)的研究结果表明,悲观是个体生活满意度和心理健康的重要预测变量,个体悲观与生活满意度呈显著负相关,与抑郁呈显著正相关，悲观的个体通常不具备较高的满意度和健康积极的心理。Scheier 等（1992）的研究表明，在压力情境下，悲观个体的工作表现会劣于乐观个体，因为当面对压力时，悲观个体更可能采用分心和否认的策略，而乐观个体则采用积极的应对策略。由此可见，悲观与低生活满意度、抑郁症状和不好的工作表现联系紧密，也正因为如此，无论是积极心理学还是主流传播媒体，都呼吁我们要远离悲观。

然而，在特定的情境下，悲观的态度也会有利于人们的工作和生活。Norem 等（1986）提出防御型悲观的概念，指出人们在面对可能失败和自尊受到威胁的情境下，可能采取一种叫作防御型悲观的认知策略。采取这种策略的人们会在进入情境之前设定比自己能力低的、相对安全的目标，并考虑所有可能发生的结果，尤其是最坏的结果。采取防御型悲观策略的人，主要有两种目的。一是自我保护目的。在一个具有风险的环境中，人们常常会面对失败的风险，而通过预先考虑失败的情境，当失败真正来临时能够避免失去自尊或者过于悲伤（Norem and Cantor, 1986）。二是动机目的。压力和焦虑常常会影响人们的工作表现（Sarason, 1980）。因此在压力和焦虑的情景下，人们通过设置较低的预期，以达到降低压力和焦虑的目的，从而将注意力从自我实现中转移，使自己能够关注任务本身，并为此付出努力（Norem and Cantor, 1986）。

防御型悲观与自证预言（self-fulfilling prophecies）和自我设限（self-handicapping）等心理学现象不同。这是因为采取防御型悲观策略的人在对未来设定较低预期的同时，并未放弃更好的可能，同时相信自己能够改变环境，并努力去解决风险情境下的问题，因此采取防御型悲观策略的人往往能够获得很好的工作表现。Fevre 等（1999）的一项关于防御型悲观和策略性乐观的研究表明，在充满风险和压力的环境中，消极的思考者比积极的思考者的工作表现更好。此外，采取防御型悲观策略的人，无论成功或失败，都能对结果有所把控，因此采取防御型悲观策略能够提升人们的自尊水平（Norem and Julie, 2002）。

由此可见，悲观在作为一种认知策略时，对人们的工作表现以及自尊水平都可能存在积极的作用。与气质型悲观和解释风格型悲观相比，防御型悲观是暂时的、容易习得的，且在表现形式上与气质型悲观十分相似，两者都是一种对未来的不好的期待。

18.2　品牌传播与品牌态度

品牌传播是指品牌通过产品设计、广告、公共关系、营销活动、人际沟通等多种传播手段，针对内外部目标受众进行的一系列关于品牌信息的交流活动，旨在提升目标受众对品牌的理解、认可、信任和体验，从而增加品牌资产（张树庭和吕艳丹，2008）。有效的品牌传播能够使品牌与消费者进行联结，使消费者不断调整和改变对品牌的认知和态度（Duncan and Moriarty，1998），建立良好的品牌态度。

品牌传播内容是品牌传播的一大要素。随着经济的不断发展，人们的生活品质逐渐提高，消费观念也在慢慢改变。菲利普·科特勒把人们的消费行为分为3个阶段。第一个阶段是量的阶段，人们处于温饱状态时，更注重对量的追求。第二阶段是质的阶段，当生产力提升，商品数量繁多时，人们不再满足于温饱，更注重对品质的追求。因此传统的品牌传播内容主要包括品牌名称、利益等信息。第三阶段是感性阶段，品牌传播信息的同质化使人们无法做出更好的选择。在这种情况下，人们会更注重跟随自己的内心，选择与自身身份、个性相符合，传达自己情感诉求的品牌。因此如今品牌传播内容中加入了更多情感元素，更重视符号化的消费者价值观和生活方式（Tan and Ming，2003）。

品牌传播中的非商品信息是如何影响消费者的品牌态度的呢？一种是直接诉求方式，即通过直接传递一种积极或消极的情感来影响消费者的品牌态度。情感迁移模型认为，广告呈现的情感会使广告的受众条件反射地产生一种类似的情感，受众的情感反应会转移给该广告所传播的产品（Sprott，2004）。因此，研究者常常认为，品牌传播积极的情感将使消费者产生积极的品牌态度；反之，品牌传播消极的情感将使消费者产生消极的品牌态度（周象贤和金志成，2006）。

另一种是间接诉求方式，即通过影响消费者的情绪而对消费者的信息加工方式造成影响，间接地对消费者的品牌态度造成影响。消费者在面对品牌信息时有两种反应：认知反应和情感反应。认知反应主要是指消费者因接收信息而产生大量关于产品本身参数的认知，而情感反应则是指消费者受到信息影响而产生的情绪反应。根据精细加工可能性模型（Petty and Cacioppo，1984），人们对品牌态度的形成包括中心路径和外围路径。当人们采取说服的外围路径时，人们直接根据品牌传播引起的情感反应对品牌做出评价，其过程与情感迁移模型相同。当人们采取说服的中心路径时，人们主要根据认知反应，即对品牌的商品参数信息做出深思熟虑的考量，形成对品牌的评价和态度。在此过程中，情感反应通过影响认知反应的信息加工过程间接对品牌态度造成影响。具体表现为：在记忆广告信息上，积极和消极的情感反应会造成不同的记忆倾向；在信息加工程度上，积极和消极的情感反应也会不同（曹颖等，2006）。

在传统的营销实践中，品牌传播内容中的情感元素大多为正面情感元素，以期诱发消费者积极的品牌态度，而很少有品牌在其中加入负面情感元素。在情感广告研究领域，现有研究多集中于积极情感诉求，少量关于消极情感诉求的研究则集中于恐惧、厌恶、内疚等情感（Marshall，1992；Shimp，2004；Coulter，1995）。研究者通过比较积极情感诉求广告和消极情感诉求广告的传播效果，得出积极情感诉求广告的传播效果优于消极情感诉求广告的结论（周象贤和金志成，2006）。也有学者研究过例外的情况，Goldsmith（2011）的研究认为内疚情感会对消费者的购买行为产生积极作用。此外，极少有文献探讨消极情感可能具有积极作用。本研究通过研究悲观传播内容对消费者品牌态度的影响，尝试探讨这种消极情感的积极作用，对现有品牌情感广告传播领域的研究进行拓展。

品牌传播手段是品牌传播的另一大要素。随着科技的发展，社会化媒体传播成为传统品牌传播手段之外的一种全新的方式（Mangold，2009）。张美玲等（2011）从几个方面总结了社会化媒体的特征：从传播的受众来讲，社会化媒体可以自主选择其受众；在传播内容上，社会化媒体传播内容具有简短、碎片化、去中心化的特点；在传播效果上，社会化媒体可以瞬间形成强大舆论波。社会化媒体的这些特征使得品牌传播更具个性、针对性和有效性。目前的社会化媒体主要包括国外的Facebook、Twitter等，国内的微信公众平台、微博等。社会化媒体的飞速发展，使品牌不断地调整自己的传播策略,其中众多品牌都有效地利用了其特性,打造了一次又一次成功的营销活动。这些传播策略的共同特征就是通过思考品牌目标群体的心理和情感诉求,极具针对性地打造迎合这些诉求的传播内容,引发了消费者广泛的分享行为。这些传播内容通过上述途径,直接或间接地对消费者的品牌态度造成影响。负能量的传播就是在这样的动机和思路下进行的。

18.3 关系范式

研究表明,消费者与品牌的关系有时会类似于社会中人与人之间的关系。品牌通过种种营销策略,与消费者形成了某种特定的关系,在此基础上,人们会基于社会关系中对应的关系范式来与品牌进行互动,并用评价现实社会中的其他成员的方式来评价品牌(Aggarwal,2004)。消费者对自己与其他社会成员之间关系的定位,被称为规范(norms)。同样地,规范也可用来反映消费者对自己与品牌之间关系的定位。在不同的规范下,当面对同样的事件时,消费者会反映出不同的心理状态和行为,进而对消费者的品牌态度、购买意愿和购买行为造成影响(Blackston,2000)。研究表明,这些心理状态和行为都有一定的规律可循。如同社会中人与人之间的关系,消费者与品牌之间的关系也有好坏。当消费者与品牌建立了良好的关系范式,面对品牌的某些传播和营销策略,消费者会有更好的感知度,因此提升了消费者的品牌态度、购买意愿以及口碑评价(Anderson and Weitz,1992;Doney and Cannon 1997;Stern,1997;黄敏学等,2009)。因此在品牌传播悲观内容的情境下,不同关系范式的消费者对品牌的传播内容也具有差异化的心理反应,从而对品牌态度产生不同的影响。

消费者与品牌的关系范式与两者对涉及双方关系的行为的期望相关。Clark 和 Mills(1993)基于个体愿意为其他成员提供利益的规范模式,将消费者和品牌之间的关系分为共有关系和交易关系。

在共有关系下,消费者与品牌的关系类似于社会中与家人、朋友和伴侣之间的关系。在这种关系范式下,消费者很少基于付出和回报的对比来判断是否开展某项行动,而更多是基于友谊,主动为他人提供关怀和帮助。人们会关心自己的利益，也会了解他人的需要和利益。人们会认为向他人提供福利是自身的一种责任，觉得自己应该要了解他人的需求，并在他人需要的时候做出积极的响应。这种行为是无私的，而非出于利己或者想要获取某种报酬的动机（Aggarwal，2004）。在共有关系下，消费者对品牌更加信任，对品牌传播的信息感知度更高。

而在交易关系下，人们主要基于对价值交换的期望和感知来判断是否开展某项行动。也就是说，人们在为他人提供利益的同时，期望从对方获取同等的利益回报。这种需要补偿的关系，类似于社会中商人与商人之间的关系。在这种关系范式下，双方进行沟通的目的都是获取有利于自身的信息（Kirmani and Zhu，2007），使自身利益最大化。对于存在利益交换关系和利己动机的对象，人们往往不能产生足够的信任感。对于对方传递的信息，人们倾向于保持一种怀疑的态度，以免对自身利益造成影响（Campbell and Kirmani，2000；Kirmani and Zhu，2007）。

在关系范式研究领域，许多学者探讨了关系范式对消费者行为的影响以及在不同关系范式下消费者如何应对品牌的营销策略。Goodwin（1996）指出，当消费者与品牌处于共有关系时，消费者对企业有着极高的包容度，即使对于企业服务失败这种负面事件，消费者也很少会做出负面回应。黄敏学等（2009）发现，出于利他动机，在低级服务失败的情况下，相比与品牌具有交易关系的消费者，与品牌具有共有关系的消费者更愿意向企业投诉，以帮助企业发现服务中的问题，改善并提高企业的服务质量。Wan等（2011）也探讨了消费者如何根据关系范式对企业的负面事件做出反应，并发现相比与品牌具有交易关系的消费者，与品牌具有共有关系的消费者负面情绪更低。鉴于此，本研究将引入关系范式作为调节变量，力求探讨在不同关系范式和悲观传播内容的组合下，负能量营销对消费者品牌态度的影响。

第 19 章 研究假设

19.1 情绪的双变量模型

关于积极情绪与消极情绪关系的研究一直是心理学情绪领域的研究焦点。目前关于两者关系的模型主要包括双极模型和双变量模型。双极模型认为人的积极情绪和消极情绪是单一维度上的两极，呈完全线性负相关关系，即人们要么感受到积极情绪，要么感受到消极情绪，非此即彼。典型代表是 Russell 等（1999）提出的环形模型。双变量模型则认为积极情绪和消极情绪是两个不同维度、彼此独立的变量，可以同时在各自的维度上表现出不同的水平。针对双变量模型，Caccioppo 等（1994）的研究表明，积极情绪和消极情绪有三种可能的关系模式：第一种是共同激活（一种情绪变化的同时伴随着另一种情绪同方向的变化），如 Larsen 等（2001）的研究发现，学生在即将毕业时，会出现一种既欣喜又悲伤的情绪；第二种是分别激活（一种情绪的变化不伴随另一种情绪的变化），如 Schimmack 等（2002）在研究积极情绪和消极情绪的测量方式时验证了这一现象；第三种是共同抑制（一种情绪的变化使另一种情绪朝相反方向变化），如 Larsen 等（2001）针对人们在观看电影《美丽人生》之后的情绪分析，发现伴随着消极情绪的上升，人们的积极情绪在不断降低。

双极模型是情绪研究的早期观点，该观点的缺陷在于不能解释人们产生的某些复杂情绪，如悲喜交加、既紧张又期待等。而双变量模型的出现，以一种更灵活的形式描述了现实中的情绪现象，且获得了大量实证研究的验证，因而在情绪领域该模型获得了多数研究者的认可（刘宏艳，2008）。

根据传播内容－情绪－态度模型，本研究试图以消费者情绪为中介，探讨悲观传播内容影响消费者品牌态度的心理机制。基于积极情绪和消极情绪的双变量模型，本研究认为，负能量作为传统意义上的负面内容，却出人意料地受到人们的追捧，其中的心理机制不是一种单一的情绪能够解释的，而是由多种情绪复合而成的一种复杂的心理学现象。

19.2 悲观与沮丧情绪

本研究认为，品牌传递悲观的态度，首先会通过激活个体的自我差异，导致个体沮丧情绪的产生。

自我差异理论由 Higgins 等（1987）提出。该理论提出每个个体都具有 3 种自我，即现实自我、理想自我和应该自我。现实自我是一个人的基本自我概念，是一个人对自己属性（智力、运动能力、吸引力等）的看法。现实自我表征个体认为自己在现实中所具有的属性，或者认为其他人相信自己在现实中拥有的属性。理想自我通常会激励个人做出改变，实现愿望。理想自我约束系统主要侧重于是否有积极的结果出现，倾向于接近行为。理想自我表征为理想状态下的某个人。应该自我是自己或者他人希望此人在理想情况下拥有的属性，即代表对某人的希望、抱负或他人对你的期待。应该自我表征个体自己或者他人认为某个个体应该拥有的属性，即代表自己或他人对某人的责任和义务的认识。应该自我约束系统主要侧重于是否有消极的结果出现，倾向于回避行为。

Higgins 等（1987）将个体的理想自我和应该自我统称为"自我引导"（self-guides）。个体的现实自我总是在寻求途径不断接近自我引导，在个体将现实自我与自我引导进行对比的过程中便形成了自我差异，因此自我差异就是指现实自我与自我引导的差异。其中个体的现实自我与理想自我的差异表示个体没有达到理想的状态，主要表现为积极结果的缺失；个体的现实自我与应该自我的差异则表示个体没有尽到自己的责任和义务，主要表现为消极结果的出现。自我差异理论指出，人们有动力缩小差距，以消除现实自我与自我引导的差异。

自我差异理论的一个重要贡献在于提供了一个用于理解不同类型的负面情绪与不同类型的自我表征之间的差异之间的关联框架。以往关于信仰不协调的一些理论，如自我不一致理论（Lecky，1952）、认知失调理论（Meltzer，1952）和不平衡理论（Heider，1978）等也尝试解决这样的问题。然而它们只发现了笼统的正面或负面情绪，而自我差异理论是第一个尝试改进这种笼统结论的理论。通过自我差异理论能够预测不同类型的认知失衡会导致什么样的特定情绪。经过大量的研究，Higgins等（1986）指出，现实自我与理想自我的差异与沮丧情绪（dejection-related emotion）有独特的关系，例如失望、不满和挫败感等。人们认为自己未达到或无法达到理想的结果时，就会产生这些特殊的情绪，因此现实自我与理想自我的差异可预测个体的沮丧情绪。现实自我和应该自我的差异与焦虑情绪（anxiety-related emotion）有独特的关系，这些情绪包括内疚、自我蔑视和不安等。人们认为自己违反了法律和公认的道德标准时，就会产生这些特殊的感受，因此现实自我与应该自我的差异可预测个体的焦虑情绪。

那么悲观内容的传播会如何影响消费者的情绪呢？通过对悲观传播内容的分析我们知道，气质型悲观内容传递的是一种对未来不好结果的总体期望。例如"有时候你不努力一下，不知道什么叫绝望""当生活中遇到倒霉的事情千万不要沮丧，打起精神来，你要相信，更倒霉的还在后头"等句子，它们像泼冷水一样告诉人们幻想通过自身努力来实现美好未来根本就是不存在的。这与人们心中的理想自我表征相违背，引导人们看清现实并思考理想自我的不可实现性，从而激活理想自我与现实自我的差异。这种差异的出现，根据Higgins等（1986）的理论，将会导致沮丧情感的产生。

同样，通过对悲观传播内容的分析我们知道，解释风格型悲观内容传递的是一种归因方式，即认为不好的事发生的原因是内在的、稳定的、普遍的。例如"当你觉得生活对你不公时，称称体重，照照镜子，你会觉得一切又合乎情理"，将生活中出现不公平现象的原因归于自身外形的缺陷；"出身不好的限制也不光是平台问题，出身不好，说明你父母混得也不怎么样，也许你的基因里就写着'不行'两个字"，认为能力的缺陷似乎刻在基因里，属于内在稳定的缺陷。人们心中都存在一个现实自我的表征,但对于真实的现实自我,人们往往是不确定的。这些解释风格型悲观内容通过对人们内在稳定属性的贬低,引导人们降低对现实自我的评价,让人们看清了真实的现实自我的不堪,从而以另一种形式激活理想自我与现实自我的差异。根据 Higgins 等(1986)的理论,这种差异同样会导致沮丧情绪的产生。因此本研究认为,气质型悲观内容和解释风格型悲观内容都可能导致消费者产生沮丧情绪。

19.3　悲观与舒缓情绪

本研究认为,虽然悲观的情感和态度会导致沮丧情绪的产生,但当人们处于压力情境时,悲观的情感和态度的传播,也同时能够使人们产生舒缓情绪(sooth-related emotion)。

一方面,品牌传播的气质型悲观内容可能会被当作一种认知策略被消费者所理解,从而导致消费者产生舒缓情绪。根据 Norem 等(1986)提出的防御型悲观概念,个体为达到自我保护和动机的目的,会为未来设置较低的期望并思考可能发生的各种不好的结果。由于都是一种对未来的不好的期望,因此气质型悲观和防御型悲观在内容的表现形式上十分相似。当气质型悲观的传播内容被人们当作一种认知策略时,人们便在这些内容的引导下对未来设置较低的期望,想象最坏的结果并做出"最坏的打算",使自己在压力和焦虑状态下,将注意力从自我实现中转移并关注任务本身,在控制好自己的焦虑情绪的同时为完成任务付出努力,积极应对压力事件。研究表明,当人们的压力、焦虑、痛苦等消极情绪得到缓解或消除之时,人们通常会产生舒缓情绪(Holbrook and Batra,1987)。因此本研究认为,气质型悲观内容可能导致消费者产生舒缓情绪。

另一方面,解释风格型悲观内容,则会由于提高了人们对品牌的感知相似性,同样使人们产生舒缓情绪。研究表明,人们采取自我贬低的归因方式对不利的事件进行归因时,会提高人们对事件的感知相似性,使得共同面对的不利事件造成的消极情绪得以缓解,提高彼此的亲密程度(刘肖岑等,2007;Stephens and Carmeli,2016)。例如,一个学生将考试失利的原因归于自己能力缺陷等内在因素,相比将原因归于考试太难或考试环境太差等外在因素，能给听者带来更多的舒缓情绪；一个人将单身的原因归于自己外貌上的内在稳定缺陷，而不是婚姻市场的配置效率等外在因素，能给听者带来更多的舒缓情绪。这是因为对于自尊水平较低的人而言，这种自谦的归因方式使人感知到自己与对方的相似性。2018年一项关于国民自信心的调查显示，我国高自信水平的人仅占22%，由此可见，人们普遍倾向于给自己较低的评价。从这个角度来看，品牌传播的解释风格型悲观内容，将诸事不顺的原因归于自己外貌、能力等内在、稳定、普遍的缺陷，会通过自我贬低，让消费者感知到传播内容与自身的相似性，使消费者产生舒缓情绪。

根据品牌传播对消费者品牌态度的影响路径，品牌传播中呈现的非商品信息会通过两种方式对消费者的品牌态度造成影响：一是直接影响消费者的情绪以对消费者品牌态度造成影响；二是通过引发消费者的情绪进而影响消费者对商品信息的理解，间接地对消费者品牌态度造成影响。根据Holbrook等（1987）的研究，积极情绪（如快乐、惊喜、感激等）会对消费者品牌态度带来正面的影响，消极情绪（如愤怒、厌恶、羞愧等）则会对消费者品牌态度带来负面的影响。在本研究列出的消费者情绪类型与品牌态度的关系中，舒缓情绪会对品牌态度产生正面影响，而沮丧情绪会对品牌态度产生负面影响。

综上所述，品牌传播的两种悲观内容均会使消费者同时产生舒缓情绪和沮丧情绪，这两种情绪相反作用于品牌态度，因此我们提出了如下假设：

H1：两种悲观的传播内容（相较非悲观的传播内容）对消费者的品牌态度的影响无明显差异。

19.4 关系范式对悲观传播效果的调节作用

消费者与企业之间的关系，调节着他们对企业的亲密度和信任程度（Aggarwal，2004），因此品牌与消费者之间的关系范式类型，往往影响着品牌沟通传播的效果。在共有关系下，品牌与消费者之间的关系类似于朋友关系，两者具有较强的情感连接、信任度和相似性（Grégoire and Fisher，2008），因此对于企业传播的情感，消费者会将其作为朋友的情感加以体会。双方处于朋友关系的状况下，采取一种自谦和自我贬低的归因方式，能够通过激发彼此的感知相似性，提高交往双方的亲密程度。此时，品牌向消费者传递解释风格型悲观内容，将不好的事情发生的原因归于自身而不是外部的因素，承认自身并非完美，具有不可改变的缺陷，如同朋友之间相互倾诉，更能够达到情感上的沟通和理解（Rime et al., 1992；Rime et al., 1998），提高消费者对品牌的感知相似性，增强双方的情感联系。由此我们推测，在共有关系下，品牌传播解释风格型悲观内容由于为消费者带来更多的舒缓情绪或更少的沮丧情绪，更能提升消费者的品牌态度。

在交易关系下，企业与消费者之间的关系类似于商人间的关系，双方进行沟通的目的都是获取有利于自身的信息（Kirmani and Zhu, 2007），使自身利益最大化。对于存在利益交换关系和利己动机的对象，人们往往不能产生足够的信任感，对于对方传递的信息，倾向于保持一种怀疑的态度，以免对自身利益造成影响（Campbell and Kirmani, 2000；Kirmani and Zhu, 2007）。由于不信任，消费者会对品牌传播中的非商品信息进行吸收、加工和处理，很少产生情感的沟通和交流。因此对于不同类型的悲观内容，消费者的情绪反应无较大差别，由此推测，在交易关系下，对于不同类型的悲观传播内容，消费者的品牌态度差别不大。

由此，本研究认为，关系范式会调节悲观传播内容对品牌态度的影响作用，并提出如下假设：

H2a: 在共有关系下，品牌传播解释风格型悲观内容（相比传播气质型悲观内容）会为消费者带来更多的舒缓情绪，从而为消费者带来更正面的品牌态度。

H2b: 在共有关系下，品牌传播解释风格型悲观内容（相比传播气质型悲观内容）会为消费者带来更少的沮丧情绪，从而为消费者带来更正面的品牌态度。

H2c: 在共有关系下，品牌传播解释风格型悲观内容（相比传播气质型悲观内容）会同时为消费者带来更少的沮丧情绪和更多的舒缓情绪，从而为消费者带来更正面的品牌态度。

第 20 章　实证部分

20.1　预研究

根据对悲观理论的回顾和负能量内容的文本分析，本研究将品牌负能量的传播内容分为气质型悲观内容和解释风格型悲观内容，通过对从社会化媒体中抓取的二手数据进行分析，可以对该分类方式进行验证，并初步探究品牌传播悲观内容对消费者品牌态度的影响。

20.1.1　Facebook 负能量营销数据收集

多数品牌采用 Facebook 作为品牌社会化媒体传播的平台，利用社会化媒体的特点，打造迎合人们情感诉求的内容，瞬间形成强大舆论波，达到提高品牌知名度、增进消费者与品牌情感联系的目的。在 Facebook 中的"每天来点负能量"主题版块中，版主每天会发布一条负能量语句帖。在形式上，这些语句的共同特点是简短、碎片化，符合社会化媒体传播的特点；在内容上，这些语句传递的都是一种对未来的不好的期望或者对自我缺陷的嘲讽。在正能量传播泛滥的今天，负能量语句帖给消费者带来耳目一新的感觉，引发网友的广泛讨论和传播，该版块的版主也借此在一年内迅速收获了 60 万粉丝。大量追求热点的品牌也因此被吸引而来，与该版块合作推出具有品牌冠名的负能量语句帖，希望通过网友的广泛分享和讨论，达到提升品牌知名度和消费者品牌态度的目的。图 20-1 所示为该版块中具有品牌冠名的负能量语句。

```
以前觉得自己长得呆傻

是因为眼镜的关系

戴隐形眼镜之后才发现

原来是长相问题

                    #neenergy
让你更好看的隐形眼镜    每天来点负能量
```

图 20-1　Facebook"每天来点负能量"版块与某品牌合作广告

为了研究品牌传播负能量内容对消费者品牌态度的影响,本研究抓取了该版块中所有具有品牌冠名的负能量帖子(共 27 个品牌冠名的 42 条帖子)的内容、点赞数、用户心情按钮点击数(大爱、笑趴、哇、心碎、怒)。

之所以抓取点赞数,是因为点赞与消费者对广告和品牌的态度相关。"赞"起源于营销学界对广告有效性的研究,在对比了包括广告语用词明确性、广告说服力、对广告的喜爱程度等众多可以提升商品销量的广告要素后,研究者发现人们对广告的喜爱程度是最有效的衡量要素。以此研究为基础,Facebook 的工程师加入点赞功能。对于用户而言,"赞"作为社交网络上统一认同的,既具有特定指代含义(认可、肯定、欣赏等)又能够不断发展和丰富其含义的符号,为人们提供了一个表达多种正面情绪的便捷方式(辛尔露,2014)。此外,对于品牌而言,通过对人们的喜爱行为进行量化,营销人员能够对广告内容和营销策略做出改进,以不断迎合人们的喜好来提升商品销量和消费者品牌态度。因此本研究认为,点赞数能够代表消费者对传播内容和品牌的态度。

用户心情按钮是 Facebook 推出的可以让用户表达自己情绪的功能,与点赞按钮不同的是,这些按钮代表的是用户某种特定的情绪,使用户能够更加精准地表达自己的感受。具体而言,用户心情按钮包括"大爱""笑趴""哇""心碎""怒"5种。Facebook 官方解释,"大爱"和"笑趴"代表正面情绪,其中"大爱"代表的正面情绪程度高于"笑趴";"心碎"和"怒"代表负面情绪,其中"怒"代表的负面情绪程度高于"心碎";"哇"则代表中性情绪。以此为基础,我们将"大爱""笑趴"按钮记为消费者的舒缓情绪,将"心碎""怒"按钮记为消费者的沮丧情绪,并按照程度高低赋予其权重。

在抓取所有品牌冠名的负能量帖子后,根据悲观理论,研究者将品牌传播内容分为气质型悲观内容和解释风格型悲观内容。为了避免可能的偏差,本研究找来3名不熟悉研究目的的人员,在确定他们对气质型悲观内容和解释风格型悲观内容的定义有所了解后,请他们按照这两类悲观传播内容对负能量帖子进行分类。根据分类结果,本研究剔除语义不明的帖子,并选取至少出现过两次同一分类结果的帖子作为最终分类结果,得到24个品牌冠名的39条帖子。负能量语句分类结果示例,如表20-1所示。

表 20-1 负能量语句分类结果示例

品　牌	负能量语句	分类结果
××光学	以前觉得自己长得呆傻,是因为眼镜的关系,戴隐形眼镜之后才发现,原来是长相问题	解释风格型悲观内容
××Fun	人生就像站上舞台,不到谢幕时,你根本不知道台下会丢什么上来	气质型悲观内容

20.1.2　数据分析

研究者对比分析了用户对品牌传播不同类型悲观内容的点赞行为和情绪差异,分析结果如图20-2所示。

不同类型的悲观传播内容对点赞行为的影响:针对不同类型的悲观传播内容,网友的点赞行为存在显著差异 [$M_{解释风格型}$ = 7202.28,$M_{气质型}$ = 4919.78,$F(1, 39)$ = 5.035,$p < 0.05$,Cohen's d = 0.712],解释风格型悲观内容的点赞数显著大于气质型悲观内容的点赞数。

不同类型的悲观传播内容对情绪的影响:本研究根据不同的情绪按钮代表的情绪程度为各按钮赋值,其中"大爱"和"怒"赋值为10,"笑趴"和"心碎"赋值为 5，因此舒缓情绪得分的计算公式为：舒缓情绪 $=10\times N_{大爱}+5\times N_{笑趴}$，沮丧情绪得分的计算公式为：沮丧情绪 $=10\times N_{怒}+5\times N_{心碎}$。根据以上公式，我们将消费者对两种传播内容的情绪反应进行了对比。结果显示，针对不同类型的悲观传播内容，舒缓情绪存在边缘性显著差异 $[M_{解释风格型}=4053.33，M_{气质型}=2810.00，F(1,39)=3.295，p=0.077]$，解释风格型悲观内容带来的舒缓情绪高于气质型悲观内容；沮丧情绪存在边缘性显著差异 $[M_{气质型}=730.26，M_{解释风格型}=405.23，F(1,39)=3.109，p=0.086]$，气质型悲观内容带来的沮丧情绪高于解释风格型悲观内容。

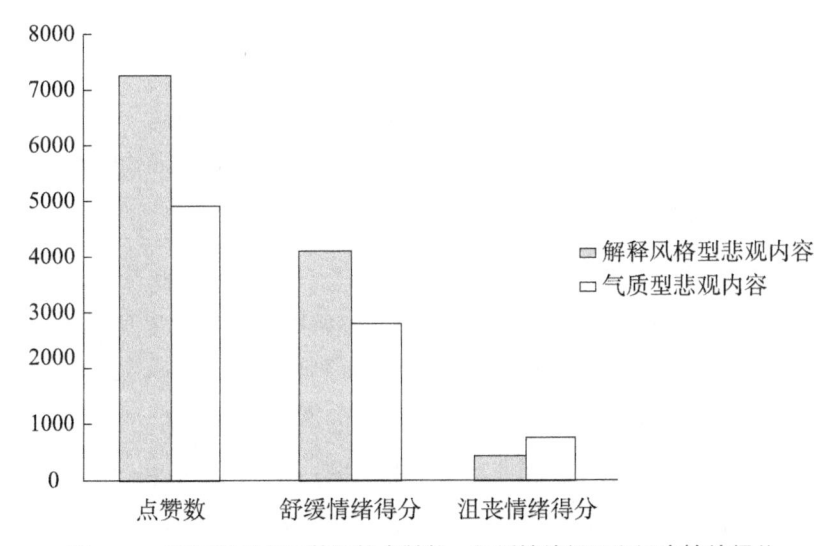

图 20-2　不同传播内容获得的点赞数、舒缓情绪得分和沮丧情绪得分

20.1.3　结果讨论

通过不同类型传播内容获得点赞数的显著差异可以看出，将悲观传播内容分为气质型悲观内容和解释风格型悲观内容是具有意义的，不同类型的悲观传播内容会通过不同路径对消费者的情绪造成影响，进而影响消费者的品牌态度。

由于该版主与用户的关系类似于朋友关系，经讨论，本研究认为该结果部分检验了共有关系下不同悲观传播内容对消费者品牌态度的影响，即在共有关系下，两种类型的悲观传播内容对消费者品牌态度的影响存在差异，消费者对解释风格型悲观内容的态度好于气质型悲观内容。

20.2 实验一

在预研究的基础上，实验一采用实验法，以智能手机为实验对象，对悲观传播内容（相较于非悲观传播内容）对消费者品牌态度的影响进行研究，旨在检验在负能量营销爆火的当下，不同类型悲观传播内容是否优于非悲观传播内容。

20.2.1 研究设计与数据收集

本实验采用组间对比设计，实验组包括3组，其中悲观传播内容2组（气质型悲观内容和解释风格型悲观内容），非悲观传播内容1组。本实验旨在探究不同类型的悲观传播内容相较于非悲观传播内容在消费者品牌态度的影响上是否存在优势。99名来自武汉某高校的大学生参与了本轮实验，其中女性占比49%，男性占比51%，参与者被随机平均分配到3组中。

首先，研究者通过以下描述使被试进入实验场景："您曾经购买过某手机品牌（M5）的产品，并关注了该品牌的微博。该品牌微博经常更新内容，活跃度较高，在你最近一次翻阅微博内容时，看见该品牌发布了以下内容的博文。"接下来，不同组别的被试会分别看见该虚拟品牌的不同微博文案：气质型悲观内容组会看到包含气质型悲观内容和产品信息的文案；解释风格型悲观内容组会看到包含解释风格型悲观内容和产品信息的文案；非悲观传播内容组会看到只有产品信息的文案。前两组文案中的悲观内容都是根据预研究中已通过分类分析的负能量语句改编而成的，在气质型悲观内容组中，品牌向人们传递一种对未来的不好的期望，如图20-3所示；在解释风格型悲观内容组中，品牌传递一种悲观的归因方式，如图20-4所示。为降低个别表达差异，提升操控效果，每组文案由3条不同负能量语句和不同产品信息组成。为了排除幽默成分对实验结果的影响，我们在对实验材料进行改编时，控制了幽默成分的出现，并在实验中对消费者对文案的感知幽默水平进行测量，测量语句包括："该文案是幽默的""该文案是有趣的""该文案令人发笑""我不会对该文案感到厌烦"。为检验悲观传播内容类型操控的有效性，被试回答了对悲观传播内容类型感知的相关问题，测量语句根据悲观的两种不同的定义改编而成，包括："这段话认为现在和未来发生的事都（将）不会是好的""这段话认为不好的事是由我们自身的缺陷而不是其他原因造成的"。

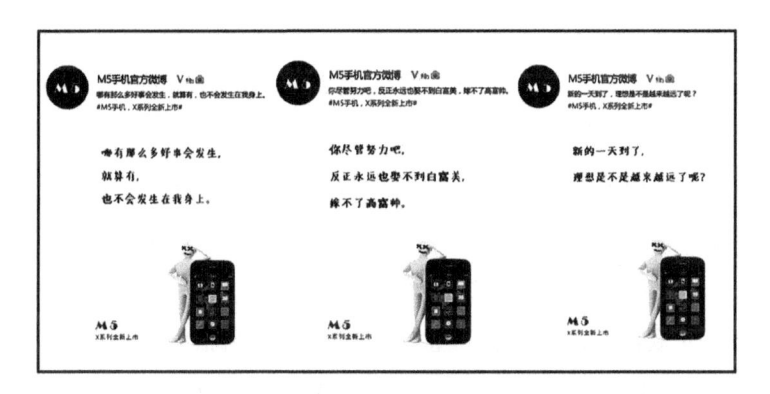

图 20-3　气质型悲观内容组的广告文案

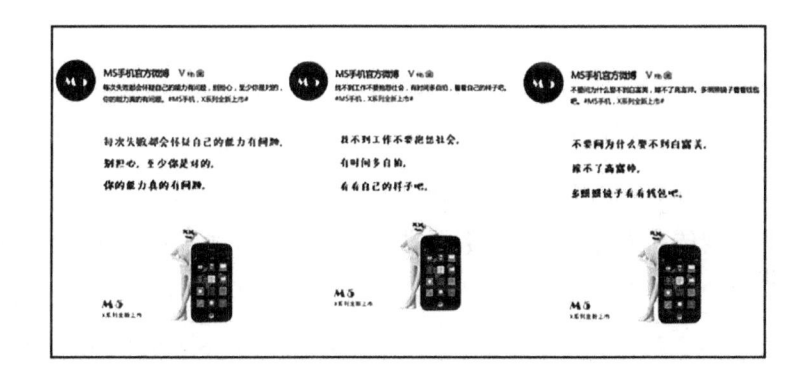

图 20-4　解释风格型悲观内容组的广告文案

随后，被试回答了关于品牌态度方面的问题。研究者通过改编自 Hagtvedt 等（2008）的品牌态度量表来检验被试对品牌的感知，测量语句包括："我喜欢 M5 这个手机品牌""我对 M5 品牌的评价是正面的""我认为 M5 这个手机品牌是好的""M5 手机品牌令我产生愉悦感"（Cronbach's α=0.932）。以上的所有测量均采用 7 级量表，并说明了数量级的含义（1 代表完全不同意，7 代表完全同意）。

20.2.2 数据分析

1. 操控检验

被试对传播文案的感知幽默性均低于正向水平。其中被试对气质型悲观内容的感知幽默得分为 $M_{气质型}$ = 2.67，SD = 0.84；对解释风格型悲观内容的感知幽默得分为 $M_{解释风格型}$ = 3.23，SD = 0.90。两者的均值均低于正向水平，说明研究者较好地控制了实验材料中的幽默成分，避免其对消费者品牌态度造成影响。

被试对气质型悲观内容和解释风格型悲观内容的感知存在显著差异。在气质型悲观内容中，被试感知到品牌气质型悲观内容的得分明显较高 [$M_{气质型}$=5.23，SD=1.02；$M_{解释风格型}$=3.20，SD = 1.62；$F(1,65)$ = 43.23，$p<0.001$，Cohen's d = 1.24]。在解释风格型悲观内容组中，被试感知到品牌解释风格型悲观内容的得分明显较高 [$M_{解释风格型}$=5.45，SD =1.53；$M_{气质型}$ = 2.85，SD =1.43；$F(1,66)$= 64.847，$p<0.001$，Cohen's d =1.52]。由此可知，本实验对悲观传播内容类型的操控是成功的。

2. 结果分析

为了探究不同类型的悲观传播内容相较于非悲观传播内容对消费者品牌态度的影响，研究者分别对气质型悲观内容组和非悲观传播内容组、解释风格型悲观内容组和非悲观传播内容组的结果数据进行了对比分析。结果发现，被试在气质型悲观内容组和非悲观传播内容组的品牌态度不存在显著差异 [$M_{气质型}$ = 3.83，SD = 0.69；$M_{非悲观}$=3.71，SD = 1.01；$F(1,65)$ = 1.98，$p>0.05$]，在解释风格型悲观内容组和非悲观传播内容组的品牌态度也不存在显著差异 [$M_{解释风格型}$ = 3.61，SD = 1.05；$M_{非悲观}$ = 3.71，SD = 1.01；$F(1,65)$= 0.56，$p>0.05$]。

20.2.3 结果讨论

结果发现，无论是气质型悲观内容还是解释风格型悲观内容，相比于非悲观传播内容，在对消费者品牌态度的影响上都不存在明显优势，证明了研究的假设H1。这是否说明消费者对这种营销方式并不买账，看似火爆的负能量营销只是品牌的一厢情愿呢？根据 Aggarwal（2004）的研究，品牌不同类型传播内容的沟通传播效果往往与品牌和消费者之间的关系类型相关。那么在不同的关系范式下，是否会出现同样的结论？接下来，本研究将引入关系范式作为调节变量，通过实验情景模拟实验，进一步检验不同类型的悲观传播内容对不同关系范式下消费者品牌态度的影响。

20.3 实验二

实验二采用实验法，以智能手机作为实验对象，探究不同类型的悲观传播内容对不同关系范式下消费者品牌态度的影响。

20.3.1 研究设计与数据收集

本实验采用 2（悲观的传播内容：气质型/解释风格型）×2（关系范式：交易关系/共有关系）的因子矩阵设计。114 名来自武汉某高校的大学生参与了本轮实验，其中女性占比 48%，男性占比 52%，参与者被随机分配到 4 组中。

本实验采用情景模拟的方式来激发被试与品牌的不同关系范式状态（黄敏学等，2009）。被试被要求想象自己曾经购买过的某手机品牌 M5（为排除干扰因素，该品牌为虚拟品牌），并关注了该手机品牌的微博。在交易关系下，被试与品牌之间的关系如同商人之间的关系，被试被要求阅读以下材料："您曾经购买过某手机品牌（M5），您购买它的主要原因是价格低，同时也能满足您对手机性能的需求；为了以更低的价格购买该手机，您关注了该手机品牌的微博，以及时获取折扣优惠信息，也可以及时收到该品牌的新品推介信息"。在共有关系下，被试被要求阅读以下材料："您曾经购买过某手机品牌（M5），所购产品体验非常好，您的每次购物经历都很愉快；您经常主动关注和了解这个品牌的动态，对该品牌及其产品都非常熟悉；您经常在微博上与该品牌进行有趣的互动，几乎每个星期您都可以收到该品牌的贴心问候短信，这让您觉得很温暖；您对该品牌有着一种特殊的情感，购买电子产品时通常会首先考虑该品牌，虽然它的价格并非最低的；在您看来，该品牌非常关注您的个人需求。总之，该品牌给您留下了美好而难忘的印象"。

本实验采用改编自 Aggarwal（2004）的情境操控量表对关系范式操控进行了

有效性检验。测量交易关系的语句包括:"我会选择该品牌的产品是因为其物有所值""我会购买该品牌的产品是因为它能带给我利益""我觉得该品牌是靠产品来赢得消费者的""我觉得在该品牌上的花费是值得的"(Cronbach's $\alpha = 0.863$)。测量共有关系的语句包括:"该品牌给我带来了温暖和关怀的感觉""我认为该品牌给予我充分的关心""我认为该品牌喜欢我这样的顾客""我对该品牌有着特殊的情感"(Cronbach's $\alpha = 0.881$)。

接下来,被试会看见该品牌在其微博上传播的气质型或解释风格型悲观内容,两组文案都根据预研究中已通过分类分析的负能量语句改编而成。为降低个别表达差异,提升操控效果,每组文案由3条不同的负能量语句组成。为了排除幽默成分对实验结果的影响,我们在对实验材料进行改编时,控制了幽默成分的出现。在气质型悲观内容组中,品牌向人们传递一种对未来的不好的期望,例如理想越来越远,好的事情不会发生在自己身上等;在解释风格型悲观内容组中,品牌传递一种悲观的归因方式,例如将不好的事发生的原因归于自己的长相或能力上的缺陷等。为检验悲观传播内容类型操控的有效性,被试回答了对悲观传播内容类型感知的相关问题,测量语句根据悲观的两种不同的定义改编而成,包括:"这段话认为现在和未来发生的事都(将)不会是好的""这段话认为不好的事是由我们自身的缺陷而不是其他原因造成的"。

随后,被试回答了关于品牌态度等方面的问题。研究者通过改编自 Hagtvedt 等(2008)的品牌态度量表来检验被试对品牌的感知,测量语句包括:"我喜欢 M5 这个手机品牌""我对 M5 品牌的评价是正面的""我认为 M5 这个手机品牌是好的""M5 手机品牌令我产生愉悦感"(Cronbach's $\alpha = 0.932$)。同时,本研究参照 Sobol 和 Darke(2014)采用的对自我差异产生情绪的测量方式对被试阅读完品牌传播后产生的情绪进行测量,并根据 Zuckerman 和 Lubin(1965)所列出的情绪类型对量表进行了改编。被试要求根据自己真实的情绪反应,在10个7级量表中(例如难过、丧气、失望、开心、舒缓、放松等)进行评分(其中沮丧情绪量表 Cronbach's $\alpha=0.890$;舒缓情绪量表 Cronbach's $\alpha=0.898$)。由于被试可能会同时存在沮丧情绪和舒缓情绪,因此研究者对这两类情绪分别取均值以检验这两类情绪对消费者品牌态度的影响。

20.3.2 数据分析

1. 操控检验

被试对传播文案的感知幽默性均低于正向水平。其中被试对气质型悲观内容的感知幽默得分为 $M_{气质型}$ = 2.33，SD = 0.34；对解释风格型悲观内容的感知幽默得分为 $M_{解释风格型}$ = 3.76，SD = 0.40。两者的均值均低于正向水平，说明研究者较好地控制了实验材料中的幽默成分，避免其对消费者品牌态度造成影响。

被试对气质型悲观内容和解释风格型悲观内容的感知存在显著差异。在气质型悲观内容组中，被试感知到品牌气质型悲观内容的得分明显较高 [$M_{气质型}$ =5.01，SD=1.50；$M_{解释风格型}$ = 3.18，SD =1.41；F（1，115）= 45.274，p < 0.001，Cohen's d = 1.25]。在解释风格型悲观内容组中，被试感知到品牌解释风格型悲观内容的得分明显较高 [$M_{解释风格型}$=5.25，SD = 1.39；$M_{气质型}$=2.98，SD =1.51；F（1，111）= 67.847，p < 0.001，Cohen's d=1.56]。由此可知，本实验对悲观传播内容类型的操控是成功的。

对于不同关系范式，被试的感知也存在显著差异。在共有关系范式的情景下，被试感知到共有关系的得分明显较高 [$M_{共有}$ = 5.03，SD =1.10；$M_{交易}$ = 4.19，SD =1.00；F（1，115）= 18.256，p < 0.001，Cohen's d =1.17]。在交易关系范式的情景下，被试感知到交易关系的得分明显较高 [$M_{交易}$ = 5.21，SD = .77；$M_{共有}$ = 3.98，SD = 1.04；F（1，111）= 49.765，p < 0.001，Cohen's d =1.34]。由此可知，本实验对于关系范式的操控是成功的。

结果分析：对于传播气质型和解释风格型悲观内容的同一品牌，被试的品牌态度不存在显著差异 [$M_{解释风格型}$ = 3.69，SD = 1.42；$M_{气质型}$ = 3.46，SD =1.35；F（1，113）= 0.756，p > 0.05]。

2. 调节效应分析

为了验证悲观传播内容与关系范式的匹配对消费者品牌态度的影响，本实验采用单因素 F 检验，以"品牌态度"为因变量，以"悲观传播内容"和"关系范式"作为固定因子对调节效应进行检验。分析结果数据如表 20-2 所示，由分析结果可知，悲观传播内容与关系范式的交互效应显著。在共有关系下，品牌传播解释风格型悲观内容（相比传播气质型悲观内容）更能提升消费者的品牌态度 [$M_{解释风格型}$ = 4.25，SD =1.46；$M_{气质型}$=3.43，SD =1.51；$F(1, 57)$ = 4.434，$p < 0.05$，Cohen's $d = 0.55$]；而在交易关系下，两种传播内容对消费者品牌态度的影响差异不显著 [$M_{解释风格型}$=3.205，SD=1.30；$M_{气质型}$ = 3.500，SD=1.17；$F(1,55)$ = 0.784，$p > 0.05$]，该结果验证了假设 2，如图 20-5 所示。

表 20-2 悲观传播内容与关系范式的匹配对消费者品牌态度的影响

来　源	III型平方和	自由度	均　方	F	显著性
修正模型	17.630[a]	3	5.877	3.101	0.030
截距	1475.634	1	1475.634	778.760	0.000
悲观传播内容	2.007	1	2.007	1.059	0.306
关系范式	6.933	1	6.933	3.659	0.058
悲观传播内容 × 关系范式	8.933	1	8.933	4.715	0.032
误差	208.434	110	1.895		
总计	1700.625	114			
修正后总计	226.064	113			

注：a 表示 $R^2 = 0.078$（调整 $R^2 = 0.053$）。

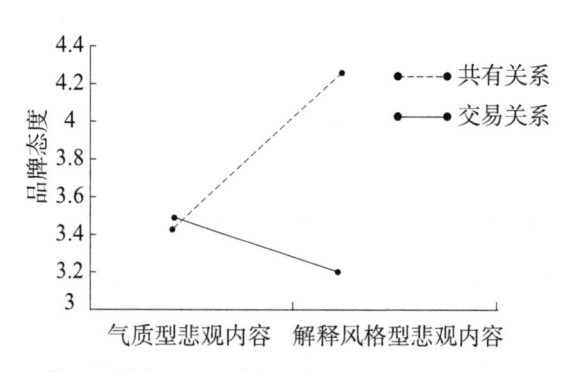

图 20-5 悲观传播内容与关系范式的匹配对消费者品牌态度的影响

3. 中介效应分析

为检验沮丧情绪、舒缓情绪是否为品牌传播悲观内容影响消费者品牌态度的中介变量，本研究参照 Berger（2013）对多个并列中介变量的检验方法，采用 Zhao 等（2010）提出的 Bootstrap 方法进行中介效应分析。设定样本量为 5000，取样方法选择偏差校正的非参数百分位法，置信度选择 95%。

首先，我们针对不同的关系范式分别进行中介效应分析，同时检验沮丧情绪和舒缓情绪的中介作用。结果显示，在两种关系范式下，舒缓情绪的中介作用都是显著的（共有关系下：LLCI = 0.0420，ULCI = 0.9398。交易关系下：LLCI = 0.0135，ULCI = 0.8287），而沮丧情绪的中介作用均不显著（共有关系下：LLCI = −0.3715，ULCI = 0.1942。交易关系下：LLCI = −0.3865，ULCI = 0.3434）。

接着，我们将关系范式作为调节变量（共有关系的编码为 1，交易关系的编码为 2）分别检验舒缓情绪和沮丧情绪的中介作用，获得了相似的结果：舒缓情绪的中介效应显著（共有关系下：LLCI = 0.0136，ULCI = 0.7769。交易关系下：LLCI = 0.0132，ULCI = 0.7840），而沮丧情绪的中介效应不显著（共有关系下：LLCI = −0.3343，ULCI = 0.2450。交易关系下：LLCI = −0.3616，ULCI = 0.2925）。结果表明，消费者的舒缓情绪是悲观传播内容与消费者品牌态度之间的主要中介变量，而沮丧情绪的中介作用不明显。

在共有关系下，对于两种悲观传播内容，消费者的品牌态度存在显著差异，结合观察不同悲观传播内容在共有关系下对两种情绪影响的相对值，可以得出测消费者品牌态度存在差异的原因。在共有关系下，品牌传播解释风格型悲观内容（相比传播气质型悲观内容）能给消费者带来更多的舒缓情绪 $[M_{解释风格型}=1.84$，$SD = 0.82$；$M_{气质型}=1.45$，$SD = 0.62$；$F(1, 57) = 4.188$，$p < 0.05$，Cohen's $d = 0.55]$；而在沮丧情绪方面，两种传播内容导致的结果无显著差异 $[M_{解释风格型}=2.00$，$SD = 0.79$；$M_{气质型} = 1.92$，$SD = 0.97$；$F(1, 57) = 0.117$，$p > 0.05]$。该结果验证了假设 H2a。消费者与品牌之间形成共有关系后，品牌传播悲观态度能为消费者带来更多的舒缓情绪，并提升消费者的品牌态度。

20.3.3 结果讨论

实验二首先比较了两种类型的悲观传播内容对品牌态度的影响，结果发现，消费者对于两种悲观传播内容的品牌态度无显著差异。在加入关系范式作为调节变量后，在共有关系下，传播解释风格型悲观内容时，消费者的品牌态度显著提升，在这样的组合下，消费者的品牌态度是正面的，此时负能量营销策略的效果最好；而在交易关系下，两种类型的悲观传播内容对消费者的品牌态度影响均较小，且无显著差异。在交易关系下，品牌与消费者的关系如同商人间的关系，双方都更在意获取有利的信息，对于品牌传递的情感，消费者仅作为信息处理，因此对于两类悲观传播内容，消费者的品牌态度均较低且无明显差异。在共有关系下，品牌与消费者之间的关系如同朋友关系，使得消费者对品牌传递的情感感同身受，此时品牌传播解释风格型悲观内容，将不利的事件发生的原因都归于自身，提高了消费者的感知相似性，促进正面品牌态度的提升。

同时，实验二对中介效应进行了检验。实验结果证明，舒缓情绪在品牌传播悲观内容类型与消费者品牌态度之间起着中介作用，而沮丧情绪的中介作用不明显。这表明，不同悲观传播内容与关系范式的匹配，主要通过造成消费者舒缓情绪的差异来影响消费者的品牌态度。

第21章 结 论

21.1 理论贡献

本文通过将悲观态度相关研究应用到品牌传播的营销中，进一步深化了关于企业如何运用负面情感进行品牌传播的相关研究。在此基础上，基于关系范式理论探究了在不同关系范式下，消费者对于企业不同类型的悲观内容传播的品牌态度，并采取自我差异理论对其中的心理机制进行了解释。本文的理论贡献具体体现在以下几个方面。

（1）以往的研究主要将乐观态度作为品牌传播内容进行研究，而本文借鉴了人格研究中的悲观理论，首次将悲观态度作为品牌传播内容进行研究，丰富了情感态度领域和品牌传播领域的研究。学术界对于品牌情感广告的研究，主要集中于某些积极的情感，少量关于消极情感诉求的研究则集中于恐惧、厌恶等方面。在如今极其"卷"的时代背景下，人们会面对着各种消极情绪和压力，所以品牌通过传播负能量引起人们情感的共鸣也有可能为品牌带来正面效应，但目前学术界对于负能量传播内容的研究仍处于空白阶段。因此，本文借鉴了人格研究中的悲观理论，对品牌传播悲观内容的机制和效应进行了探索，通过将悲观这一负面的态度与品牌传播相结合，不仅丰富了品牌传播领域的研究，而且为品牌内容营销提供了新的视角。根据不同理论，研究学者对悲观的概念进行了不同的定义，主要包括气质论和解释风格论。因此，本文通过借鉴人格研究的悲观分类，将品牌传播的悲观内容分为气质型悲观和解释风格型悲观，探讨不同类型的传播对消费者的影响，进一步丰富了悲观理论领域的研究。

（2）本文通过理论推导和实验研究验证了悲观情感的传播会使消费者产生沮丧情绪和舒缓情绪，这两种情绪具有相反作用，进而会影响消费者对品牌的态度。因此，本文基于这两种情绪的双变量模型，研究了悲观内容传播对品牌态度的影响和作用机制。为理解某些复杂情感传播对消费者品牌态度的作用机制提供了一个可参考的方法。未来对于复杂情感传播的研究，也可以考虑将复杂的过程分解为多种简单过程的组合，以便更好地理解其中的作用机制。

（3）本文拓展了不同类型的悲观传播内容发挥作用的边界条件，引入企业与消费者的关系范式类型作为调节变量。企业与消费者的关系包括共有关系范式和交易关系范式。研究表明，关系范式的不同会使消费者在对企业的某些策略做出反应时，因心理机制的差异而采取不同的行为模式。本篇从企业的角度出发，考虑传播内容类型与关系范式的不同匹配对消费者品牌态度的影响，拓展了关系范式领域的相关研究。

21.2 营销意义

在现代商业激烈竞争的环境下，品牌传播是企业的核心战略，也是超越营销的不二法则。在当今社会，信息传播的方式发生了巨大的变化，社会化媒体成为传统品牌传播手段之外的一种全新的方式，因其简短、碎片化、去中心化特质的传播内容，受到各大品牌的青睐，人们纷纷开通了自己的微博、小红书、抖音等平台账户。与此同时，品牌传播的内容也在发生改变，传统的品牌传播内容主要是向消费者传递品牌名称、利益等信息，如今，品牌传播内容更重视在其中加入了更多情感元素。然而随着信息时代的变化，消费者的情感诉求也在发生变化。在这样的情景下，研究品牌能否和如何通过传播负能量情感达到有效的品牌传播目的，具有重要的营销意义，具体体现在以下几方面。

（1）营销人员应该意识到人们情感诉求发生变化，要对营销策略做出对应的调整。本文通过研究表明，由于技术和经济的快速发展导致了收入差距不断加大，人们的焦虑情绪与日俱增，在这样的时代背景下，正能量的传播不但不再引发人们的共鸣，反而会因其夸大个人主观意识对成功的影响作用，从而加深人们的焦虑情绪。加之几乎所有品牌都在传播正面情感广告，内容同质化严重，导致人们对这种类型广告产生疲乏。因此，营销人员要相应地改变营销策略，由正能量的营销传播转为负能量营销传播，积极适应大众的情感诉求。

（2）负面情感种类很多，本文仅就悲观这一类型进行了研究，营销人员可以以此为参考，尝试更多新的负面情感内容营销方式，打造全新的品牌效应。本研究为品牌的情感内容传播提供了一个全新的思路，即悲观内容的传播。当人们不断被灌输正能量，又一次次受到复杂现实世界的残酷打击时，相比鼓舞人心的心灵鸡汤，他们更需要的是一个宣泄和减压的出口。研究表明，悲观的情感和态度通过展现不美好的现状、未来以及不完美的个体，能够给人们带来情感上的共鸣，使他们的焦虑情绪得到一定程度的缓解，从而增加了对品牌的偏好。同时，悲观态度作为一种负面和消极情感，在正能量传播泛滥的今天给消费者带来耳目一新的感觉，提高了消费者对品牌的注意力。

（3）营销人员要注意在采取负能量营销方式时，需明确品牌与消费者之间的关系类型，并注重传播内容的选择。虽然某些品牌负能量营销策略的成功，使得其他品牌也跃跃欲试，但是并非所有负能量的传播都会具有正面效应。研究表明，由于关系范式的不同会使消费者在对企业的某些策略做出反应时，因心理机制的差异而采取不同的行为模式，导致该营销手段具有一定风险，仅在一定的传播内容与关系范式的匹配下，消费者的品牌态度才是正面的。负能量的传播内容可以分为气质型悲观和解释风格型悲观，而企业与消费者的关系包括共有关系范式和交易关系范式，品牌需要保证自身与消费者的关系是如同朋友般的共有关系下，传播解释风格型悲观，才会对品牌正面传播效应带来提升的效果。

21.3　研究局限性与未来展望

本研究存在一定的局限性。第一，预研究中的二手数据存在数据量不足的缺陷。由于本研究将品牌态度作为因变量，在预研究中仅收集了有品牌冠名的负能量语句作为研究数据样本，使得数据量受到限制。第二，负能量营销的效果还会受到其他因素的影响,如产品类型、消费者个人特质等。本研究尚未对其进行深入的探讨。第三,本研究只针对负能量营销对消费者品牌态度的影响进行了研究,对于其他一些重要的变量,例如对消费者传播意愿的影响等尚未进行深入的探讨。

未来研究方向包括以下几点:第一,针对消费者传播意愿、购买意愿等变量进行探讨;第二,将乐观与悲观传播内容进行对比研究;第三,考虑其他边界条件的影响,如产品类型、涉入度、消费者个人特征等。

参考文献

[1] Agrawal J, Kamakura W A. The economic worth of celebrity endorsers:An event study analysis[J]. Journal of Marketing, 1995,59(3) :56–62.

[2] Adaval R. Sometimes it just feels right:The differential weighting of affect-consistent and affect-inconsistent product information[J]. Journal of Consumer Research, 2001, 28(1):1–17.

[3] Antonides G, Cramer L. Impact of limited cognitive capacity and feelings of guilt and excuse on the endowment effects for hedonic and utilitarian types of foods[J]. Appetite,2013, 68:51–55.

[4] Anthony S, Juliano L, Chris J. Hedonic eating goals and emotion:when sadness decreases the desire to indulge[J]. Journal of Consumer Research,2014, 41(1):135–151.

[5] George B, Flora Ki, Apostolia L. Does variety seeking vary between hedonic and utilitarian products? the role of attribute type[J]. Journal of Consumer Behaviour ,2017 (1):e1–e12.

[6] Baron R M, Kenny D A. The moderator-mediator variable distinction in social psychological research:Conceptual, strategic, and statistical considerations[J]. Journal of Personality & Social Psychology, 1986, 51 (6):1173–1182.

[7] Bearden W O, Netemeyer R G, Teel J E. Measurement of consumer susceptibility to interpersonal influence[J]. Journal of Consumer Research, 1989, 15(4):473–481.

[8] Bergkvist L, Hjalmarson H, Mägi A W. A new model of how celebrity endorsements work:attitude toward the endorsement as a mediator of celebrity source and endorsement effects[J]. International Journal of Advertising, 2016, 35(2):171–184.

[9] Bower A B, Landreth S. Is beauty best? Highly versus normally attractive models in advertising[J]. Journal of Advertising, 2021, 30:1–12.

[10] Brakus J J, Schmitt B H, Zarantonello L. Brand experience:what is it? how do we measure it? and does it affect loyalty?[J]. Journal of Marketing, 2009, 73 (5):52–68.

[11] Carrillat F A, D'Astous A. Christianis H Guilty by association:the perils of celebrity endorsement for endorsed brands and their direct competitors[J]. Psychology & Marketing, 2014, 31(11):1024–1039.

[12] Chattopadhyay A, Basu K. Humor in advertising:The moderating role of prior brand evaluation[J]. Journal of Marketing Research, 1990, 27 (4):466–476.

[13] Chen C H, Chang Y H, Besherat A, et al. Who benefits from multiple brand celebrity endorsements? an experimental investigation[J]. Psychology & Marketing, 2013, 30(10):850–860.

[14] Chen C Y, Lee L, Yap A J. Control deprivation motivates acquisition of utilitarian products[J]. Journal of Consumer Research,2017,43(6):1031–1047.

[15] Chia S C, Poo Y L. Media, celebrities, and fans:An examination of adolescents' media usage and involvement with entertainment celebrities[J]. Journalism & Mass Communication Quarterly, 2009, 86:23–44.

[16] Childers T L, Carr C L, Peck J, et al. Hedonic and utilitarian motivations for online retail shopping behavior[J]. Journal of Retailing, 2001, 77(4):511–535.

[17] Choi J, Kim B K, Choi I, et al. Variety–seeking tendency in choice for others:Interpersonal and intrapersonal causes[J]. Journal of Consumer Research, 2006,32(4):590–595.

[18] Chitturi R, Raghunathan R, Mahajan V. Delight by design:the role of hedonic versus utilitarian benefits[J]. Journal of Marketing, 2008, 72(3):48–63.

[19] Christophe V D B, Stremersch S. Social contagion and income heterogeneity in new product diffusion:a meta–analytic test[J]. Marketing Science, 2008, 23(4):530–544.

[20] Costa M. Brand awareness comes as part of growing up[J]. Marketing Week, 2010, 33:12–16.

[21] Crowley A E, Spangenberg R, Kevin H. Measuring the hedonic and utilitarian dimensions of attitudes toward product categories[J]. Marketing Letters, 1992,3(3):239–249.

[22] Delre S A, Broekhuizen T L J, Bijmolt T H A. The effects of shared consumption on product life cycles and advertising effectiveness:the case of the motion picture market[J]. Journal of Marketing Research, 2016,53(4):608–627.

[23] Du R Y, Kamakura W A. Measuring contagion in the diffusion of consumer packaged goods[J]. Journal of Marketing Research, 2011, 48(2):28–47.

[24] Dwivedi A, Johnson L W, Mcdonald R. Celebrity endorsements, self-brand connection and relationship quality[J]. International Journal of Advertising, 2016, 35(3):486–503.

[25] Eisend M, Langner T. Immediate and delayed advertising effects of celebrity endorsers' attractive-ness and competence fit[J]. International Journal of Advertising, 2010, 29:527–546.

[26] Erdogan B Z. Celebrity endorsement:A literature review[J]. Journal of Marketing Management, 1999, 15:291–314.

[27] Ferguson F, Brohaugh B. The aging of Aquarius[J]. The Journal of Consumer Marketing, 2010, 27(1):76–81.

[28] Gong W, Li X. Engaging fans on microblog:the synthetic influence of parasocial interaction and source characteristics on celebrity endorsement[J]. Psychology & Marketing, 2017, 34(34):720–732.

[29] Hazari S, Bergiel B J, Sethna B N. Hedonic and utilitarian use of user-generated content on online shopping websites[J]. Journal of Marketing Communications, 2016:1–20.

[30] Hoption C, Barling J, Turner N. "it's not you, it's me" :transformational leadership and self-deprecating humor[J]. Leadership & Organization Development Journal, 2013, 34(1):4–19.

[31] Iyengar R, Bulte C V D, Thomas W V. Opinion leadership and social contagion in new product diffusion[J]. Marketing Science, 2011, 30 (2):195–212.

[32] Iyengar R, Bulte C V D, Lee J Y. Social contagion in new product trial and repeat[J]. Marketing Science, 2015, 34(3):1–22.

[33] Kahn B E, Wansink B. The influence of assortment structure on perceived variety and consumption quantities. Journal of Consumer Research[J], 2004, 30(4):519–533.

[34] Khan U, Dhar R. Price-framing effects on the purchase of hedonic and utilitarian bundles. Journal of Marketing Research[J], 2010, 47(6):1090–1099.

[35] Kivetz R, Simonson I. Earning the right to indulge:Effort as a determinant of customer preferences toward frequency program rewards[J]. Journal of Marketing Research, 2002,

39(2):155–170.

[36] Maimaran M, Wheeler S C. Circles, squares, and choice:The effect of shape arrays on uniqueness and variety seeking[J]. Journal of Marketing Research, 2008, 45(6):731–740.

[37] McAlister L. Choosing multiple items from a product class[J]. Journal of Consumer Research, 1979, 6(12):213–224.

[38] O'curry S, Strahilevitz M. Probability and mode of acquisition effects on choices between hedonic and utilitarian options[J]. Marketing Letters, 2001, 12(1):37–49.

[39] Ohanian R. The impact of celebrity spokespersons' perceived image on consumers' intention to purchase[J]. Journal of Advertising Research, 1991, 31:46–54.

[40] Okada E M. Justification effects on consumer choice of hedonic and utilitarian goods[J]. Journal of Marketing Research, 2005, 42(1):43–53.

[41] Mittelstaedt J D, Riesz P C, Burns W J. Why are endorsements effective? sorting among theories of product and endorser effects[J]. Journal of Current Issues & Research in Advertising, 2000, 22(1):55–65.

[42] Keel A, Nataraajan R. Celebrity endorsements and beyond:new avenues for celebrity branding[J]. Psychology & Marketing, 2012, 29(9):690–703.

[43] Kozinets R V, Valck K D, Wojnicki A C, et al. Networked narratives:understanding word–of–mouth marketing in online communities[J]. Journal of Marketing, 2010, 74(2):71–89.

[44] Luo L, Chen X, Han J, et al. Dilution and enhancement of celebrity brands through sequential movie releases[J]. Journal of Marketing Research, 2010, 47(6):1114–1128.

[45] Lefcourt H M, Martin R A. Humor and life stress:Antidote to adversity[M]. New York:Springer,1986.

[46] Mishra A S, Roy S, Bailey A A. Exploring brand personality–celebrity endorser personality congruence in celebrity endorsements in the Indian context[J]. Psychology & Marketing, 2015, 32(12):1158–1174.

[47] Newman G E, Diesendruck G, Bloom P. Celebrity contagion and the value of objects[J]. Journal of Consumer Research, 2011, 38(2):215–228.

[48] Pike S, Lubell M. The conditional effects of social influence in transportation mode choice[J]. Research in Transportation Economics, 2018, 68(8):2–10.

[49] Risselada H, Vries L D, Verstappen M. The impact of social influence on the perceived helpfulness of online consumer reviews[J]. European Journal of Marketing, 2018, 52(2):619–636.

[50] Roobina O. Construction and validation of a scale to measure celebrity endorsers' perceived expertise, trustworthiness, and attractiveness[J]. Journal of Advertising, 1990, 19(3):39–52.

[51] Roy R, Ng S. Regulatory focus and preference reversal between hedonic and utilitarian consumption[J]. Journal of Consumer Behaviour, 2012, 11(1):81–88.

[52] Sääksjärvi M, Hellén K, Balabanis G. Sometimes a celebrity holding a negative public image is the best product endorser[J]. European Journal of Marketing, 2016, 50(3/4):421–441.

[53] Voss K, Spangenberg E, Grohmann B. Measuring the hedonic and utilitarian dimensions of consumer attitude[J]. Journal of Marketing Research, 2003, 40(3):310–320.

[54] Yang J, Treadway D C. A social influence interpretation of workplace ostracism and counterproductive work behavior[J]. Journal of Business Ethics, 2018, 148(4):879–891.

[55] Yim Y C, Yoo S C, Sauer P L, et al. Hedonic shopping motivation and co shopper influence on utilitarian grocery shopping in superstores[J]. Journal of the Academy of Marketing Science, 2014, 42(5):528–544.

[56] Zhao X S, Lynch J G, Jr, et al. Reconsidering baron and kenny:myths and truths about mediation analysis[J]. Journal of Consumer Research, 2010, 37(2):197–206.

[57] Zsolt K, Peter P Z, Miklos S. Network effects and personal influences:the diffusion of an online social network[J]. Journal of Marketing Research, 2011, 48(48):425–443.

[58] 陈蓓蕾. 基于网络和信任理论的消费者在线口碑传播实证研究[D]. 杭州:浙江大学, 2008.

[59] 黄敏学, 雷蕾, 朱华伟. 谈钱还是谈情:企业如何引导消费者分享自媒体营销[J]. 心理学报, 2016, 48(2):211–220.

[60] 靳菲, 朱华伟. 消费者的权力感与冲动购买[J]. 心理学报, 2016, 48(7):880–890.

[61] 金立印. 产品稀缺信息对消费者购买行为影响之实证分析[J]. 商业经济与管理, 2005, (8):39–44.

[62]金立印.促销活动效果比较研究——诱因类型、获得时机和条件限制对促销效果的影响[J].管理评论，2008, 20(8):34–42.

[63]李东进，刘建新，张亚佩，等.广告信息框架对消费者虚拟产品购买意愿的影响——基于感知稀缺性的中介作用[J].营销科学学报，2015, 11(4):30–47.

[64]王秦.社交媒体个人信息分享与社会资本提升[J].中国报业，2014,(8):81–82.

[65]王覃刚，冀红梅.利他行为、社会资本与制度演化[J].财贸研究，2006, 17(5):10–17.

[66]于春玲，王霞，包呼和.奖励推荐计划口碑对接收者的影响[J].南开管理评论，2011, 14(4):59–68.

[67]Aggarwal P, Jun S Y, Huh J H. Scarcity Messages[J]. Journal of Advertising, 2011, 40(3):19–30.

[68]Anderson E W. Customer Satisfaction and Word of Mouth[J]. Journal of Service Research, 1998, 1(1):5–17.

[69]Ardichvili A, Page V, Wentling T. Motivation and barriers to participation in virtual knowledge-sharing communities of practice[J]. Journal of knowledge management, 2003, 7(1):64–77.

[70]Babakus E, Tat P, Cunningham W. Coupon redemption:a motivational perspective[J]. Journal of Consumer Marketing, 1988, 5(2):37–43.

[71]Babin B J, William R D, Mitch G. Work and/or fun:measuring hedonic and utilitarian shopping value[J]. Journal of Consumer Research, 1994, 20(4):644–656.

[72]Baltas G, Kokkinaki F, Loukopoulou A. Does variety seeking vary between hedonic and utilitarian products? the role of attribute type[J]. Journal of Consumer Behaviour, 2017, 16(6):1–12.

[73]Bar-Tal D. Altruistic motivation[J]. Humboldt Journal of Social Relation, 1986, 13:3–14.

[74]Batra R, Ahtola O T. Measuring the hedonic and utilitarian sources of consumer attitudes[J]. Marketing Letters, 1991, 2(2):159–170.

[75]Bell D E. Regret in Decision Making under Uncertainty[J]. Operations Research, 1982, 30(5):961–981.

[76]Berger J. Word of mouth and interpersonal communication:A review and directions for future research[J]. Journal of Consumer Psychology, 2014, 24(4):586–607.

[77] Berger J, Milkman K. What makes online content viral?[J]. Journal of Marketing, 2012, 49(2):192–205.

[78] Bhaskar-Shrinivas P, Harrison D A, Shaffer M A, et al. Input-based and time-based models of international adjustment:meta-analytic evidence and theoretical extensions[J]. Academy of Management Journal, 2005, 48(2):257–281.

[79] Bozzolo A M, Brock T C. Unavailability Effects on Message Processing:A Theoretical Analysis an Empirical Test[J]. Basic and Applied Social Psychology, 1992, 13(1):93–101.

[80] Bourdreu P. The forms of social capital[M]. // Richardson J G. Theory and research for the sociology of education. WESTPORT:Greenwood Press, 1986:249 –251.

[81] Bristor J. Enhanced Explanations of Word of Mouth Communications:The Power of Relationships[J]. Research in Consumer Behavior, 1990, 4:51–83.

[82] Brock T C. Implications of Commodity Theory for Value Change[J]. Psychological Foundations of Attitudes, 1968:243–275.

[83] Brown J J, Reingen P H. Social Ties and Word-of-Mouth Referral Behavior[J]. Journal of Consumer Research, 1987, 14(3):350–362.

[84] Chang H H, Chuang S S. Social capital and individual motivations on knowledge sharing:Participant involvement as a moderator[J]. Information & Management, 2011, 48(1):9–18.

[85] Cheung M K, Lee M K O. What drives consumers to spread electronic word of mouth in online consumer-opinion platforms[J]. Decision Support Systems, 2012, 53(1):218–225.

[86] Cialdini R B. Influence:Science and Practice:International Edition, 5/e[M]. Pearson Schweiz Ag, 2008:243.

[87] Cialdini R B. Influence:Science and Practice. Glenview[M]. IL:Scott, Foresman and Company, 1985:198–227.

[88] Cialdini R B. Influence:The Psychology of Persuasion[M]. New York:William Morrow, 1993:290–316.

[89] Constant D, Sproull L, Kiesler S. The kindness of strangers:the usefulness of electronic weak ties for technical advice[J]. Organization Science, 1996, 7(2):119–135.

[90] Crowley A E, Spangenberg E R, Hughes K R. Measuring the hedonic and utilitarian

dimensions of attitudes toward product categories[J]. Marketing Letters, 1992, 3(3):239–249.

[91] Davis S, Inman J J, Mcaslister L. Promotion has a negative effect on brand evaluations:or does it? additional disconfirming evidence[J]. Journal of Marketing Research, 1992, 29(1):143–148.

[92] Dhar R, Wertenbroch K. Consumer choice between hedonic and utilitarian goods[J]. Journal of Marketing Research, 2000, 37(1):60–71.

[93] Dichter E. How word of mouth advertising works[J]. Harvard Business Review, 1966, 16(6):147–166.

[94] Eisend M. Explaining the Impact of Scarcity Appeals in Advertising:The Mediating Role of Perceptions of Susceptibility[J]. Journal of Advertising, 2008, 37(3):33–40.

[95] Engel J E, Blackwell R D, Miniard P W. Consumer behavior (7th ed.)[M]. Chicago:Dryden Press, 1993.

[96] Frenzen J K, Davis H L. Purchasing behavior in embedded markets[J]. Journal of Consumer Research, 1990, 17(1):1–12.

[97] Gierl H, Huettl V. Are scarce products always more attractive? The interaction of different types of scarcity signals with products' suitability for conspicuous consumption[J]. International Journal of Research in Marketing, 2010, 27(3):225–235.

[98] Gierl H, Plantsch M, Schweidler J. Scarcity effects on sales volume in retail[J]. International Review of Retail Distribution & Consumer Research, 2008, 18(1):45–61.

[99] Granovetter M S. The Strength of Weak Ties[J]. 1973, 78(6):1360–1380.

[100] Hars A, Ou S. Working for Free? Motivations for Participating in Open-Source Projects[J]. International Journal of Electronic Commerce, 2002, 6(3):25–39.

[101] Hayes A F. Introduction to mediation, moderation, and conditional process analysis:A regression-based approach[M]. New York:Guilford Press, 2013.

[102] Hennig-Thurau T, Gwinner K, Walsh G, et al. Electronic word-of-mouth via consumer-opinion platforms:What motivates consumers to articulate themselves on the Internet? [J]. Journal of Interactive Marketing, 2004, 18(1):38–52.

[103] Hirschman E C, Holbrook M B. Hedonic consumption:emerging concepts, methods and

propositions[J]. Journal of Marketing, 1982, 46(3):92–101.

[104] Hill S E, Rodeheffer C D, Griskevicius V, et al. Boosting beauty in an economic decline:mating, spending, and the lipstick effect[J]. Journal of Personality & Social Psychology, 2015, 103(2):275–291.

[105] Human L J, Biesanz J C. Target adjustment and self-other agreement:Utilizing trait observability to disentangle judge ability and self-knowledge[J]. Journal of Personality and Social Psychology, 2011, 101:202–216.

[106] Jang W E, Yong J K, Morris J D, et al. Scarcity message effects on consumption behavior:limited edition product considerations[J]. Psychology & Marketing, 2015, 32(10):989–1001.

[107] Johar J S, Sirgy M J. Value-expressive versus utilitarian advertising appeals:when and why to use which appeal[J]. Journal of Advertising, 1991, 20(3):23–33.

[108] Jung J M, Kellaris J J. Cross-national differences in proneness to scarcity effects:the moderating roles of familiarity, uncertainty avoidance, and need for cognitive closure[J]. Psychology & Marketing, 2004, 21(9):739–753.

[109] Kumar A, Bezawada R, Ramkumar R, et al. From social to sale:the effects of firm generated content in social media on customer behavior. Social Science Electronic Publishing[J]. Journal of Marketing, 2016, 80(1):7–25.

[110] Kurzban R, Neuberg S. Managing Ingroup and Outgroup Relationships[M]//The Handbook of Evolutionary Psychology. John Wiley & Sons, Inc, 2005:653–675.

[111] Kwok J S H, Gao S. Knowledge sharing community in p2p network:a study of motivational perspective[J]. Journal of Knowledge Management, 2004, 8(1):94–102.

[112] Levin D Z, Cross R. The Strength of Weak Ties You Can Trust:The Mediating Role of Trust in Effective Knowledge Transfer[J]. Management Science, 2004, 50(11):1477–1490.

[113] Liang T P, Ho Y T, Li Y W, et al. What Drives Social Commerce:The Role of Social Support and Relationship Quality[J]. International Journal of Electronic Commerce, 2011, 16(2):69–90.

[114] Lin H F. Effects of extrinsic and intrinsic motivation on employee knowledge sharing intentions[J]. Journal of Information Science, 2007, 33(2):135–149.

[115] Lin N. Building a Network Theory of Social Capital[J]. Connections, 1999, 22(1):28–51.

[116] Lin N, Ensel W M, Vaughn J C. Social resources and strength of ties:structural factors in occupational status attainment[J]. American Sociological Review, 1981, 87(2):393–405.

[117] Lynn M. Scarcity effects on value:A quantitative review of the commodity theory literature[J]. Psychology & Marketing, 1991, 8(1):43–57.

[118] Lynn M. Scarcity's enhancement of desirability:The role of naive economic theories[J]. Basic and Applied Social Psychology, 1992, 13(1):67–78.

[119] Lynn M, Bogert P. The effect of scarcity on anticipated price appreciation[J]. Journal of Applied Social Psychology, 1996, 26(22):1978–1984.

[120] Miller C M, Mcintyre S H, Mantrala M K. Toward formalizing fashion theory[J]. Journal of Marketing Research, 1993, 30(2):142–157.

[121] Mathwick C, Wiertz C, De Ruyter K. Social capital production in a virtual P3 community[J]. Journal of Consumer Research, 2008, 34(6):832–849.

[122] Nahapiet J, Ghoshal S. Social Capital, Intellectual Capital, and the Organizational Advantage[J]. Academy of Management Review, 1998, 23(2):242–266.

[123] Okada E M. Justification Effects on Consumer Choice of Hedonic and Utilitarian Goods[J]. Journal of Marketing Research, 2005, 42(1):43–53.

[124] Oruc R. The effects of product scarcity on consumer behavior:a meta-analysis[J]. Contemporary Sociology, 2015, 22(3):43–45.

[125] Park C W, Milberg S, Lawson R. Evaluation of brand extensions:the role of product feature similarity and brand concept consistency[J]. Journal of Consumer Research, 1991, 18(2):185–193.

[126] Raghubir P, Corfman K. When do price promotions affect pretrial brand evaluations[J]. Journal of Marketing Research, 1999, 36(2):211–222.

[127] Ryan R M, Deci E L. Intrinsic and extrinsic motivations:Classic definitions and new directions[J]. Contemporary educational psychology, 2000, 25(1):54–67.

[128] Schulze C, Schöler L, Skiera B. Not all fun and games:viral marketing for utilitarian products[J]. Journal of Marketing, 2014, 78(1):1–19.

[129] Sevdalis N, Harvey N, Yip M. Regret triggers inaction inertia-but which regret and

how?[J]. British Journal of Social Psychology, 2011, 45(4):839–853.

[130] Sherry J F. A sociocultural analysis of a midwestern American flea market[J]. Journal of Consumer Research, 1990, 17(1):13–30.

[131] Shiha E, Schau H J. To Justify or Not to Justify:The Role of Anticipated Regret on Consumers' Decisions to Upgrade Technological Innovations[J]. Journal of Retailing, 2011, 87(2):242–251.

[132] Sinha I, Chandran R, Srinivasan S S. Consumer Evaluations of Price and Promotional Restrictions—A Public Policy Perspective[J]. Journal of Public Policy & Marketing, 1999, 18(1):37–51.

[133] Sober E. What is evolutionary altruism? [J]. Canada Journal of Philosophy, 1988, 14:75–99.

[134] Stanko M A, Bonner J M, Calantone R J. Building commitment in buyer-seller relationships:A tie strength perspective[J]. Industrial Marketing Management, 2007,36(8):1094–1103.

[135] Sundaram D, Kaushik M, Webster C. Word-of-mouth communications:A motivational analysis[J]. Advances in Consumer Research, 1998, 25:527–531.

[136] Swain S D, Hanna R, Abendroth L J. How Time Restrictions Work:The Roles of Urgency, Anticipated Regret, and Deal Evaluations[J]. Advances in Consumer Research,2006, (33):523–525.

[137] Swami S, Khairnar P J. Diffusion of products with limited supply and known expiration date[J]. Marketing Letters, 2003, 14(1):33–46.

[138] Verhallen T M M, Robben H S J. Scarcity and preference:an experiment on unavailability and product evaluation[J]. Journal of Economic Psychology, 1994,15(2):315–331.

[139] Voss K E, Spangenberg E R, Grohmann B. Measuring the hedonic and utilitarian dimensions of consumer attitude[J]. Journal of marketing research, 2003, 40 (3):310–320.

[140] Wasko M L, Faraj S. Why should i share? examining social capital and knowledge contribution in electronic networks of practice[J]. Mis Quarterly, 2005, 29(1):35–57.

[141] Wang X, Yu C, Wei Y. Social media peer communication and impacts on purchase intentions:a consumer socialization framework[J]. Journal of Interactive Marketing, 2012,

26(4):198–208.

[142] Wilson E O. Sociobiology:The New synthesis Cambridge, mass[M]. Cambridge: Harvard University Press, 1975.

[143] Wu W, Lu H, Wu Y, et al. The effects of product scarcity and consumers' need for uniqueness on purchase intention[J]. International Journal of Consumer Studies, 2012,36(3):263–274.

[144] Yim Y C, Yoo S C, Sauer P L, et al. Hedonic shopping motivation and co-shopper influence on utilitarian grocery shopping in superstores[J]. Journal of the Academy of Marketing Science,2014, 42(5):528–544.

[145] Zhao X S, Lynch J G, Jr, et al. Reconsidering Baron and Kenny:Myths and truths about mediation analysis[J]. Journal of Consumer Research, 2010, 37(2):197–206.

[146] 丁道群，罗扬眉．认知风格和信息呈现方式对学习者认知负荷的影响 [J]．心理学探新，2009, 29(3):37–40．

[147] 黄静，郭昱琅，熊小明，等．在线图片呈现顺序对消费者购买意愿的影响研究——基于信息处理模式视角 [J]．营销科学学报，2016, 12(1):51–69．

[148] 黄敏学，王艺婷，廖俊云，等．评论不一致性对消费者的双面影响：产品属性与调节定向的调节 [J]．心理学报，2017, 49(03) :370–382．

[149] 纪文波，彭泗清．广告导向与说服力：一项基于心理距离的研究 [J]．营销科学学报，2011, 7(2):23–31．

[150] 贾佳，蒋玉石，盛平．碳标签的视觉复杂性对消费者加工流畅性及吸引力的影响研究 [J]．营销科学学报，2016, 12(3):87–100．

[151] 李巧，刘凤军，李玉玲．广告形状：广告诉求匹配度对广告说服力的影响 [J]．营销科学学报，2017, 13(3):38–56．

[152] 李晓明，谭谱．框架效应的应用研究及其应用技巧 [J]．心理科学进展，2018, 26(12):2230–2237．

[153] 刘满芝，徐悦，陈梦，等．信息双面性对节能产品购买意愿的影响——基于心理抗拒的中介作用和社会距离的调节效应 [J]．营销科学学报，2017,13(1):130–148．

[154] 孟陆，杨强，杜建刚，等．创新产品类别与呈现顺序相匹配对消费者购买意愿的影响 [J]．营销科学学报，2017, 13(4):83–103．

[155] 庞隽, 毕圣. 广告诉求: 品牌来源国刻板印象匹配度对品牌态度的影响机制 [J]. 心理学报, 2015, 47(3):406–416.

[156] 庞英, 蒋晶, 吴莹皓. 有魔力的数字——奇数表达的产品信息对消费者健康食品偏好的提升作用 [J]. 营销科学学报, 2017, 13(4):104–123.

[157] 彭聃龄, 张必隐. 认知心理学 [M]. 杭州: 浙江教育出版社, 2004.

[158] 文思思, 李东进, 郑晓莹. 广告信息框架与消费者孤独感交互影响广告说服力的研究 [J]. 管理学报, 2017, 12:1819–1828.

[159] 温忠麟, 张雷, 候杰, 等. 中介效应检验程序及其应用 [J]. 心理学报, 2004, (05):614–620.

[160] 吴剑琳. 网络环境下产品伤害危机对消费者品牌态度的影响研究——基于可接近性可诊断性理论 [J]. 管理评论, 2017, 29(10): 84–94.

[161] Alba J W, Hutchinson J W. Dimensions of consumer expertise[J]. Journal of Consumer Research, 1987, 13(4):411–454.

[162] Alter, Adam L, Oppenheimer D M. Uniting the Tribes of Fluency to Form a Metacogntive Nation[J]. Personality and Social Psychology Review, 2009, 13(3):219–235.

[163] Anghelcev G. Congruity between mood and message regulatory focus enhances the effectiveness of anti drinking and driving advertisements:a global versus local processing explanation[J]. International Journal of Advertising, 2015, 34(3):421–446.

[164] Arnheim R, Chapanis M R, Chapanis A. Art and visual perception. a psychology of the creative eye[J]. Philosophy & Phenomenological Research, 1956, 16(3):425.

[165] Bagchi R, Davis D F. $29 for 70 items or 70 items for $29? How presentation order affects package perceptions[J]. Journal of Consumer Research, 2012, 39(1):62–73.

[166] Bar M, Neta M. Humans prefer curved visual objects[J]. Psychological Science, 2006. 17(8):645–648.

[167] Beckwith N E, Lehmann D R. The importance of halo effects in multi-attribute attitude models[J]. Journal of Marketing Research, 1975, 12(3):265–275.

[168] Bergkvist L, Hjalmarson H, Mägi A W. A new model of how celebrity endorsements work:attitude toward the endorsement as a mediator of celebrity source and endorsement

effects[J].International Journal of Advertising, 2016, 35(2):171-184.

[169] Bettman J R, Sujan M. Effects of framing on evaluation of comparable and noncomparable alternatives by expert and novice consumers[J]. Journal of Consumer Research, 1987, 14(2):141.

[170] Biehal G, Chakravarti D. Consumers use of memory and external information in choice:macro and micro perspectives[J]. Journal of Consumer Research, 1986, 12(4):382.

[171] Bornstein, Robert F,Paul R D' Agostino. The Attribution and Discounting of Perceptual Fluency:Preliminary Tests of a Perceptual Fluency/Attributional Model of the Mere Exposure Effect[J]. Social Cognition, 1994, 12(2) : 103-128.

[172] Brennan S, Rosenberger P J, Hementera V.Product Placements in Movies:An Australian Consumer Perspective on their Ethicality and Acceptability[J]. Marketing Bulletin, 2004,15:1-16.

[173] Burson K A, Larrick R P, Lynch J G. Six of one, half dozen of the other[J]. Psychological Science, 2009,20(9):1074-1078.

[174] Cesario J, Grant H, Higgins E T. Regulatory fit and persuasion:transfer from "feeling right" [J]. Journal of Personality and Social Psychology, 2004,86(3):388-404.

[175] Cesario J, Higgins E T. Making message recipients "feel right" :how nonverbal cues can increase persuasion[J]. Psychological Science, 2010,19(5):415-420.

[176] Chang C. Repetition Variation Strategies for Narrative Advertising[J]. Journal of Advertising,2009, 38(3):51-65.

[177] Chang C. Imagery Fluency and Narrative Advertising Effects[J]. Journal of Advertising, 2013,42(1):54-68.

[178] Chitturi R, Rajagopal R, Vijay M. Form Versus Function:How the Intensities of Specific Emotions Evoked in Functional Versus Hedonic Trade-Offs Mediate Product Preferences[J]. Journal of Marketing Research (JMR), 2007,44 (4):702-14.

[179] Chitturi R, Rajagopal R, Vijay M. Delight by Design:The Role of Hedonic Versus Utilitarian Benefits[J]. Journal of Marketing,2008, 72 (3):48-63.

[180] Connell , Lynott D. Strength of perceptual experience predicts word processing performance better than concreteness or imageability[J]. Cognition, 2012,125(3):452-465.

[181] Dehaene S, Bossini S, Giraux P. The mental representation of parity and number magnitude[J]. Journal of Experimental Psychology:General,1993, 122(3):371-396.

[182] Dhar, Ravi, Klaus W. Consumer Choice Between Hedonic and Utilitarian Goods[J]. Journal of Marketing Research (JMR), 2000,37 (1):60-71.

[183] Feldman J M, Lynch J G. Self-Generated Validity and Other Effects of Measurement on Belief, Attitude, Intention and Behavior[J]. Journal of Applied Psychology, 1998,73(3):421-435.

[184] Förster J, Friedman R S, Liberman N. Temporal Construal Effects on Abstract and Concrete Thinking:Consequences for Insight and Creative Cognition [J]. Journal of Personality and Social Psychology, 2004,87(2):177-189.

[185] Fujita K Trope Y, Liberman N, et al. Construal levels and self-control[J]. Journal of Personality and Social Psychology, 2006,90(3):351-367.

[186] Gershoff, Andrew D, Frels J K. What Makes It Green? The Role of Centrality of Green Attributes in Evaluations of the Greenness of Products[J]. Journal of Marketing, 2015,79 (1):97-110.

[187] Goodman J K, Malkoc S A. Choosing Here and Now versus There and Later:The Moderating Role of Psychological Distance on Assortment Size Preferences[J]. Journal of Consumer Research, 2012,39(4):751-768.

[188] Grohmann B, Herrmann A, Lieven T, et al. The effect of brand design on brand gender perceptions and brand preferenceo[J].European Journal of Marketing, 2015,49(1/2):146-169.

[189] Hayes A F. Introduction to mediation, moderation, and conditional process analysis:A regression-based approach[J]. Journal of Educational Measurement, 2013,51(3):335-337.

[190] Hilgard E R. The trilogy of mind:cognition, affection, and conation[J]. Journal of the History of the Behavioral Sciences, 1980,16(2):107-117.

[191] Hines T M. An odd effect:lengthened reaction times for judgments about odd digits[J]. Memory and Cognition, 1990,18(1):40-46.

[192] Huang P, Lurie N H, Mitra S. Searching for Experience on the Web:An Empirical Examination of Consumer Behavior for Search and Experience Goods[J]. Journal of Marketing, 2009,73 (2):55-69.

[193] Im H, Lennon S J, Stoel L. The perceptual fluency effect on pleasurable online shopping experience[J]. Journal of Research in Interactive Marketing, 2010,4(4):280–295.

[194] Chris J. Preattentive Mere Exposure Effects[J]. Journal of Consumer Research, 1993,20(3):376–392.

[195] Jiang Y, Gorn G J, Galli M, et al. Does your company have the right logo? how and why circular- and angular-logo shapes influence brand attribute judgments[J]. Journal of Consumer Research, 2016, 42(5):709-726.

[196] Kardes F R. Spontaneous Inference Processes in Advertising:The Effects of Conclusion Omission and Involvement on Persuasion[J]. Journal of Consumer Research,1988, 15(2):225–233.

[197] Keller K L. Memory Factors in Advertising:The Effect of Advertising Retrieval Cues on Brand Evaluations[J]. Journal of Consumer Research, 1987,14(3):316–333.

[198] Khan U, Ravi D. Price-Framing Effects on the Purchase of Hedonic and Utilitarian Bundles[J]. Journal of Marketing Research (JMR), 2010, 47(6):1090–1099.

[199] Kim H, John D R. Consumer response to brand extensions:Construal level as a moderator of the importance of perceived fit[J]. Journal of Consumer Psychology,2008, 18(2):116–126.

[200] Kim H, Rao A R, Lee A Y. It's time to vote:The effect of matching message orientation and temporal frame on political persuasion[J]. Journal of Consumer Research,2009, 35(6):877–889.

[201] Kim K, Chhajed D. Product Design with Multiple Quality-Type Attributes[J]. Management Science, 2002,48(11):1502–1511.

[202] Klein, Lisa R. Evaluating the Potential of Interactive Media through a New Lens:Search versus Experience Goods[J]. Journal of Business Research, 1998,41 (3):195–203.

[203] Kühberger A, Tanner C. Risky choice framing:task versions and a comparison of prospect theory and fuzzy-trace theory[J]. Journal of Behavioral Decision Making, 2010,23(3):314–329.

[204] Kwark Y, Chen J, Raghunathan S. Online Product Reviews:Implications for Retailers and Competing Manufacturers[J]. Information Systems Research,2014, 25(1):93–110.

[205] Lacourbe P, Christoph H L, Stylianos K. Product Positioning in a Two-Dimensional

Market Space[J]. Production & Operations Management, 2009, 18 (3):315–332.

[206] Lee A Y, Aaker J L. Bringing the frame into focus:the influence of regulatory fit on processing fluency and persuasion[J]. Journal of Personality & Social Psychology, 2004,86(2):205–218.

[207] Lee A Y, Labroo A . The Effect of Conceptual and Perceptual Fluency on Brand Evaluation[J]. Journal of Marketing Research,2004, 41(2):151–165.

[208] Lee B C Y. Consumer attitude toward virtual stores and its correlates[J]. Journal of Retailing & Consumer Services, 2007,14(3):182–191.

[209] Luchs M G , Naylor R W , Irwin J R ,et al.The Sustainability Liability:Potential Negative Effects of Ethicality on Product Preference[J]. Journal of Marketing, 2010,74 (5):18–31.

[210] Lynch J G, Marmorstein H, Weigold M F. Choices from sets including remembered brands:Use of recalled attributes and prior overall evaluations[J]. Journal of Consumer Research, 1988,15(2):169–184.

[211] Mazis M B, Ahtola O T, Klippel R. A Comparison of Four Multi-Attribute Models in the Prediction of Consumer Attitudes[J]. Journal of Consumer Research, 1975,2 (1):38–52.

[212] McCrea S M, Wieber F, Myers A L. Construal Level Mindsets Moderate Self and Social Stereotypingo[J].Journal of Personality and Social Psychology,2012, 102(1):51–68.

[213] Miceli G, Scopelliti I, Raimondo M A, et al. Breaking through complexity. visual and conceptual dimensions in logo evaluation[J]. Psychology & Marketing, 2014, 31(10):886–899.

[214] Nelson P. Information and Consumer Behavior[J]. Journal of Political Economy, 1970, 78(2):311–329.

[215] Nenkov G Y, Haws K L, Min J K. Fluency in Future Focus:Optimizing Outcome Elaboration Strategies for Effective Self-Control[J]. Social Psychological & Personality Science, 2014, 5(7):769–776.

[216] Novemsky N, Dhar R, Schwarz N, et al. Preference fluency in choice[J]. Journal of Marketing Research,2007, 44(3):347–356.

[217] Nussbaum S, Trope Y, Liberman N. Creeping dispositionism:The temporal dynamics of behavior prediction[J]. Journal of Personality & Social Psychology, 2003,84(3):485–497.

[218] Pandelaere M, Briers B, Lembregts C. How to make a 29% increase look bigger:the unit

effect in option comparisons[J].Journal of Consumer Research, 2011,38(2):308–322.

[219] Petersen J A, Kumar V. Perceived risk, product returns, and optimal resource allocation:Evidence from a field experiment[J]. Journal of Marketing Research, 2015,52(2):268–285.

[220] Petty R E, Cacioppo J T, Schumann D. Central and Peripheral Routes to Advertising Effectiveness:The Moderating Role of Involvement[J]. Journal of Consumer Research,1983, 10(2):135–146.

[221] Reber R, Schwarz N, Winkielman P. Processing fluency and aesthetic pleasure:is beauty in the perceiver's processing experience?[J]. Personality and Social Psychology Review, 2004,8(4):364.

[222] Rompay T J L V, Pruyn A T H. When visual product features speak the same language:effects of shape-typeface congruence on brand perception and price expectations[J].Journal of Product Innovation Management, 2011,28(4):599–610.

[223] Schnotz W, Kürschner C. A Reconsideration of Cognitive Load Theory[J]. Educational Psychology Review, 2007,19(4):469–508.

[224] Schuman, Ludwig J. The Norm of Even-Handedness in Surveys as in Life[J]. American Sociological Review, 1983,48(1):112.

[225] Sela A, Berger J. How Attribute Quantity Influences Option Choice[J]. Journal of Marketing Research, 2011,49(6):942–953.

[226] Shapiro S. When an ad's influence is beyond our conscious control:perceptual and conceptual fluency effects caused by incidental ad exposure[J]. Journal of Consumer Research, 1999,26(1):16–36.

[227] Simon B, Mcgill A L. The Locus of Choice:Personal Causality and Satisfaction with Hedonic and Utilitarian Decisions[J]. Journal of Consumer Research, 2011,37(6):1065–1078.

[228] Srinivasan V. A General Procedure for Estimating Consumer Preference Distributions[J]. Journal of Marketing Research, 1975,12(4):377–389.

[229] Sun, Monic. Disclosing Multiple Product Attributes[J].Journal of Economics & Management Strategy, 2011,20(1):195–224.

[230] Tellis G J. Advertising and sales promotion strategyo[M]. NJ, USA:Prentice Hall, 2013.

[231] Tremblay, Victor J, Polasky S. Advertising with Subjective Horizontal and Vertical Product Differentiation[J]. Review of Industrial Organization,2002, 20 (3):253.

[232] Trope Y, Liberman N. Temporal construal and time-dependent changes in preference[J]. Journal of Personality & Social Psychology, 2000,79(6):876–889.

[233] Trope Y, Liberman N. Temporal construal[J]. Psychological Review, 2003,110(3):403.

[234] Wang J, Fu J, Lu H. Finding logos in real-world images with point-context representation-based region search[J]. Multimedia Systems, 2015,21(3):301–311.

[235] Wattal S, Telang R, Mukhopadhyay T. Information Personalization in a Two-Dimensional Product Differentiation Model[J]. Journal of Management Information Systems, 2009,26 (2):69–95.

[236] William A B. The learning of the 100 additions combinations and the 100 subtraction combinationso[J].Frederic B.Knight, Minnie S. Behrens. Elementary School Journal, 1928,29(4):314–315.

[237] Norbert W S, Tedra A F, Rolf R. The Hedonic Marking of Processing Fluency:Implications for Evaluative Judgment in The Psychology of Evaluation:Affective Process in Cognition and Emotion[J].Jochen Musch and Karl Christoph Klauer, edso. Mahwah, NJ:Lawrence Erlbaum Associates, 2003:189–217.

[238] Winkielman P, Cacioppo J T. Mind at Ease Puts a Smile on the Face:Psychophysiological Evidence that Processing Facilitation Elicits Positive Affects[J]. Journal of Personality and Social Psychology,2001, 81(6):989–1000.

[239] Winkielman P, Ziembowicz M, Nowak A. The coherent and fluent mind:how unified consciousness is constructed from cross-modal inputs via integrated processing experiences[J]. Frontiers in psychology,2015,(06):83.

[240] Alice W A, John G, Jr L. Communication Effects of Advertising versus Direct Experience When both Search and Experience Attributes Are Present[J]. Journal of Consumer Research, 1995,21 (4):708–718.

[241] Wyer R, Srull T K. Human cognition in its social context[J]. Psychological Review, 1986,93(3):322–359.

[242] Yoo J, Kim M. The effects of online product presentation on consumer responses:A mental imagery perspective[J]. Journal of Business Research,2014, 67(11):2464–2472.

[243] Zhao X, Lynch J G, Chen Q. Reconsidering Baron and Kenny:Myths and Truths about Mediation Analysis[J]. Journal of Consumer Research, 2010,37(2):197–206.

[244] Zhu R, Argo, Jennifer J. Exploring the Impact of Various Shaped Seating Arrangements on Persuasion[J].Journal of Consumer Research ,2013,40 (2):336–349.

[245] Zou P, Yu B, Hao Y. Does the Valence of Online Consumer Reviews matter for Consumer Decision Making? The Moderating Role of Consumer Expertise[J]. Journal of Computers, 2011,6(3):484–488.

[246] 何原秋.成功学的成功与失败[J].中国人力资源开发，2014:100–103.

[247] 刘宏艳，胡治国，彭聃龄.积极与消极情绪关系的理论及研究[J].心理科学进展，2008, 16:295–301.

[248] 刘肖岑，桑标，张文新.自利和自谦归因影响大学生人际交往的实验研究[J].心理科学，2007, 30:1068–1072.

[249] 周游，张春兰."正能量"广告对消费者态度的影响研究[J].广告大观(理论版)，2014, (01):25–34.

[250] 周象贤，金志成.情感广告的传播效果及作用机制[J].心理科学进展，2006, 14:126–132.

[251] 山郁林.励志类书籍中的伪科学因素及其影响[J].科学经济社会，2013, 31:153–157.

[252] 张美玲，罗忆.以微博为代表的自媒体传播特点和优势分析[J].湖北职业技术学院学报，2011, 14:45–49.

[253] 曹颖，王琨，秦燕.感性消费广告诉求策略[J].合作经济与科技，2006:10–11.

[254] 汪涛，谢志鹏，崔楠.和品牌聊聊天——拟人化沟通对消费者品牌态度的影响[J].心理学报，2014, 46:987–999.

[255] 温娟娟，郑雪，张灵.国外乐观研究述评[J].心理科学进展，2007, 15:129–133.

[256] 辛尔露.从媒介批评视野看社交网络中的点赞评论[J].东南传播，2014:115–117.

[257] 黄敏学，雷蕾，朱华伟.谈钱还是谈情：企业如何引导消费者分享自媒体营销[J].心理学报，2016, 48:211–220.

[258] Abramson L Y, Seligman M , Teasdale J D. Learned helplessness in humans:Critique and

reformulation[J].Journal of Abnormal Psychology, 1978, 87:49–74.

[259] Adjei M T, Noble S M, Noble C H. The influence of C2C communications in online brand communities on customer purchase behavior[J]. Journal of the Academy of Marketing Science, 2010, 38:634–653.

[260] Aggarwal P. The Effects of Brand Relationship Norms on Consumer Attitudes and Behavior[J]. Journal of Consumer Research, 2004, 31:87–101.

[261] Pankaj A, Meng Z. The Moderating Effect of Relationship Norm Salience on Consumers' Loss Aversion[J].Journal of Consumer Research, 2006, 33(3):413–419.

[262] Anderson E, Barton W. The use of pledges to build and sustain commit-ment in distribution channels[J].Journal of Marketing Research, 1992, 29:18–34.

[263] Blackston M. Observations:Building Brand Equity By Managing The Brand's Relationships[J].Journal of Advertising Research, 2000, 40:101–105.

[264] Campbell M C, Amna K. Consumers' Use of Persuasion Knowledge:The Effects of Accessibility and Cognitive Capacity on Perceptions of an Influence Agent[J]. Journal of Consumer Research, 2000,27:69–83.

[265] Clark M S, Judson M. The Difference Between Communal and Exchange Relationships:What It Is and Is Not[J]. Personality & Social Psychology Bulletin, 1993,19:684–691.

[266] Clark M S, Mils J. The Difference between Communal and Exchange Relationships:What it is and is Not[J].Personality & Social Psychology Bulletin, 1993,19(6):684–691.

[267] Coulter R H, M B Vpinto. Guilt appeals in advertising:what are their effects?[J]. The Journal of applied psychology, 1995,80:697–705.

[268] Doney P M, Cannon J P. An Examination of the Nature of Trust in Buyer–Seller Relationships[J].Journal of Marketing, 1997,61:35–51.

[269] Duncan T, Sandra E M. A Communication–Based Marketing Model for Managing Relationships[J]. Journal of Marketing, 1998,62:1–13.

[270] Fevre C L. Implications of manipulating anticipatory attributions on the strategy use of defensive pessimists and strategic optimists[J].Personality & Individual Differences, 1999,26:887–904.

[271] Gattei S. The positive power of negative thinking[J].Cladistics-the International Journal of the Willi Hennig Society,2002, 18:446–452.

[272] Goldsmith K, Eunice K C, Ravi D. When Guilt Begets Pleasure:The Positive Effect of a Negative Emotion[J]. Social Science Electronic Publishing, 2012, 49:872–881.

[273] Goodwin C. Communality as a Dimension of Service Relationships[J]. Journal of Consumer Psychology, 1996,5:387–415.

[274] Grégoire Y, Robert J F. Customer betrayal and retaliation:when your best customers become your worst enemies[J]. Journal of the Academy of Marketing Science, 2008,36:247–261.

[275] Gregoire Y , Fisher R J .Customer betrayal and retaliation:when your best customers become your worst enemies[J].Journal of the Academy of Marketing Science, 2008,36(2):247–261.

[276] Hartmann, George W. Self-Consistency, a Theory of Personality[J].Yhologal Blln,1946, 43:378–379.

[277] Heider, Fritz. The psychology of interpersonal relations[J].American Sociological Review, 1983,23:170.

[278] Higgins E T. Self-discrepancy:a theory relating self and affect[J]. Psychological Review, 1987,94:319–340.

[279] Hillman, James. Emotion:A Comprehensive Phenomenology of Theories and Their Meanings for Therapy[J].Journal of Psychosomatic Research, 1962,5:292–292.

[280] Hiroto, Donald S, Martin E S. Generality of learned helplessness in man[J]. J Pers Soc Psychol, 1975,31:311–327.

[281] Holbrook, Morris B, Rajeev B. Assessing the role of emotions as mediators of consumer responses to advertising[J].Journal of Consumer Research,1987, 14:404–420.

[282] Kirmani, Amna, Zhu R. Vigilant against Manipulation:The Effect of Regulatory Focus on the Use of Persuasion Knowledge[J].Journal of Marketing Research, 2007,44:688–701.

[283] Kirmani, Amna, Zhu, et al. Vigilant against Manipulation:The Effect of Regulatory Focus on the Use of Persuasion Knowledge[J].Journal of Marketing Research, 2007,44:688–701.

[284] Larsen J T, Mcgraw A P, Cacioppo J T. Can people feel happy and sad at the same time?[J]. Journal of Personality & Social Psychology, 2001,81:684–696.

[285] Lin H, Qiu L. Two Sites, Two Voices:Linguistic Differences between Facebook Status Updates and Tweets[C].In International Conference on Cross-cultural Design,2013.

[286] Mangold W, Glynn, Faulds D J. Social media:The new hybrid element of the promotion mix[J]. Business Horizons,2009, 52:357–365.

[287] Marshall, Grant N, Wortman C B. Distinguishing optimism from pessimism:Relations to fundamental dimensions of mood and personality[J]. Journal of Personality & Social Psychology, 1992,62:1067–1074.

[288] Muehling, Darrel D, Sprott D E. THE POWER OF REFLECTION:An Empirical Examination of Nostalgia Advertising Effects[J].Journal of Advertising, 2004,33:25–35.

[289] Adler N, Matthews K. Health Psychology:Why do Some People Get Sick and Some Stay Well?[J]. Annual Review of Psychology, 1994,45:229–259.

[290] Norem J K, Cantor N. Anticipatory and post hoc cushioning strategies:Optimism and defensive pessimism in "risky" situations[J].Cognitive Therapy & Research, 1986,10:347–362.

[291] Norem J K, Cantor N. Defensive pessimism:harnessing anxiety as motivation[J]. J Pers Soc Psychol, 1986, 51:1208–1217.

[292] Petty, Richard E, John T C. The Elaboration Likelihood Model of Persuasion[J]. Advances in Consumer Research,1984, 19:123–205.

[293] Rimé B, Pierre P, Stefano B, et al. Long-lasting Cognitive and Social Consequences of Emotion:Social Sharing and Rumination[J]. European Review of Social Psychology,1992,3:225–258.

[294] Russell, James A, James M C. On the bipolarity of positive and negative affect[J]. Psychological Bulletin,1999, 125:3–30.

[295] Salzinger, Kurt. Psychology The Science of Behavior[J]. Canadian Psychology, 2009, 43:278–280.

[296] Scheier M F, Carver C S. Optimism, coping, and health:assessment and implications of generalized outcome expectancies[J].Health Psychology Official Journal of the Division

of Health Psychology American Psychological Association, 1984,4:219-247.

[297] Scheier, Michael F, Carver C S. Effects of optimism on psychological and physical well-being:Theoretical overview and empirical update[J]. Cognitive Therapy & Research,1992, 16:201-228.

[298] Michael S F, Weintraub J K, Carver C S. Coping with stress:divergent strategies of optimists and pessimists[J].Journal of Personality & Social Psychology, 1986, 51:1257-1264.

[299] Schimmack U,Böckenholt U, Reisenzein R. Response styles in affect ratings:making a mountain out of a molehill[J]. Journal of Personality Assessment,2002, 78:461-483.

[300] Schweizer, Karl, Wolfgang K. The assessment of components of optimism by POSO-E[J]. Personality & Individual Differences, 2001,31:563-574.

[301] Sethi, Sheena, Seligman M E P. Optimism and Fundamentalism[J]. Psychological Science, 1993,4:256-259.

[302] Shimp, Terence A, Stuart E W. THE ROLE OF DISGUST AS AN EMOTIONAL MEDIATOR OF ADVERTISING EFFECTS[J]. Journal of Advertising, 2004,33:43-53.

[303] Stephens, John P, Abraham C. The positive effect of expressing negative emotions on knowledge creation capability and performance of project teams[J]. International Journal of Project Management, 2016,34:862-873.

[304] Stern, Barbara B. Advertising Intimacy:Relationship Marketing and the Services Consumer[J]. Journal of Advertising, 1997,26:7-19.

[305] Tan T, Ming M. Leveraging on symbolic values and meanings in branding[J]. Journal of Brand Management, 2003,10:208-218.

[306] Wan L C, Michael K H, Robert S W. The Role of Relationship Norms in Responses to Service Failures[J]. Journal of Consumer Research,2011, 38:260-277.

[307] Watson D, Clark L A, Tellegen A. Development and validation of brief measures of positive and negative affect:the PANAS scales[J]. J Pers Soc Psychol, 1988,54:1063-1070.

附录 1

实验一：问卷

消费者行为调查 A

您好！我们是某大学的研究人员，正在进行一项学术研究调查，恳请占用您一点时间来参与调查，我们在问卷调查中所收集的信息和数据，将仅作统计分析之用。衷心感谢您的支持！

请您进入以下情景：

您正打算添置一块手表来满足日常需求。您在浏览某购物网站时恰好看到了以下促销信息：

知名手表品牌 Onyi 推出新款 Onia 系列产品，售价为 899 元，Onyi 品牌十分畅销，且很少有折扣。为庆祝 Onyi 品牌成立 20 周年，Onyi 官方旗舰店现推出消费者浓情回馈活动，**首次七折促销，限时促销 3 天。**

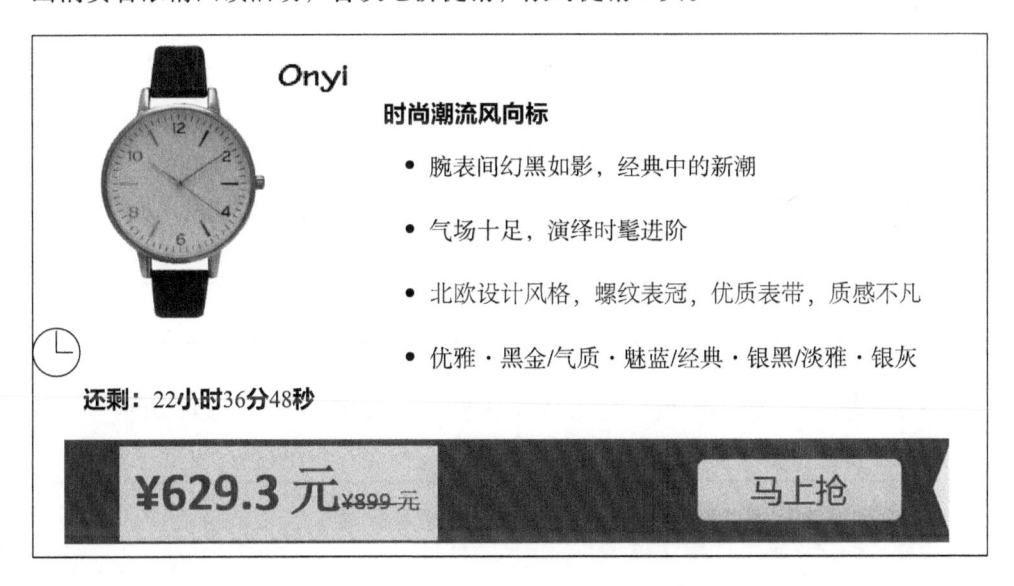

Onyi

时尚潮流风向标

- 腕表间幻黑如影，经典中的新潮
- 气场十足，演绎时髦进阶
- 北欧设计风格，螺纹表冠，优质表带，质感不凡
- 优雅·黑金/气质·魅蓝/经典·银黑/淡雅·银灰

还剩：22小时36分48秒

¥629.3 元 ~~¥899元~~　　　　　　　**马上抢**

【正式问卷第一部分】

请根据您的实际感受，选择合适的选项 （1=非常不同意，7=非常同意）	非常不同意	不同意	比较不同意	一般	比较同意	同意	非常同意
A1. 我愿意向他人推荐该手表	1	2	3	4	5	6	7
A2. 我愿意与他人分享该手表	1	2	3	4	5	6	7
A3. 我愿意分享（转发）该促销信息	1	2	3	4	5	6	7
A4. 我可能会和周围的朋友聊到这款手表	1	2	3	4	5	6	7

【正式问卷第二部分】

请根据您的实际感受，指出您对下列描述的看法 （1=非常不同意，7=非常同意）	非常不同意	不同意	比较不同意	一般	比较同意	同意	非常同意
B1. 这款手表是限时促销的	1	2	3	4	5	6	7
B2. 这款手表只促销3天	1	2	3	4	5	6	7
B3. 卖家设置的是促销时间有限	1	2	3	4	5	6	7
C1. 这款手表是限量促销的	1	2	3	4	5	6	7
C2. 这款手表只促销1000件	1	2	3	4	5	6	7
C3. 卖家设置的是促销数量有限	1	2	3	4	5	6	7
D1. 这款手表是时尚的	1	2	3	4	5	6	7
D2. 这款手表是有气质的	1	2	3	4	5	6	7
D3. 这款手表可以给人带来快乐的感受	1	2	3	4	5	6	7
E1. 这款手表是精准计时的	1	2	3	4	5	6	7
E2. 这款手表是耐用的	1	2	3	4	5	6	7
E3. 这款手表很实用	1	2	3	4	5	6	7

【正式问卷第三部分】

F1：您的性别是　　A. 男　　　　　B. 女

F2：您的年龄是　　A.18岁以下　　B.18~25岁　　C.26~35岁　　D.35岁以上

F3：您的学历是　　A. 高中及以下　B. 专科　　C. 本科　　D. 硕士　　E. 博士及以上

本问卷到此结束，衷心感谢您的帮助，祝您身体健康，生活愉快！

消费者行为调查 B

您好！我们是某大学的研究人员，正在进行一项学术研究调查，恳请占用您一点时间来参与调查，我们在问卷调查中所收集的信息和数据，将仅作统计分析之用。衷心感谢您的支持！

请您进入以下情景：

您正打算添置一块手表来满足日常需求。您在浏览某购物网站时恰好看到了以下促销信息：

知名手表品牌 **Onyi** 推出新款 **Onia** 系列产品，售价为 899 元，**Onyi** 品牌十分畅销，且很少有折扣。为庆祝 **Onyi** 品牌成立 20 周年，**Onyi** 官方旗舰店现推出消费者浓情回馈活动，**首次七折促销，限量促销 1000 件。**

Onyi

自动机械的超现实记录者

- 自动机械表机芯，方寸之间把握点滴时间
- 合成蓝宝石表镜，防磨、防刮、防眩光，历久弥新
- 50米生活防水
- 精工匠艺，北极圈地图后盖，316L精钢针扣

还剩：216件

¥629.3元 ~~¥899元~~

马上抢

【正式问卷第一部分】

请根据您的实际感受，选择合适的选项 （1= 非常不同意，7= 非常同意）	非常不同意	不同意	比较不同意	一般	比较同意	同意	非常同意
A1. 我愿意向他人推荐该手表	1	2	3	4	5	6	7
A2. 我愿意与他人分享该手表	1	2	3	4	5	6	7
A3. 我愿意分享（转发）该促销信息	1	2	3	4	5	6	7
A4. 我可能会和周围的朋友聊到这款手表	1	2	3	4	5	6	7

【正式问卷第二部分】

请根据您的实际感受，指出您对下列描述的看法 （1= 非常不同意，7= 非常同意）	非常不同意	不同意	比较不同意	一般	比较同意	同意	非常同意
B1. 这款手表是限时促销的	1	2	3	4	5	6	7
B2. 这款手表只促销 3 天	1	2	3	4	5	6	7
B3. 卖家设置的是促销时间有限	1	2	3	4	5	6	7
C1. 这款手表是限量促销的	1	2	3	4	5	6	7
C2. 这款手表只促销 1000 件	1	2	3	4	5	6	7
C3. 卖家设置的是促销数量有限	1	2	3	4	5	6	7
D1. 这款手表是时尚的	1	2	3	4	5	6	7
D2. 这款手表是有气质的	1	2	3	4	5	6	7
D3. 这款手表可以给人带来快乐的感受	1	2	3	4	5	6	7
E1. 这款手表是精准计时的	1	2	3	4	5	6	7
E2. 这款手表是耐用的	1	2	3	4	5	6	7
E3. 这款手表很实用	1	2	3	4	5	6	7

【正式问卷第三部分】

F1：您的性别是　　A. 男　　　　　　B. 女

F2：您的年龄是　　A. 18 岁以下　　B. 18～25 岁　　C. 26～35 岁　　D. 35 岁以上

F3：您的学历是　　A. 高中及以下　　B. 专科　　C. 本科　　D. 硕士　　E. 博士及以上

本问卷到此结束，衷心感谢您的帮助，祝您身体健康，生活愉快！

消费者行为调查 C

您好！我们是某大学的研究人员，正在进行一项学术研究调查，恳请占用您一点时间来参与调查，我们在问卷调查中所收集的信息和数据，将仅作统计分析之用。衷心感谢您的支持！

请您进入以下情景：

您正打算添置一块手表来满足日常需求。您在浏览某购物网站时恰好看到了以下促销信息：

知名手表品牌 **Onyi** 推出新款 **Onia** 系列产品，售价为 **899** 元，**Onyi** 品牌十分畅销，且很少有折扣。为庆祝 **Onyi** 品牌成立 20 周年，**Onyi** 官方旗舰店现推出消费者浓情回馈活动，**首次七折促销**。

Onyi

时尚潮流风向标

- 腕表间幻黑如影，经典中的新潮
- 气场十足，演绎时髦进阶
- 北欧设计风格，螺纹表冠，优质皮带，质感不凡
- 优雅·黑金/气质·魅蓝/经典·银黑/淡雅·银灰

¥629.3 元 ~~¥899 元~~　　马上抢

【正式问卷第一部分】

请根据您的实际感受，选择合适的选项 (1= 非常不同意，7= 非常同意)	非常不同意	不同意	比较不同意	一般	比较同意	同意	非常同意
A1. 我愿意向他人推荐该手表	1	2	3	4	5	6	7
A2. 我愿意与他人分享该手表	1	2	3	4	5	6	7
A3. 我愿意分享（转发）该促销信息	1	2	3	4	5	6	7
A4. 我可能会和周围的朋友聊到这款手表	1	2	3	4	5	6	7

【正式问卷第二部分】

请根据您的实际感受，指出您对下列描述的看法 (1= 非常不同意，7= 非常同意)	非常不同意	不同意	比较不同意	一般	比较同意	同意	非常同意
B1. 这款手表是限时促销的	1	2	3	4	5	6	7
B2. 这款手表只促销 3 天	1	2	3	4	5	6	7

请根据您的实际感受，指出您对下列描述的看法 （1=非常不同意，7=非常同意）	非常不同意	不同意	比较不同意	一般	比较同意	同意	非常同意
B3. 卖家设置的是促销时间有限	1	2	3	4	5	6	7
C1. 这款手表是限量促销的	1	2	3	4	5	6	7
C2. 这款手表只促销1000件	1	2	3	4	5	6	7
C3. 卖家设置的是促销数量有限	1	2	3	4	5	6	7
D1. 这款手表是时尚的	1	2	3	4	5	6	7
D2. 这款手表是有气质的	1	2	3	4	5	6	7
D3. 这款手表可以给人带来快乐的感受	1	2	3	4	5	6	7
E1. 这款手表是精准计时的	1	2	3	4	5	6	7
E2. 这款手表是耐用的	1	2	3	4	5	6	7
E3. 这款手表很实用	1	2	3	4	5	6	7

【正式问卷第三部分】

请根据您的实际感受，指出您对下列描述的看法 （1=非常不同意，7=非常同意）	非常不同意	不同意	比较不同意	一般	比较同意	同意	非常同意
F1. 我希望通过分享让他人也获得这一促销信息	1	2	3	4	5	6	7
F2. 我希望通过分享使他人也受益	1	2	3	4	5	6	7
F3. 分享该促销信息是考虑到它可能对他人有用	1	2	3	4	5	6	7
F4. 分享该促销信息是考虑到它可能对他人有价值	1	2	3	4	5	6	7

F1：您的性别是　　A. 男　　　　B. 女

F2：您的年龄是　　A. 18岁以下　B. 18~25岁　C. 26~35岁　D. 35岁以上

F3：您的学历是　　A. 高中及以下　B. 专科　　C. 本科　　D. 硕士　　E. 博士及以上

本问卷到此结束，衷心感谢您的帮助，祝您身体健康，生活愉快！

实验二：问卷

消费者行为调查 A

您好！我们是某大学的研究人员，正在进行一项学术研究调查，恳请占用您一点时间来参与调查，我们在问卷调查中所收集的信息和数据，将仅作统计分析之用。衷心感谢您的支持！

请您进入以下情景：

您正打算添置一双运动鞋来满足日常需求。您在浏览某购物网站时恰好看到了以下促销信息：

知名运动鞋品牌 **Mountain** 推出新款 **FLY** 系列产品，售价为 658 元，**Mountain** 品牌十分畅销，且很少有折扣。为庆祝 **FLY** 系列产品上月销量突破一万件，**Mountain** 官方旗舰店现推出消费者浓情回馈活动，**首次六折促销，限时促销 3 天**。

Mountain

时尚格调ICON

- 炫酷多彩，难掩不羁青春
- 轻质缓震，开启舒适好心情
- 印花设计，时尚与优雅融合，型走街头，轻松吸睛
- 优雅白/复古黑/时尚灰/朴雾嫩粉/传奇蓝

还剩：1天21小时45分52秒

¥394.8元 ¥658元   马上抢

【正式问卷第一部分】

请根据您的实际感受，选择合适的选项 （1=非常不同意，7=非常同意）	非常不同意	不同意	比较不同意	一般	比较同意	同意	非常同意
A1. 我愿意向他人推荐该运动鞋	1	2	3	4	5	6	7

请根据您的实际感受，选择合适的选项 （1=非常不同意，7=非常同意）	非常不同意	不同意	比较不同意	一般	比较同意	同意	非常同意
A2. 我愿意与他人分享该运动鞋	1	2	3	4	5	6	7
A3. 我愿意分享（转发）该促销信息	1	2	3	4	5	6	7
A4. 我可能会和周围的朋友聊到这款运动鞋	1	2	3	4	5	6	7

【正式问卷第二部分】

如果我分享（转发）该促销信息，我会分享给 （1=非常不同意，7=非常同意）	非常不同意	不同意	比较不同意	一般	比较同意	同意	非常同意
B1. 所有能看到我微博（微信朋友圈、QQ空间等）状态的人	1	2	3	4	5	6	7
B2. 所有我认识的人	1	2	3	4	5	6	7
C1. 特别分享给家人或关系很好的朋友等	1	2	3	4	5	6	7
C2. 只分享给某些关系好的人	1	2	3	4	5	6	7

【正式问卷第三部分】

请根据您的实际感受，指出您对下列描述的看法 （1=非常不同意，7=非常同意）	非常不同意	不同意	比较不同意	一般	比较同意	同意	非常同意
D1. 这款运动鞋是限时促销的	1	2	3	4	5	6	7
D2. 这款运动鞋只促销3天	1	2	3	4	5	6	7
D3. 卖家设置的是促销时间有限	1	2	3	4	5	6	7
E1. 这款运动鞋是限量促销的	1	2	3	4	5	6	7
E2. 这款运动鞋只促销1000件	1	2	3	4	5	6	7
E3. 卖家设置的是促销数量有限	1	2	3	4	5	6	7
F1. 这款运动鞋是时尚的	1	2	3	4	5	6	7
F2. 这款运动鞋是舒适的	1	2	3	4	5	6	7
F3. 这款运动鞋可以给人带来快乐的感受	1	2	3	4	5	6	7
G1. 这款运动鞋对运动很有帮助	1	2	3	4	5	6	7

请根据您的实际感受，指出您对下列描述的看法 （1=非常不同意，7=非常同意）	非常不同意	不同意	比较不同意	一般	比较同意	同意	非常同意
G2. 这款运动鞋能防滑减震	1	2	3	4	5	6	7
G3. 这款运动鞋是功能性的	1	2	3	4	5	6	7

【正式问卷第四部分】

请根据您的实际感受，指出您对下列描述的看法 （1=非常不同意，7=非常同意）	非常不同意	不同意	比较不同意	一般	比较同意	同意	非常同意
H1. 我希望通过分享让他人也获得这一促销信息	1	2	3	4	5	6	7
H2. 我希望通过分享使他人也受益	1	2	3	4	5	6	7
H3. 分享该促销信息是考虑到它可能对他人有用	1	2	3	4	5	6	7
H4. 分享该促销信息是考虑到它可能对他人有价值	1	2	3	4	5	6	7

【正式问卷第五部分】

请根据您的实际感受，指出您对下列描述的看法 （1=非常不同意，7=非常同意）	非常不同意	不同意	比较不同意	一般	比较同意	同意	非常同意
I1. 我认为这款运动鞋的数量可能很有限	1	2	3	4	5	6	7
I2. 我认为这款运动鞋很快会售完	1	2	3	4	5	6	7
I3. 我认为很多人将选择（购买）这款运动鞋	1	2	3	4	5	6	7

【正式问卷第六部分】

J1：您的性别是　　A. 男　　　　　　B. 女

J2：您的年龄是　　A. 18岁以下　　B. 18～25岁　　C. 26～35岁　　D. 35岁以上

J3：您的学历是　　A. 高中及以下　　B. 专科　　C. 本科　　D. 硕士　　E. 博士及以上

本问卷到此结束，衷心感谢您的帮助，祝您身体健康，生活愉快！

消费者行为调查 B

您好！我们是某大学的研究人员，正在进行一项学术研究调查，恳请占用您一点时间来参与调查，我们在问卷调查中所收集的信息和数据，仅作统计分析之用。衷心感谢您的支持！

请您进入以下情景：

您正打算添置一双运动鞋来满足日常需求。您在浏览某购物网站时恰好看到了以下促销信息：

知名运动鞋品牌 **Mountain** 推出新款 **FLY** 系列产品，售价为 658 元，**Mountain** 品牌十分畅销，且很少有折扣。为庆祝 **FLY** 系列产品上月销量突破一万件，**Mountain** 官方旗舰店现推出消费者浓情回馈活动，**首次六折促销，限量促销 1000 件**。

Mountain

减震耐磨大师
- 六边形抓地底纹，不惧磨损
- 双密度框架，微弹簧结构，动态减震回弹
- 单层一体式内靴，稳定包裹性能优越
- 白色/黑色/灰色

还剩：428件

¥394.8 元 ¥658元   马上抢

【正式问卷第一部分】

请根据您的实际感受，选择合适的选项 （1= 非常不同意，7= 非常同意）	非常不同意	不同意	比较不同意	一般	比较同意	同意	非常同意
A1. 我愿意向他人推荐该运动鞋	1	2	3	4	5	6	7
A2. 我愿意与他人分享该运动鞋	1	2	3	4	5	6	7

附录1

请根据您的实际感受，选择合适的选项 （1=非常不同意，7=非常同意）	非常不同意	不同意	比较不同意	一般	比较同意	同意	非常同意
A3. 我愿意分享（转发）该促销信息	1	2	3	4	5	6	7
A4. 我可能会和周围的朋友聊到这款运动鞋	1	2	3	4	5	6	7

【正式问卷第二部分】

如果我分享（转发）该促销信息， 我会分享给 （1=非常不同意，7=非常同意）	非常不同意	不同意	比较不同意	一般	比较同意	同意	非常同意
B1. 所有能看到我微博（微信朋友圈、QQ空间等）状态的人	1	2	3	4	5	6	7
B2. 所有我认识的人	1	2	3	4	5	6	7
C1. 特别分享给家人或关系很好的朋友等	1	2	3	4	5	6	7
C2. 只分享给某些关系好的人	1	2	3	4	5	6	7

【正式问卷第三部分】

请根据您的实际感受，指出您对下列描述的看法 （1=非常不同意，7=非常同意）	非常不同意	不同意	比较不同意	一般	比较同意	同意	非常同意
D1. 这款运动鞋是限时促销的	1	2	3	4	5	6	7
D2. 这款运动鞋只促销3天	1	2	3	4	5	6	7
D3. 卖家设置的是促销时间有限	1	2	3	4	5	6	7
E1. 这款运动鞋是限量促销的	1	2	3	4	5	6	7
E2. 这款运动鞋只促销1000件	1	2	3	4	5	6	7
E3. 卖家设置的是促销数量有限	1	2	3	4	5	6	7
F1. 这款运动鞋是时尚的	1	2	3	4	5	6	7
F2. 这款运动鞋是舒适的	1	2	3	4	5	6	7
F3. 这款运动鞋可以给人带来快乐的感受	1	2	3	4	5	6	7
G1. 这款运动鞋对运动很有帮助	1	2	3	4	5	6	7
G2. 这款运动鞋能防滑减震	1	2	3	4	5	6	7
G3. 这款运动鞋是功能性的	1	2	3	4	5	6	7

【正式问卷第四部分】

请根据您的实际感受，指出您对下列描述的看法 （1= 非常不同意，7= 非常同意）	非常不同意	不同意	比较不同意	一般	比较同意	同意	非常同意
H1. 我希望通过分享让他人也获得这一促销信息	1	2	3	4	5	6	7
H2. 我希望通过分享使他人也受益	1	2	3	4	5	6	7
H3. 分享该促销信息是考虑到它可能对他人有用	1	2	3	4	5	6	7
H4. 分享该促销信息是考虑到它可能对他人有价值	1	2	3	4	5	6	7

【正式问卷第五部分】

请根据您的实际感受，指出您对下列描述的看法 （1= 非常不同意，7= 非常同意）	非常不同意	不同意	比较不同意	一般	比较同意	同意	非常同意
I1. 我认为这款运动鞋的数量可能很有限	1	2	3	4	5	6	7
I2. 我认为这款运动鞋很快会售完	1	2	3	4	5	6	7
I3. 我认为很多人将选择（购买）这款运动鞋	1	2	3	4	5	6	7

【正式问卷第六部分】

J1：您的性别是　　A. 男　　　　　B. 女

J2：您的年龄是　　A.18 岁以下　　B.18～25 岁　　C.26～35 岁　　D.35 岁以上

J3：您的学历是　　A. 高中及以下　B. 专科　　　　C. 本科　　　　D. 硕士　　E. 博士及以上

本问卷到此结束，衷心感谢您的帮助，祝您身体健康，生活愉快！

附录 2

研究二：自嘲型名人代言与实用性产品

编号 A1

尊敬的先生 / 女士您好，我们是某某大学的在校研究人员，现在正在开展一项名人广告相关的调查，恳请您能在百忙之中抽空参与我们的研究调查，问卷数据绝对保密，祝您生活愉快！

首先，请您结合自身经历，联想出一个自己喜爱的名人，他 / 她的名字是：_____

然后，请您进入以下情景：

假设您今日有购买洗发水的需求，您在某购物网站正好发现自己喜爱的名人正在为一款洗发水（HENGQI）做代言，广告词如下所示：

HENGQI 洗发水

使用HENGQI之前

我的工种
就像是天桥底下贴小广告的
使用后我才顿悟
优雅其实很简单！

【正式问卷第一部分】

请结合该名人的代言方式和购物场景，回答以下问题 （1=非常不同意，7=非常同意）	非常不 同意						非常 同意
A1：我会转发这则广告	1	2	3	4	5	6	7
A2：我愿意跟大家分享和讨论这则广告	1	2	3	4	5	6	7
A3：我愿意转发这则广告	1	2	3	4	5	6	7
A4：我会跟同学或朋友聊到这则广告	1	2	3	4	5	6	7
A5：我愿意和其他人提及甚至推荐这款产品	1	2	3	4	5	6	7

【正式问卷第二部分】

请结合该名人的代言方式和购物场景，回答以下问题 （1=非常不同意，7=非常同意）	非常不 同意						非常 同意
B1：该广告在强调该名人自身的吸引力	1	2	3	4	5	6	7
B2：该广告在强调该名人自身的专业优势	1	2	3	4	5	6	7
B3：该广告提升了我对该名人的信任感	1	2	3	4	5	6	7
C1：我觉得该名人广告有种幽默的感觉	1	2	3	4	5	6	7
C2：该名人广告令人感到有趣	1	2	3	4	5	6	7
C3：该名人广告引人发笑	1	2	3	4	5	6	7

【正式问卷第三部分】

请结合该名人的代言方式和购物场景，回答以下问题 （1=非常不同意，7=非常同意）	非常不 同意						非常 同意
D1：转发该广告前，我会先获得该产品可靠的信息	1	2	3	4	5	6	7
D2：有的时候身边的人能给我正确的决策	1	2	3	4	5	6	7
D3：我觉得应该先更多了解这款产品	1	2	3	4	5	6	7
D4：选择前，家人和朋友的看法对我很重要	1	2	3	4	5	6	7
E1：我喜欢该名人，所以我会转发	1	2	3	4	5	6	7
E2：该名人喜欢该产品，所以我就喜欢	1	2	3	4	5	6	7
E3：我愿意为了和该名人保持一致而转发该广告	1	2	3	4	5	6	7
E4：该名人能够让我也产生一种被认同感	1	2	3	4	5	6	7

【正式问卷第四部分】

请结合该名人代言的产品，回答以下问题 （1= 非常不同意，7= 非常同意）	非常不同意						非常同意
F1：这款产品对我很有用	1	2	3	4	5	6	7
F2：这款产品让我觉得生活更方便了	1	2	3	4	5	6	7
F3：这款产品是值得购买的	1	2	3	4	5	6	7
G1：这款产品的包装设计很好看	1	2	3	4	5	6	7
G2：这款产品能给我带来愉快的体验	1	2	3	4	5	6	7
G3：我觉得这款产品是让人快乐的	1	2	3	4	5	6	7

【正式问卷第五部分】

H1：您的性别是	A. 男	B. 女			
H2：您的年龄是	A.18 岁以下	B.18～25 岁	C.26～35 岁	D.35 岁以上	
H3：您的学历是	A. 高中及以下	B. 专科	C. 本科	D. 硕士	E. 博士及以上

再次感谢您的支持！祝您身体健康，生活愉快～

研究二：自强型名人代言与实用性产品

编号 A2

尊敬的先生／女士您好，我们是某某大学的在校研究人员，现在正在开展一项名人广告相关的调查，恳请您能在百忙之中抽空参与我们的研究调查，问卷数据绝对保密，祝您生活愉快！

首先，请您结合自身经历，联想出一个自己喜爱的名人，他／她的名字是：_____

然后，请您进入以下情景：

假设您今日有购买洗发水的需求，您在某购物网站正好发现您喜爱的名人正在为一款洗发水（HENGQI）做代言，广告词如下所示：

HENGQI 洗发水

潮流的外在

专注的态度

感谢HENGQI

给我带来天生注定的

不同凡响！

【正式问卷第一部分】

请结合该名人的代言方式和购物场景，回答以下问题 （1= 非常不同意，7= 非常同意）	非常不同意						非常同意
A1：我会转发这则广告	1	2	3	4	5	6	7
A2：我愿意跟大家分享和讨论这则广告	1	2	3	4	5	6	7
A3：我愿意转发这则广告	1	2	3	4	5	6	7
A4：我会跟同学或朋友聊到这则广告	1	2	3	4	5	6	7
A5：我愿意和其他人提及甚至推荐这款产品	1	2	3	4	5	6	7

【正式问卷第二部分】

请结合该名人的代言方式和购物场景，回答以下问题 （1= 非常不同意，7= 非常同意）	非常不同意						非常同意
B1：该广告在强调该名人自身的吸引力	1	2	3	4	5	6	7
B2：该广告在强调该名人自身的专业优势	1	2	3	4	5	6	7
B3：该广告提升了我对该名人的信任感	1	2	3	4	5	6	7
C1：我觉得该名人广告有种幽默的感觉	1	2	3	4	5	6	7
C2：该名人广告令人感到有趣	1	2	3	4	5	6	7
C3：该名人广告引人发笑	1	2	3	4	5	6	7

【正式问卷第三部分】

请结合该名人的代言方式和购物场景，回答以下问题 （1= 非常不同意，7= 非常同意）	非常不同意						非常同意
D1：转发该广告前，我会先获得该产品可靠的信息	1	2	3	4	5	6	7
D2：有的时候身边的人能给我正确的决策	1	2	3	4	5	6	7
D3：我觉得应该先更多了解这款产品	1	2	3	4	5	6	7
D4：选择前，家人和朋友的看法对我很重要	1	2	3	4	5	6	7
E1：我喜欢该名人，所以我会转发	1	2	3	4	5	6	7
E2：该名人喜欢该产品，所以我就喜欢	1	2	3	4	5	6	7
E3：我愿意为了和该名人保持一致而转发该广告	1	2	3	4	5	6	7
E4：该名人能够让我也产生一种被认同感	1	2	3	4	5	6	7

【正式问卷第四部分】

请结合该名人代言的产品，回答以下问题 （1= 非常不同意，7= 非常同意）	非常不同意						非常同意
F1：这款产品对我很有用	1	2	3	4	5	6	7
F2：这款产品让我觉得生活更方便了	1	2	3	4	5	6	7
F3：这款产品是值得购买的	1	2	3	4	5	6	7
G1：这款产品的包装设计很好看	1	2	3	4	5	6	7
G2：这款产品能给我带来愉快的体验	1	2	3	4	5	6	7
G3：我觉得这款产品是让人快乐的	1	2	3	4	5	6	7

【正式问卷第五部分】

H1：您的性别是	A. 男	B. 女		
H2：您的年龄是	A.18 岁以下	B.18 ~ 25 岁	C.26 ~ 35 岁	D.35 岁以上
H3：您的学历是	A. 高中及以下	B. 专科	C. 本科	D. 硕士　E. 博士及以上

再次感谢您的支持！祝您身体健康，生活愉快~

研究二：自嘲型名人代言与享乐性产品

编号 B1

尊敬的先生/女士您好，我们是某某大学的在校研究人员，现在正在开展一项名人广告相关的调查，恳请您能在百忙之中抽空参与我们的研究调查，问卷数据绝对保密，祝您生活愉快！

首先，请您结合自身经历，联想出一个自己喜爱的名人，他/她的名字是：_____

然后，请您进入以下情景：

假设您今日有购买糖果的需求，您在某购物网站正好发现自己喜爱的名人正在为一款糖果（Minde）做代言，广告词如下所示：

Minde 糖果系列

我本粗俗

自认谈吐辱雅，用词入骨

都是托Minde的福

让我走起路

都那么引人注目

【正式问卷第一部分】

请结合该名人的代言方式和购物场景，回答以下问题（1=非常不同意，7=非常同意）	非常不同意						非常同意
A1：我会转发这则广告	1	2	3	4	5	6	7
A2：我愿意跟大家分享和讨论这则广告	1	2	3	4	5	6	7
A3：我愿意转发这则广告	1	2	3	4	5	6	7
A4：我会跟同学或朋友聊到这则广告	1	2	3	4	5	6	7
A5：我愿意和其他人提及甚至推荐这款产品	1	2	3	4	5	6	7

【正式问卷第二部分】

请结合该名人的代言方式和购物场景，回答以下问题 （1= 非常不同意，7= 非常同意）	非常不 同意						非常 同意
B1：该广告在强调名人自身的吸引力	1	2	3	4	5	6	7
B2：广告在强调该名人自身的专业优势	1	2	3	4	5	6	7
B3：该广告提升了我对名人的信任感	1	2	3	4	5	6	7
C1：我觉得该名人广告有种幽默的感觉	1	2	3	4	5	6	7
C2：该名人广告令人感到有趣	1	2	3	4	5	6	7
C3：该名人广告引人发笑	1	2	3	4	5	6	7

【正式问卷第三部分】

请结合该名人的代言方式和购物场景，回答以下问题 （1= 非常不同意，7= 非常同意）	非常不 同意						非常 同意
D1：转发该广告前，我会先获得产品最可靠的信息	1	2	3	4	5	6	7
D2：有的时候身边的人能给我正确的决策	1	2	3	4	5	6	7
D3：我觉得应该先更多了解这种款产品	1	2	3	4	5	6	7
D4：选择前，家人和朋友的看法对我很重要	1	2	3	4	5	6	7
E1：我喜欢该名人，所以我会转发	1	2	3	4	5	6	7
E2：该名人喜欢该产品，所以我就喜欢	1	2	3	4	5	6	7
E3：我愿意为了和该名人保持一致而转发该广告	1	2	3	4	5	6	7
E4：该名人能够让我也产生一种被认同感	1	2	3	4	5	6	7

【正式问卷第四部分】

请结合该名人代言的产品，回答以下问题 （1= 非常不同意，7= 非常同意）	非常不 同意						非常 同意
F1：这款产品对我很有用	1	2	3	4	5	6	7
F2：这款产品让我觉得生活更方便了	1	2	3	4	5	6	7
F3：这款产品是值得购买的	1	2	3	4	5	6	7
G1：这款产品的包装设计很好看	1	2	3	4	5	6	7
G2：这款产品能给我带来愉快的体验	1	2	3	4	5	6	7
G3：我觉得这款产品是让人快乐的	1	2	3	4	5	6	7

【正式问卷第五部分】

H1：您的性别是　　　A. 男　　　　　B. 女

H2：您的年龄是　　　A.18 岁以下　　B.18～25 岁　　C.26～35 岁　　D.35 岁以上

H3：您的学历是　　　A. 高中及以下　B. 专科　　C. 本科　　D. 硕士　　E. 博士及以上

再次感谢您的支持！祝您身体健康，生活愉快~

研究二：自强型名人代言与享乐性产品

编号 B2

尊敬的先生/女士您好，我们是某某大学的在校研究人员，现在正在开展一项名人广告相关的调查，恳请您能在百忙之中抽空参与我们的研究调查，问卷数据绝对保密，祝您生活愉快！

首先，请您结合自身经历，联想出一个自己喜爱的名人，他/她的名字是：_____

然后，请您进入以下情景：

假设您今日有购买糖果的需求，您在某购物网站正好发现自己喜爱的名人正在为一款糖果（Minde）做代言，广告词如下所示：

Minde　糖果系列

悄悄告诉你哦

凡人无法抗拒我的秘诀

尽在Minde巧克力！

【正式问卷第一部分】

请结合该名人的代言方式和购物场景，回答以下问题 （1= 非常不同意，7= 非常同意）	非常不 同意						非常 同意
A1：我会转发这则广告	1	2	3	4	5	6	7
A2：我愿意跟大家分享和讨论这则广告	1	2	3	4	5	6	7
A3：我愿意转发这则广告	1	2	3	4	5	6	7
A4：我会跟同学或朋友聊到这则广告	1	2	3	4	5	6	7
A5：我愿意和其他人提及甚至推荐这款产品	1	2	3	4	5	6	7

【正式问卷第二部分】

请结合该名人的代言方式和购物场景，回答以下问题 （1= 非常不同意，7= 非常同意）	非常不 同意						非常 同意
B1：该广告在强调名人自身的吸引力	1	2	3	4	5	6	7
B2：该广告在强调名人自身的专业优势	1	2	3	4	5	6	7
B3：该广告提升了我对名人的信任感	1	2	3	4	5	6	7
C1：我觉得该名人广告有种幽默的感觉	1	2	3	4	5	6	7
C2：该名人广告令人感到有趣	1	2	3	4	5	6	7
C3：该名人广告引人发笑	1	2	3	4	5	6	7

【正式问卷第三部分】

请结合该名人的代言方式和购物场景，回答以下问题 （1= 非常不同意，7= 非常同意）	非常不 同意						非常 同意
D1：转发该广告前，我会先获得产品最可靠的信息	1	2	3	4	5	6	7
D2：有的时候身边的人能给我正确的决策	1	2	3	4	5	6	7
D3：我觉得应该先更多了解这款产品	1	2	3	4	5	6	7
D4：选择前，家人和朋友的看法对我很重要	1	2	3	4	5	6	7
E1：我喜欢款名人，所以我会转发	1	2	3	4	5	6	7
E2：该名人喜欢该产品，所以我就喜欢	1	2	3	4	5	6	7
E3：我愿意为了和该名人保持一致而转发广告	1	2	3	4	5	6	7
E4：该名人能够让我也产生一种被认同感	1	2	3	4	5	6	7

【正式问卷第四部分】

请结合该名人代言的产品，回答以下问题 （1=非常不同意，7=非常同意）	非常不 同意						非常 同意
F1：这款产品对我很有用	1	2	3	4	5	6	7
F2：这款产品让我觉得生活更方便了	1	2	3	4	5	6	7
F3：这款产品是值得购买的	1	2	3	4	5	6	7
G1：这款产品的包装设计很好看	1	2	3	4	5	6	7
G2：这款产品能给我带来愉快的体验	1	2	3	4	5	6	7
G3：我觉得这款产品是让人快乐的	1	2	3	4	5	6	7

【正式问卷第五部分】

H1：您的性别是　　A. 男　　　　　B. 女

H2：您的年龄是　　A.18岁以下　　B.18～25岁　　C.26～35岁　　D.35岁以上

H3：您的学历是　　A. 高中及以下　B. 专科　　C. 本科　　D. 硕士　　E. 博士及以上

再次感谢您的支持！祝您身体健康，生活愉快～

附录 3

实验一：实验材料

请您进入以下情景：

您的手机已经用了好长一段时间，外观设计（摄影功能）完全无法满足您的需求，现在您正考虑购买一部新手机。浏览了很多手机产品的信息，您中意了其中一款手机，该手机的广告信息如下所示（鉴于篇幅有限，仅随机截取其中一部分）：

操控类型	实验材料
垂直属性，精确呈现	#手机摄影，如何艺术不凡# 搭载前后2000万像素和4D预测追焦 1.55μm大像素尺寸传感器，f/1.8+f/1.6大光圈 智能识别22类标签和500多种场景 只需轻点指尖，就能用你独特的视角记录世界
垂直属性，模糊呈现	#手机摄影，为何艺术不凡# 搭载新一代徕卡双镜头和AI芯片 停留刹那美好，捕捉灵感之美 由你随心诠释，赋予你无尽的创作空间 只需轻点指尖，就能用你独特的视角记录世界
水平属性，精确呈现	#创造着艺术，如何成就艺术本身# 变色极光镀膜工艺，36个光色检测面 19：9新全面屏，百级无尘车间 极光蓝、香槟金、樱花粉、幻夜黑 让你一眼就沉醉的艺术佳品

续表

操控类型	实验材料
水平属性，模糊呈现	#创造着艺术，为何成就艺术本身# 设计师从光中汲取灵感，将结构色融于设计语言 不经意间，便会在这纤薄方寸间流连忘返 全新工艺，多色可选 让你一眼就沉醉的艺术佳品

实验二：实验材料

请您进入以下情景：

您现在肚子很饿，正准备外出用餐，天气很冷，您今天特别想吃火锅。在某美食推荐类 App 上，您浏览了很多火锅店的信息，您突然看到了一家名为"恰顿"的火锅店。恰顿火锅是一家大型跨省直营餐饮品牌火锅店，口味地道，菜品丰富，环境整洁，服务周到。您看到的该火锅店的广告信息如下所示（鉴于篇幅有限，仅随机截取其中一部分）：

操控类型	实验材料
垂直属性，精确呈现	#恰顿火锅，如何让生活更美好# 琥珀和乳白，色温5000K下专属于您的用餐空间 大理石防尘餐桌，高温蒸汽消毒餐具 一个月标准化培训，随时为您提供专业服务 我们不仅填满您的胃，也温暖您的心
垂直属性，模糊呈现	#恰顿火锅，为何让生活更美好# 温馨柔和的灯光，分隔出专属于您的用餐空间 整洁明净的餐桌，精心摆放的餐具 专业服务人员随侍左右，为您带来家人般的关怀 我们不仅填满您的胃，也温暖您的心

续表

操控类型	实验材料
水平属性，精确呈现	#恰顿火锅，如何让生活更美好# 麻辣、番茄、菌汤，满足您的专属品味 地上走的，水里游的，土里长的 咸鲜醇香，滑腻鲜嫩，爽脆清甜，遍尝极致美味 生活再累，没有什么是恰顿火锅不能解决的
水平属性，模糊呈现	#恰顿火锅，为何让生活更美好# 三大招牌锅底，满足你的专属品味 丰富食材，匠心品质，想吃啥就吃啥 舌尖味蕾的奇幻旅程，一锅遍尝极致美味 生活再累，没有什么是恰顿火锅不能解决的